언택트 시대, 영어는 텍스트 커뮤니케이션이 된다

플랫폼 잉글리시

언택트 시대, 영어는 텍스트 커뮤니케이션이 된다
플랫폼 잉글리시
Platform English

초판 1쇄 발행 · 2021년 6월 10일
1판 2쇄 · 2022년 5월 30일

지은이	진유하
발행인	이종원
발행처	(주)도서출판 길벗
출판사 등록일	1990년 12월 24일
주소	서울시 마포구 월드컵로 10길 56(서교동)
대표 전화	02)332-0931 I 팩스·02)323-0586
홈페이지	www.gilbut.co.kr

편집실장·박민혜 I 기획 및 책임편집·김효정(hyo@gilbut.co.kr) I 디자인·신덕호 I
제작·이준호, 손일순, 이진혁 I 영업마케팅·김학흥, 장봉석 I 웹마케팅·이수미, 최소영 I
영업관리·김명자, 심선숙 I 독자지원·송혜란, 윤정아 I
전산편집·예림인쇄 I CTP 출력 및 인쇄·예림인쇄 I 제본·예림바인딩

ISBN 979-11-6521-550-7(03740)
(길벗도서번호 301071)
ⓒ 진유하, 2021
정가 18,000원

독자의 1초를 아껴주는 정성 길벗출판사
길벗 I IT실용서, IT/일반 수험서, IT전문서, 경제경영서, 취미실용서, 건강실용서, 자녀교육서
더퀘스트 I 인문교양서, 비즈니스서
길벗이지톡 I 어학단행본, 어학수험서
길벗스쿨 I 국어학습서, 수학학습서, 유아학습서, 어학학습서, 어린이교양서, 교과서
페이스북 · www.facebook.com/gilbuteztok
네이버 포스트 · http://post.naver.com/gilbuteztok
유튜브 · https://www.youtube.com/gilbuteztok

언택트 시대, 영어는 텍스트 커뮤니케이션이 된다

플랫폼 잉글리시

진유하 지음

스타트업 Tella를 성장시킨
플랫폼 유저의
7년 활용 히스토리

길벗
이지:톡

FOREWORD

In a world in which human communication is being continuously shaped and reshaped by digital technologies, English fluency is more important than ever. At the same time, the traditional, one-size-fits-all approach to learning English is no longer suitable for addressing the multi-faceted challenges that present themselves in today's online exchanges. In just one day, a typical employee at a global company will be required to use a variety of digital communication mediums ranging from traditional forms such as email, SMS, and phone calls to more recent forms such as internal blogs, video conferencing, and live chats. To make matters more complex, each platform of communication has its own set of lexical, grammatical, and pragmatic variables that must be either encoded or decoded in a split second of time.

Yuha Jin's book, Platform English, is a breakthrough work that masterfully prepares English learners for addressing exactly these challenges in an ever changing digital environment. Platform English presents the reader with real-life, practical scenarios and the English language needed to successfully navigate the challenges inherent in these contexts. By delving into far ranging channels such as YouTube, Clubhouse, Zoom, Email, and Slack (to name just a few) and highlighting how English is used to establish meaningful "contact" in these environments, Yuha brilliantly immerses her reader in a transformative language-rich experience.

디지털 기술로 인간의 의사소통이 지속적으로 형성되고 재편되는
세계에서, 영어 능력은 그 어느 때보다도 중요해지고 있습니다.
동시에, 영어 학습에 대한 기존의 획일적인 접근 방식은 오늘날의
온라인 소통에서 필요한 다차원적 문제를 해결하는 데 더 이상
적합하지 않습니다. 글로벌 기업에서 근무하는 직원만 해도 하루에
이메일, SMS 및 전화 통화와 같은 기존의 커뮤니케이션 수단에서
사내 블로그, 화상 회의, 라이브 채팅과 같은 소통 양식에 이르기까지
다양한 디지털 매체를 사용해야 합니다. 당면한 문제가 더더욱이
간단하지 않은 것은, 커뮤니케이션 플랫폼별로 각기 고유한 어휘,
문법 및 실용성 차원의 변수가 있는데, 이 변수들이 빠른 속도로
인코딩되거나 디코딩되어야 한다는 데 있습니다.

　　플랫폼 잉글리시는 끊임없이 변화하는 디지털 환경에서
이러한 과제를 정확하게 해결하기 위해 영어 학습자들을 대상으로
준비한 획기적인 작품입니다. 플랫폼 잉글리시는 독자들에게
현실적이고 실용적인 시나리오와 함께 이와 같은 맥락에 내재된
과제를 성공적으로 해결하는 데 필요한 영어를 제시합니다. 진유하는
유튜브, 클럽하우스, 줌, 이메일, 슬랙 등 채널을 폭넓게 파고들어
이러한 환경에서 의미 있는 '컨택트'를 구축하기 위해 영어가 어떻게
사용되는지를 강조함으로써 변화무쌍한 언어적 경험에 독자를
몰입시킵니다.

Importantly, Platform English does not end with the goal of immersing readers in the language of digital communication. Instead, Yuha takes her reader one step further by motivating them to learn and use these essential language structures for themselves in authentic communicative contexts. As they continue through the book, even the most shy and reluctant of English speakers will find themselves stepping out of their comfort zones and using English in practical ways such as collaborating with a new business partner, attending a webinar, or even posting information on a professional blog.

As a professor in linguistics and language teaching for over 15 years, I am more aware than ever of the need for resources, technologies, and experiences that prepare individuals with meaningful and authentic interactions in English. My professional collaboration with Yuha Jin over the past year has convinced me that her efforts are doing just that. Her company, TELLA, is a powerful, research-based application that has the potential to revolutionize the way people around the world learn English. Platform English is an outstanding work that is certain to make an impact as well. It is my hope that those who encounter this book will make use of its full potential and experience for themselves the joys, opportunities, and rewards that await when we step out of ourselves and connect through English.

Christopher Blake, Ph.D
Associate Professor of Linguistics & TESOL
Director, Center for English Language & Literacy
Lee University
Cleveland, TN USA

중요한 것은, 플랫폼 잉글리시는 독자들을 디지털 커뮤니케이션 환경 속으로 몰입시키는 데서 그치지 않았다는 것입니다. 그에 더해, 독자들이 실제 의사소통의 맥락에서 핵심적인 언어 구조를 익힐 수 있도록 한층 더 깊이 있게 그 방법론을 제시하고 있습니다. 책을 읽어나가는 가운데, 영어 활용에 대해 수줍어하고 꺼리는 사람들조차도 새로운 사업 파트너와 협력하거나, 웹 세미나에 참석하거나, 심지어 전문 블로그에 정보를 게시하는 등 각자의 안전지대(comfort zone)에서 벗어나 실용적인 방법으로 영어를 사용하는 자기 자신을 발견하게 될 것입니다.

15년 이상 언어학과 언어교육학 교수로 있으면서, 저는 그 어느 때보다도 의미 있고 진정성 있는 영어 의사소통을 할 수 있도록 개인이 활용할 수 있는 자원, 기술, 경험의 필요성을 절감합니다. 지난 1년 동안 업무 협업을 통해 그녀의 노력이 바로 이를 위한 것임을 확신할 수 있었습니다. 진유하가 운영하는 TELLA는 전 세계 사람들이 영어를 배우는 방식에 혁명을 일으킬 수 있는 강력한 연구 기반 애플리케이션입니다. 플랫폼 잉글리시 역시 그 영향력을 증명할 놀라운 책이 되리라 봅니다. 이 책을 접한 이들이 이같은 잠재력을 충분히 활용하여 영어를 통해 다른 사람들과 연결될 때 느낄 수 있는 기쁨과 기회, 보람을 경험하기를 바랍니다.

크리스토퍼 블레이크, Ph.D
Lee University 언어학 및 TESOL 부교수

언컨택트 시대의 영어:
contact에서 uncontact로; verbal에서 text로
그동안 우리가 하는 영어 공부의 목적은 주로 회화였고, 일상적으로나
비즈니스적으로 영어 원어민 또는 영어 사용자를 만나서 대화를
수월히 이끌어가는 정도에 목표를 두었습니다. 그러던 중 비대면
시대에 들어서면서 해외여행과 출장이 전무해진 상황에서 우리의
영어 커뮤니케이션 장 역시 오프라인에서 온라인으로 이동했습니다.
온라인으로 수많은 커뮤니케이션이 가능하다는 것이 이제는
경험적으로 입증된 셈입니다.
포스트 코로나 시대가 도래하여 다시 오프라인 교류가
이전보다 활발해진다 해도, 기업과 개인은 언컨택트 커뮤니케이션의
효용을 경험했기에 비용 절감과 편의성 차원에서라도 온라인
커뮤니케이션은 여전히 지속할 것으로 보입니다. 이에 따라,
우리가 결국 영어를 배우는 목적 역시 '오프라인상의 만남'이 아닌
'온·오프라인을 아우를 수 있는 커뮤니케이션'으로 전환이 되어야
합니다. 그리고 오프라인에서는 소리, 즉 듣기와 말하기 중심이었다면,
언컨택트 커뮤니케이션은 text, 즉 읽기와 쓰기 중심으로
이루어집니다.

영어 정복하기? NO!
학습 후 사용이 아닌, 학습과 사용을 동시에

대한민국 직장인이라면 누구나 운동과 영어가 평생 숙원 사업일 것입니다. 정말 즐거운 마음에서 우러나와서 하고 싶다기보다는, 해외여행, 출장, 외국인들과 만남, 콘퍼런스 등 내 업무나 생활에서의 필요성에 따라 강의나 책, 수강권을 구매하여 단기간 공부하지만 바빠지면 학습 패턴이 무너져 포기하게 됩니다. 그리고 이러한 사이클은 계속해서 반복됩니다.

그러던 것이 이전보다 코로나의 영향을 받아, 무리한 다이어트 목표 혹은 운동을 하려면 끝장을 봐야 한다는 개념을 벗어나서 피트니스는 더 대중화되고 생활화되어가고 있습니다. 유튜브와 같은 온라인 채널을 중심으로 피트니스에 대한 정확한 의학 정보들이 대량 양산되면서 즐겁게 콘텐츠를 보고 느슨한 커뮤니티가 형성되면서 운동을 생활화하는 붐이 일어나고 있습니다. 이른바 대중화된 피트니스가 형성된 것입니다. 그 과정을 나의 페이스에 맞춰서 즐겁게 하고 - 홈트 영상 댓글로 '매일 했던 것을 기록하며' 운동을 평소에 안 했던 사람들도 조금씩 성취를 맛보면서 꾸준히 이어가고 있는 것입니다.

영어도 이렇게 갈 수 있다고 생각합니다. 영어를 '3개월, 6개월 내로 끝장내겠다'는 비현실적인 목표를 잡고 가다 포기한 경험들은 누구나 한두 번쯤은 겪었을 것입니다. 혹은 단기간에 될 것이라는 생각은 버리고 장기전으로 보고 있지만, 평생 안고 가야 할 짐처럼 느끼고 있는 것이죠. 공부를 포기했던 경험들이 누적되면서 자신감과 흥미가 상실되는 데다가, 영어는 피트니스처럼 바로 몸이 개운해지는 것과 같은 효과를 바로 스스로 느끼지 못해서 더 어려운 것 같습니다.

우리는 지금까지, 언제일지 모르는 모호한 영어 사용의 시나리오를 상상하면서 영어 공부 목표를 잡았습니다. 학습과 실제 사용이 너무나 동떨어져 있어, 동기부여가 잘 되기도 어려웠습니다. 게다가 내가 배운 영어가 실제 먹히는지도 확인하기 어려웠습니다. 이렇게 영어를 습득하고 배우는 기간과 학습의 효과를 보는 기간, 즉 실제 그 영어를 사용하는 기간의 간극은 학습을 지속하는 동기부여를 얻는 데 있어 치명적입니다.

플랫폼 잉글리시는 학습과 사용을 동시에 할 수 있습니다. 여러 온라인 채널들이 학습(input)의 매체이자 사용(output)의 매체이기 때문입니다. 언젠가 사용하게 될 기약 없는 날과 명확하지 않은 목표를 바라보고 힘겹게 가는 것이 아니라, 조금씩이라도 매일 영어를 더 습득하고 한 문장이라도 써보면서 성취감과 즐거움, 그리고 커뮤니케이션 목적 그 자체를 경험할 수 있습니다.

플랫폼 잉글리시의 효과 - 쓰기와 말하기를 동시에

텍스트 중심의 플랫폼 잉글리시는 영어 실력 향상뿐 아니라 회화 실력 향상에서도 대단히 효과적입니다. 연구 결과에 따르면, 텍스트 중심의 채팅 방식의 수업이 말하기 방식의 수업보다 회화 능력이 (무려 67%!) 더 빠르게 향상되었다고 합니다. 믿기지 않으시나요? 이유는 다음과 같았습니다.

첫째, 시간의 여유가 있어 더 깊이 영어로 사고합니다. 즉각적으로 떠오르는 단어들을 조합하여 말할 때보다 텍스트로 대화를 할 때 상대방의 말을 이해하고 내 문장을 만들어낼 수 있는 시간적 여유가 있습니다. 따라서 이미 알고 있는 표현, 문장 구조, 문법 지식을 보다 적극적으로 동원하고 영어로 깊이 있게 사고해 영어 구사 능력이 향상됩니다.

둘째, 기록이 정확하게 남습니다. 음성이나 영상 커뮤니케이션 또한 기록에 남길 수 있지만, 다시 그 기록을 듣기에는 시간이 많이 소요되고, 원하는 부분을 찾아가는데도 어려움이 있습니다. 반면 텍스트 커뮤니케이션의 기록은 원하는 부분을 다시 찾아보기도 쉽고 복습하는 데 시간이 많이 소요되지도 않습니다. 또한 텍스트 커뮤니케이션은 시각적으로 정보가 입력됩니다. 눈으로 정보를 담기에 각인을 시킬 수 있습니다.

요약하자면, 텍스트 기반의 학습은 영어 사고력을 강화합니다. 영어로 먼저 사고를 잘한다면 말하기는 자연히 느는 것이죠. 채팅 방식의 수업에 대한 연구 결과지만, 텍스트로 작문을 하는 것과 즉각적으로 말을 하는 것의 학습 효과 차이로 확대하여 적용할 수 있습니다. 그렇기에 언컨택트 잉글리시는 텍스트 커뮤니케이션에만 한정되는 것이 아니라 말하기 실력 향상에서 듣는 회화 실력으로까지 이어집니다.

필자의 플랫폼 잉글리시 경험

필자가 경영하고 있는 '채팅으로 시작하는 영어 회화' 텔라는, 쉽게 말하면 인터넷 강의와 전화 영어 사이에서 헤메고 있는 학습자 80%를 위한 영어 회화 서비스입니다. 영어 회화에 대한 심리적 장벽이 있는 영어 학습자들이 채팅으로 회화학습을 지속할 수 있도록 지원하는 서비스라 할 수 있습니다.

저 개인적으로도 텔라를 창업하고 지난 7년간 경영하면서 실제로 플랫폼 잉글리시를 사용해왔습니다. 모든 비즈니스가 온라인상에서 이루어지기에, 영어로 하는 비즈니스 커뮤니케이션의 90% 이상이 온라인상에서 이루어졌습니다. 원어민 튜터들 관련 업무, 해외 진출을 모색하면서 해외의 여러 파트너나 투자자들과 갖는 커뮤니케이션, 혹은 해외 서비스를 이용할 때 영어를 사용했습니다. 이때 카톡이나 슬랙 등의 메신저로, 페이스북 등의 SNS로, 이메일로, 화상으로 커뮤니케이션을 주로 하게 되는데 커뮤니케이션의 80% 이상은 텍스트 커뮤니케이션입니다.

저는 영어에는 능통했어도 텔라를 운영하기 이전에는 비즈니스 커뮤니케이션을 영어로 한 적이 없었습니다. 그래서 사업 초반에는 다양한 목적과 상황에서 영어를 쓸 때, 특히 텍스트 커뮤니케이션을 해야 할 때는 "이런 표현이 적절할까", "이런 형식으로 써도 되나"에 대한 고민을 늘 하지 않을 수 없었고, 온라인 검색이나 책, 주변의 자문을 통해 해결해 나갔습니다. 몇 년간 일을 하면서 자연스럽게 쌓인 플랫폼 잉글리시의 경험을 토대로 이 책을 쓰게 되었습니다.

Platform English is the New Normal

세상은 빨리 변해 전세계와 디지털로 연결되어 영어를 써야할 일이 생각보다 많아지는 경험을 하고 계실 겁니다. 이미 업무와 일상에서 영어를 사용하고 있어도, 더 자연스럽고 자유롭게 영어를 하고 싶은 분들도 많으실 겁니다. 늘 고민의 지점은 '어떻게 더 원어민스럽게 영어를 하지?'로 귀결하는 것 같습니다.

그리고 그 고민 끝에 얻은 노하우는 가장 생생한 영어는 디지털 플랫폼에 있다는 것입니다. 전 세계 영어 사용자들이 오프라인보다 온라인 세계에서 하는 커뮤니케이션이 훨씬 더 늘어나고 있는데, 실시간으로 이뤄지는 그 커뮤니케이션이야말로 자연스럽고 생생하게 배울 수 있는 가장 최신의 영어라는 것을 알게 되었습니다.

이 시대 영어 학습의 목적은 고급 어휘를 많이 알고 어렵게 하는 것이 아니라, 알고 있는 것을 자유자재로 사용할 수 있는 자유함이라고 생각합니다. 따로 공부해야한다는 부담감을 떨쳐버리고, 우리도 평소에 자주 사용하는 다양한 플랫폼을 활용해서 일과 자기계발에 필요한 영어를 바로 차용하고 적용할 수 있는 방법을 제시하고 싶었습니다. 언제 사용하게 될지 모르는 영어를 공부는 공부대로 하는 것이 아니라, 바로 사용해볼 수 있도록 내용을 구성하였습니다. 또한, 플랫폼 잉글리시는 구어체와 문어체 그 사이 어디 즈음에 있습니다. 의사소통의 목적이 잘 달성만 되면 됩니다. 이 책에서 구어와 문어의 경계를 넘나드는 영어를 배워 사용해보세요.

본문에서는 그간 필자의 경험을 바탕으로 한 실제 사례와 가상의 사례를 소개할 것입니다. 언컨택트 상황 속에서 가능할 법한 여러 사례를 보여드릴 것입니다. 그리고 정말 다양한 레퍼런스가 끊임없이 계속해서 인터넷에서 생산되고 있으니, 각 플랫폼에서 직접 무궁무진한 표현과 예문들을 탭핑하여 내 것으로 만들어보시기 바랍니다.

그럼, 디지털 플랫폼 위에 올라가 함께 놀아보아요!

English will take you everywhere -
저자 진유하 드림

1 9

슬랙으로
업무용 대화하기

슬랙으로
업무용 대화하기

최근 슬랙(Slack)이나 잔디(Jandi)와 같은 수많은 업무용 메신저
툴이 급부상하고 있습니다. 업무용 메신저를 통해서 직장 내 동료들과
대화할 뿐 아니라 사내 타부서, 외부 제휴/협력업체, 외주 프리랜서,
프로젝트 협업자 등 하나의 플랫폼 내에서 다양한 의사소통이
가능하게 되었습니다. 이러한 업무용 메신저의 특징이라고 한다면,
외부의 기타 소프트웨어 서비스들과도 연동되어 메신저를 중심으로
업무 관리가 한결 더 쉬워졌다는 것입니다. 뿐만 아니라, 메신저
내에 완전하진 않지만 번역 기능도 제공되어 글로벌 시장으로
뻗어가는 기업들이 언어에 대한 큰 장벽 없이 일상적인 업무 소통도
해나가고 있습니다.

재택과 원격 근무가 활성화되면서 업무용 메신저의 역할은
더욱 중요해지고 있습니다. 이에 따라, 이전에는 전화나 이메일로
작성할 만한 일들도 이제는 메신저상에서는 대체하는 경우가
많습니다. 이번 장에서는 메신저상에서 영어로 대화를 나눌 법한
상황에서 사용할 수 있는 표현을 알아보겠습니다.

메신저로 인사하기

인사말이라는 것은 정해진 것이 없기에 다양하게 할 수 있습니다.
사무실로 출퇴근하는 경우에는 메신저를 통해서 굳이 다음과 같이
인사할 필요가 없겠죠.

(Monday morning)
A: Signing in. Happy Monday, everyone!
B: Hi guys! **Signing in for the day**.
C: Good morning. Hope you all have a great week.

(in the afternoon)
D: Good afternoon Manila, good morning, Kampala!

(Wednesday morning)
A: Happy **hump day**!

(Sometime in the middle of the day)
A: I won't be **responding** from 2 to 4. I have a meeting. Give
me a call for any emergencies.
B: I need three hours of "don't disturb" **mode. For anyone who
needs me, leave me a message** and I'll **check after lunch**.

(Friday morning)
A: **TGIF**!

(Friday 6:00 pm)
A: Have a great weekend, everyone!
B: I'm **signing out now**.

하지만 원격 근무를 하는 경우에는 사내 메신저를 통해 접속했다는 인사를 하는 경우가 많으므로, 이와 같이 인사를 할 수 있겠습니다.

(월요일 아침)
A: 로그인합니다. 여러분, 즐거운 월요일 되세요!
B: 안녕하세요! 일일 출석체크 합니다.
C: 좋은 아침이에요. 모두 즐거운 한 주 보내시길 바랍니다.

(오후에)
D: 마닐라는 좋은 오후, 캄팔라는 좋은 아침입니다!

(수요일 아침)
A: 즐거운 **수요일** 되세요!

(한낮에)
A: 2시에서 4시까지는 **응답하지** 못합니다. 회의가 있습니다. 급한 일이 있으면 전화 주세요.
B: '방해 금지' **모드**를 3시간 정도 써야할 것 같은데요. 제가 **필요하신 분은 메시지를 남기시면** 점심식사 **후에 확인하겠습니다.**

(금요일 아침)
A: **TGIF**입니다!

(금요일 저녁 6시)
A: 모두 즐거운 주말 보내세요!
B: 저 이제 **로그아웃** 할게요.

(in the morning)

Here are my tasks **for the day**:

— Weekly meeting with the product team

— Collect and organize **performance stats** from all social channels

— **Go over** customer complaints

메신저로 인사/상태 표시하기

인사

— sign in/sign out: 로그인(접속)하다/로그아웃(종료)하다

— TGIF: Thank God It's Friday의 줄임말. 금요일이어서 즐거움을 표시하는 인삿말

— hump day: 수요일

— respond to (sb/sth): (sb)에게 응답하다/(sth)에 반응하다

— (sth) for the day: 오늘/그날의 (sth)

— stats: statistics의 줄임말

  * hump day의 hump는 낙타의 혹을 의미하는데, 이에 빗대어 주중 한가운데 있는 수요일을 의미합니다.

  * 회사나 조직이 여러 지역, 다른 시간대에 흩어져 일하는 경우 각 지역에 맞춰 인사를 위와 같이 할 수 있습니다. 텔라에서도 그렇게 하고 있어요 :)

A: **Remember**, meeting with our number one client, Sparks, at 11:00 in the conference room. Here are the **notes** from our last meeting with them.

B: Thanks for **the heads up**!

A: **Kind reminder**: **all-hands** virtual meeting tomorrow 2:00 on BlueJeans. If you have questions about our recent update, bring 'em.

(아침에)
오늘 제 업무는 다음과 같습니다.
- 프로덕트 팀과 주간 회의
- 모든 소셜 채널에서 **성과 지표** 수집 및 정리
- 고객 불만 사항 **검토**

상태 표시하기
— ~ mode: ~ 상태
— anyone who needs me: 제가 필요한 분
— leave (sb) a message: (sb)에게 메세지를 남기다
— check after (lunch): (점심) 이후에 확인하다
— go over (sth): (sth)을 검토하다

사내 메신저 공지
사무실에 모여서 일을 하건 원격 근무를 하건, 회의나 중요 일정은 사내 메신저에 다음과 같은 방식으로 공지할 수 있습니다.
메신저나 게시판에 공지할 때 뿐 아니라 직접 말로 할 때도 이 표현들을 사용할 수 있습니다. 메신저에서는 구어체로 주로 이야기하기 때문에 직접 말을 하는 상황에서도 동일하게 사용 가능합니다.

A: 11시에 회의실에서 저희 1등 고객인 Sparks와 미팅이 있다는 것 **기억하세요**. Sparks와 마지막으로 했던 미팅 **회의록**입니다.
B: **미리 알려줘서** 고마워요!

A: 다시 알림: 내일 2시에 BlueJeans에서 올핸드(전사) 가상 회의가 열립니다. 최근 업데이트에 대해 궁금한 점이 있으면 가져오시고요.

2 7

B: Oh, that's right! Thanks for the reminder. I keep thinking today is Thursday. That's what I get for skipping my coffee! ☕

A: Hey everyone, the meeting will **be starting in ten**. If you have any questions in advance, please let me know!

A: Today, we'll have **a last-minute meeting** regarding the bug reported earlier. Josh **will join** to **inform us** on the matter. **See you all in** 20 minutes.
B: Will Josh be making one of his uber-awesome presentations? 😉

A: **Quick note**: tomorrow is our **company-wide holiday**. No work, all reset tomorrow. 😉
B: (GIF)

일정 공지/리마인더할 때 사용하는 표현
공지/리마인더
— heads up: 앞으로 일어날 일에 대해 미리 주는 알림, 경고
— kind reminder: 친절한 알림.
  ＊메신저나 이메일을 통해 공지사항을 다시 알려줄 때,
    친절하게 알려준다는 의미로 알림 내용 앞에 종종 붙임.
    gentle reminder, friendly reminder 등도 비슷한 맥락에서
    사용할 수 있음.
— start in (ten): (10분 내로) 시작하다
— see you all in (5) minutes: (5)분 후에 봐요.
— quick note: 신속(빠르게 읽을) 공지

공지하는 내용
— notes: 회의록
— all-hands (meeting): 올핸즈 회의

B: 아, 맞아요! 상기시켜 주셔서 감사합니다. 오늘이 계속 목요일인 줄 알았네요. 커피를 건너뛰고 안 마시면 이렇게 돼요!☕

A: 여러분, **10분 뒤에** 회의가 시작돼요. **사전에 궁금한 사항**이 있으면 알려 주세요!

A: 오늘은 앞서 보고된 버그와 관련하여 **막바지 회의**를 할 거예요. Josh가 **합류**하여 관련 내용을 **전달**할 것입니다. **20분 후에 뵙겠습니다.**

B: Josh가 하는 멋진 프레젠테이션을 또 볼 수 있는 건가요? 😉

A: 빠른 공지: 내일은 **전사 휴일**입니다. 별도 근무는 없으니 내일 모두 리셋해요.😊

B: (GIF)

★ 전사 임직원 회의로 직원 및 관계자들이 회사의 리더들과 소통할 수 있는 자리. 전사가 같은 정보를 공유하고 질의를 받는 목적으로 진행하는 회의

— questions in advance: 미리 물어볼 질문
— last-minute meeting: 막바지 회의
— inform (sb): (sb)에게 정보를 전달하다
— (sb) will join: (sb)가 합류하다
— company-wide holiday: 전사 휴일

좋은 정보/콘텐츠 공유하기

메신저에서는 여러 가지 업무와 관련된 소식이나 정보를 전하는 의사소통도 많이 이루어집니다. 공유하는 정보의 링크를 무턱대고 전하면 사람들이 어떤 목적으로 공유된 것인지 알기 어려울 테니 간단한 내용 요약 또는 목적을 한두 줄로 아래와 같이 적어주면 보다 원활한 소통을 할 수 있습니다.

New article published by Startup Recipe that features our company - check it out and give PR feedback.

On our YouTube channel this week - an interview with our VIP customers.

Guest post from one of our partners about our collaboration with Zenga Global.

Breaking news about the recent iOS update that may affect our business.

Sharing an article from Modzilla about how industry leaders predict the next three years:

FYI: applications are open for the annual start-up conference hosted by D.Camp. Let me know if you'd like more info!

그 외 자주 사용될 수 있는 줄임말
— FYA: for your action; 행동을 요청하는 내용
— IMO: in my opinion; 제 생각에는, 제 의견은
— BRB: be right back; (잠시 자리를 비우면서) 다시 올게요
— TTYL: talk to you later; 나중에 이야기해요

위의 예시들을 보면, 반드시 동사가 포함된 완성형 문장이 아닌 구문 형식으로 작성되어 있는 점을 확인할 수 있습니다. 정식 글쓰기나 스피치에서는 비문이 되지 않도록 완전한 문장을 구사해야 하지만, 일상적인 텍스트 커뮤니케이션에서는 이와 같이 정보를 빠르게 공유하거나 공지를 하는 경우, 공유하려는 내용에 대한 간단한 요약을 해도 문제가 되지 않습니다.

가령, Breaking news about the pandemic that may affect our business를 완전한 문장으로 작성한다면 This is

Startup Recipe에서 우리 회사에 대해 **게시한 새로운 기사**입니다 - 확인 후 PR팀에 피드백 주세요.

이번 주 저희 유튜브 채널에 VIP 고객들과의 인터뷰가 있습니다.

Zenga Global과의 협력에 대한 당사 파트너사의 **게스트 게시물**입니다.

최근 iOS 업데이트 관련 **속보**인데요, 우리 비즈니스에도 영향을 미칠 수 있을 것 같네요.

업계 리더들이 향후 3년을 예측하는 Modzilla **기사를 공유합니다.**

참고로 D.Camp가 주최하는 연례 스타트업 컨퍼런스에 **참여 신청을 받고 있습니다.** 자세한 정보를 원하시면 알려 주세요!

breaking news about the pandemic that may affect our business. I am sharing breaking news about the pandemic that may affect our business. 와 같이 작성할 수 있겠는데, 앞의 This is 또는 I am sharing이라는 '주어+동사'가 빠지더라도 충분히 커뮤니케이션이 됩니다.

칭찬하기/좋은 소식 전하기

동료나 회사에 대해 좋은 소식을 공유하거나 칭찬을 하는 경우 흔히 사용하는 표현들이 있습니다. 공식적인 느낌보다는 친밀함과 따뜻함이 느껴지는 구어체적인 표현들을 예시와 같이 사용해보세요.

문화와 관련해 한 가지 팁을 드리면, 칭찬을 받는 입장에서 '아니에요'와 같이 칭찬을 부정하는 듯한 표현은 지양해주세요. 우리 문화 특성상 칭찬을 받았을 때 그저 그 칭찬을 받기에 쑥스럽거나 본인 공로만으로 돌리기 민망하다고 생각이 된다면 다른 방법도

A: Really need to give some **kudos to** Sunny **for helping out with** the new **influx of inquiries** yesterday. Many companies are pre-ordering our upcoming product.

B: My pleasure! **Great to see** the excitement surrounding our product.

A: I want to give a huge **shout-out** to Eddy for his **immense contribution** to the recent successful update. His leadership really **shined** during this stressful time. Let's **give him a round of applause** for all he did!

E: **Glad to hear** it was a success! Give applause to each and everyone that was involved - you guys were terrific.

A: **Proud to announce** that we finalized the contract with Zolo. The response from their employees and customers has been amazing! We will be providing our services for the following year.

칭찬을 하거나 좋은 소식을 전할 때
— kudos: 특정한 성취나 위치에 따른 영광, 명성, 명예, 위신; 칭찬
— kudos to (sb) for (sth): (sth)에 대해 (sb)를 칭찬합니다
— help out with (sth): (sth)을 도와주다
— excitement surrounding (sth): (sth)를 둘러싼 흥분
— shout-out to (sb): (sb)에게 감사하다, 응원하다, 안녕을 바라다
  * 대상자의 이름을 공개적으로 외쳐서 그 사람을 인정, 응원, 칭찬, 감사를 할 때 사용하는 비격식적인 표현
— immense contribution: 엄청난 공헌
— (sth/sb) shine: ~가 빛나다
— give (sb) a round of applause/give a round of applause

공로나 감사함을 표현해보세요.

A: 어제 신규 **문의가 쇄도했는데** Sunny가 **도와줘서** 감사를 표하고 싶어요. 많은 회사에서 우리 신제품을 선주문하고 있습니다.

B: 천만에요! 저희 제품을 열광하는 것을 보니 **정말 좋아요.**

A: Eddy가 크게 애써준 덕분에 최근 업데이트를 성공적으로 마쳐 큰 **감사를 드리고 싶어요.** 어려운 이 시기에 리더십이 정말 **빛났습니다.** Eddy의 수고에 대해 **박수를 보냅시다!**

E: 성공적**이었다니 기쁩니다!** 함께한 모든 분들께 박수를 쳐주세요. 여러분이 정말 훌륭했습니다.

A: Zolo와의 계약 체결 소식을 **발표하게 되어 자랑스럽습니다.** Zolo 직원들과 고객들의 반응이 놀라웠습니다! 앞으로 일 년간 우리 서비스를 제공하게 됩니다.

  to (sb): (sb)에게 박수(갈채)를 보내다
— glad to hear (sth): (sth)를 들어서 기쁘다
— proud to announce (sth): (sth)를 발표하게 되어 자랑스럽다

업무 경과/성과 묻고 답하기

누군가에게 일의 진행 여부를 확인하는 것은 우리말로 해도 어렵죠? 예시를 참고해서 물어보세요. 해당 표현은 공식적인 보고 요청보다는 메신저나 문자, 이메일 등의 수단을 통해 간단하게 물어볼 때 사용할 수 있습니다. 이 표현들 역시 구어체 표현입니다.

예시에서와 같이 진행 사항에 대한 답변을 받았을 때, 이에 대한 긍정적인 피드백을 준 뒤에 더 보탤 말이 있다면 더하는 것도 좋겠습니다.

A: How is the website renewal **coming along**? Are we **on track**?

B: Yep, everything is **going well according to schedule**.

A: **Can't wait to see** what you come up with!

A: Hi guys. **I was wondering** if there was **any news on** the Bluebird **account**?

B: Dan **worked on** the account day and night and finally **closed the deal**.

A: Does anyone know **how the** board meeting **went** yesterday?

B: Yeah, check Notion - it's already updated with **the latest decisions**.

A: **How's it going with** the creative for the New Year campaign?

B: Going great, just **putting the finishing touches** on it now. ⚡ (Soon after looking)

A: **Love it**! Maybe make the logo a bit larger?

B: Sure. I think that will **fit better with** our client's request. **Overall, looking good**!

A: How are those **year-end numbers coming along**?

B: I shared them earlier this morning. **Here they are**.

A: Wow, **great progress**!

A: Has anyone **heard back** from Robert about the proposal? I hope they liked it, our team really **put everything into it**!

B: I haven't **heard back yet**. I think they didn't respond yet. @Robert, **get back to us** when you see this.

A: 웹사이트 리뉴얼은 **어떻게 진행되고 있나요? 원활한가요?**

B: 네, **예정대로 잘 진행되고 있어요.**

A: 결과가 어떨지 **너무 궁금한데요!**

A: 안녕하세요. Bluebird 계정에 **대한 소식이 있나요?**

B: Dan이 Bluebird 계정에 **공을 많이 들였는데** 드디어 **거래를 성사시켰어요.**

A: 어제 이사회가 **어땠는지** 아는 사람 있어요?

B: 네, Notion을 확인해 보세요. **최근에 결정한 사항들이** 업데이트되어 있어요.

A: 신년 캠페인 소재는 **어떻게 되어가고 있어요?**

B: 잘 되고 있어요, 지금 **마무리 작업을 하고** 있어요. ⚡
(결과를 본 뒤)

A: **너무 좋아요!** 로고 크기를 좀 더 키워 볼까요?

B: 네. 그게 고객 요청 사항에도 **더 잘 맞을** 것 같네요. **전반적으로 보기 좋아요!**

A: 그 **연말 지표들은 어떻게 되어가고 있나요?**

B: 오늘 아침 일찍 공유했어요. **여기 있습니다.**

A: **와, 대단한 발전이에요!**

A: Robert한테 해당 제안에 대한 **회신이 있었나요?** 그들이 마음에 들었으면 좋겠어요, 우리 팀은 정말 **모든 걸 다 쏟아부었거든요!**

B: 아직 **답장을 못 받았어요.** 아직 반응이 없는 것 같아요. @Robert, 이걸 보면 **저희한테 연락해주세요.**

업무 경과/성과 확인 시 사용하는 표현

경과/성과 묻기

— I wonder if ~: ~에 대해 궁금하다, 혹시나 해서
— news on (sth/sb): (sth/sb)에 대한 소식
— how (sth) went: (sth)가 어떻게 되었는지
— how's it going with (sth/sb): ~는 어떻게 되어가고 있어요?
— can't wait to see (sth/sb): 빨리 보고 싶다
— hear back from (sb): (sb)로부터 답을 받다
— get back to (sb): (sb)에게 나중에 다시 연락하다(*cf. get back to (sth): (sth)로 돌아가다)
— ~ account: ~ 계정(거래처)
— year-end numbers: 연말 지표

경과/성과에 대한 답변

— come along: (원하는 대로) 되어가다
— on track: 정상 궤도에 있다 (be on track, back on track, get back on track, keep (sth) on track)
— go well/good/great: 잘 되어가고 있다

A: **Has anyone noticed** the increased user comments about our recent video?

B: I wasn't **paying attention**. **What's going on**?

C: There are negative comments **all over** our social media channels.

B: **Let me** do the **damage control**.

A: Nathan, the payment button is not working. I clicked and got no response.

N: Let me **take a look**. Looks like the **link broke** during the last push. Will fix it now.

— according to schedule: 예정대로
— finishing touches: 마무리 손질, 작업
— work on (sth/sb): (sth/sb)에 애쓰다, 공들이다 (목적어가
  사람인 경우 설득하려고 노력하는 것)

피드백
— close deal: 계약을 체결하다, 협상을 매듭짓다
— Love it! : 너무 좋아요!
— fit better with (sth): (sth)에 더 적합하다
— overall looking good: : 전체적으로 좋아보이다

문제 발생/도움 요청하기

어떤 문제가 생기거나 혼자서 해결할 수 없는 일이 생겨 갑작스럽게
도움을 청해야 하는 때가 있습니다. 그런 경우, 예시 문장들에서
볼 수 있듯이 왜 도움이 필요한지, 그리고 긴급한 정도를 간단히
덧붙여주면서 설명을 하면 더욱 원활한 의사소통을 할 수 있습니다.
그리고 도움을 청한 사람에게 도와줄 수 있다고 응답할 때 어떤 표현이
좋을지도 함께 익혀보세요.

A: 최근 우리 동영상의 사용자 의견이 증가했는데 **확인하신 분
   계세요?**
B: 미처 **못 봤네요. 어떤 일인가요?**
C: 소셜 미디어 채널 **곳곳에** 부정적인 댓글이 있어요.
B: 제가 **대책 관리 좀 할게요.**

A: Nathan, 결제 버튼이 작동이 안 돼요. 클릭했는데 반응이
   없네요.
N: **어디 좀 볼게요.** 마지막 푸시 중에 **링크가 끊어진 것** 같습니다.
   지금 고칠게요.

A: **Is it just me,** or is the color **off**? And I think there's a bit of pixelization going on.

B: I do notice the subtle **low-res.** Hmm... the color seems okay to me; maybe **it's** your monitor. Let's use a color picker to check.

A: Hi everyone - seeing reports coming saying they didn't get any confirmation message after their purchase. **Can someone look into it?**

B: **On it,** right away. **Give me a few minutes** to fix it.

A: Can someone **take on** this task for me? My **hands are full dealing with** our VIP clients, and some new clients are requesting immediate live chat support.

B. I'll **handle the rest of** them, **lickety-split. Toss them over** to me.

문제 발생/도움 요청 표현

문제 상황 알림

— Has anyone noticed (sth): (sth)를 알아챈 사람 있나요?

— Is it just me, or ~: 저만 그런가요? 아니면 ~

— link broke: 링크가 깨지다

— off: (뭔가가) 이상한, 안 맞는; 중단된

— pixelization: 저화소로 인해 이미지가 조각조각 깨지는 현상

— low-res: 저해상도의 (low resolution의 줄임말)

— hands full: 일이 너무 바쁘다, 할 일이 꽉 차 있다

도움의 손길 내밀기

— damage control: 피해/대책 관리

— allow me to ~: (실례지만) 제가 ~하겠습니다

— take a look at (sth/sb): ~를 한번 보다

A: **저만 그런 건가요**, 아니면 실제로 색이 **이상한가요?** 그리고 저는 이미지가 좀 깨져보이기도 하네요.

B: 제가 보기에도 미세하게 **저화질인**데요. 음... 색은 괜찮은 것 같아요. 아마 (당신) 모니터 **때문일 거예요.** 컬러 피커를 사용해서 확인해봅시다.

A: 여러분 안녕하세요. 구매 후 확인 메시지를 받지 못했다는 보고가 들어오네요. 누가 **확인 좀 해주시겠어요?**

B: 제가 당장 **고칠게요. 조금만 기다려주세요.**

A: 누가 대신 이 일을 **맡아 주시겠어요?** 저는 VIP 고객을 **상대하고 있고** 일부 신규 고객들이 실시간 채팅 지원을 요청해서 **정말 바쁘네요.**

B: **나머지는** 제가 **빠르게 처리**할게요. 저에게 **넘겨 주세요.**

― What's going on? : 어떤 일인가요?
― maybe it's (sth/sb): ~ 때문일 거예요
― look into (sth): (sth)을 조사하다, 들여다보다
― give me a few (minutes): 저에게 몇 (분) 주세요
― deal with (sth/sb): ~를 처리하다, 다루다, 상대하다
― take on (sth): (sth)를 떠맡다
― handle (sth): (sth)를 다루다
― toss (sth) over: (sth)를 넘기다

그 외 표현
― pay attention: 집중하다, 관심 갖다
― screenshot: 화면 캡처
― the rest: 나머지
― lickety-split: 발빠르게

MORE APPLICABLE, REAL LIFE EXAMPLES

메신저상에서 주고받으며 사용되는 표현들은 오프라인 업무 공간에서 동료들과 대화를 할 때도 쓰일 수 있습니다. 아주 자주 쓰이는 표현들이니, 다음 문장들로 다시 한번 표현들을 익혀봅시다.

1. 오후 5시까지 **당일 통계**를 모두 받지 못할 것 같으면 프론트에 메모를 남겨주세요.

In the event that we don't receive all the **stats for the day** by 5 PM, please leave a note at the front desk.

2. 연말을 앞두고 알파 팀에게 **막바지 미팅**이 있다는 것을 알려드리고자 합니다. 모두 **5분 후에 만나요. 간단히 공지합니다**: iPad를 가져오세요.

I would like to inform Team Alpha that we have a **last-minute meeting** before the close of the calendar year. **See you** all **in five minutes**. On a **quick note**: bring your iPads.

3. 최근 광고 캠페인 **지원 건**에 대해 영업팀에 **감사드립니다.** 대성공이었어요.

Kudos to the sales team for **helping out with** the latest ad campaign. It was a roaring success.

4. 나연 씨가 또 승진에서 탈락할 것 같습니다. **참고로**, 나연 씨는 3년 연속 올해의 직원으로 선정되었습니다.

Nayeon is going to be passed up for promotion yet again. **FYI**, she was voted Employee of the Year for a record three years in a row.

5. 팀장님이 직원들로부터 **큰 박수**를 받았다니 저도 **기분이 좋네요**. 팀장님 덕분에 우리 회사가 반짝반짝 **빛이** 납니다.

I am **glad to hear** the workers **gave a round of applause to** the team leader. He makes our company **shine**.

6. Salesforce 대표가 Slack을 인수하기로 한 소식을 **자랑스럽게 발표했네요**.

The CEO of Salesforce was **proud to announce** their acquisition of Slack.

7. 우리 새 프로젝트가 **잘 진행되고 있습니다**. **계획대로** 완성 단계에 있고요. 투자자들도 **빨리 결과를 보고** 싶어합니다.

Our new project is **going well**. We are **on track** to complete the project **according to schedule**. The investors **can't wait to see** the results.

8. Discord **계정에 새 소식**이라도 있는지 **궁금합니다.** 이번 분기에 손익분기를 넘으려면 그들과의 거래가 성사돼야 해요.

I was wondering if you have any **news on** the Discord **account.** We need their business if we want to break even this quarter.

9. 마케팅 부서에서 가장 숙련도 높은 직원을 파견해 새 고객사**를 상대하게** 했어요. 그녀는 회계 연도 말까지 반드시 **계약을 성사시킬** 것입니다. **일이 어떻게 진행됐는지** 곧 알려주겠죠.

The marketing department sent its most seasoned employee to **work on** the new client. She will definitely **close** the **deal** by the end of the financial year. She will tell us **how it went** soon enough.

10. A: 사무실 보수 공사는 **잘 되고 있어요**?
    B: 건축업자들이 회의실에서 **마무리 작업**을 하고 있어요. 벌써부터 좋네요.

A: **How's it going with** the office renovations?
B: The builders are putting **finishing touches** on the boardroom. I love it already.

11. 제 생각에는 시내 씨는 연구 개발 부서**에 더 잘 어울릴** 거예요. 그녀의 재능이 인사팀에서 낭비되고 있어요.

It's my understanding that Sinae would **fit better with** the R&D department. Her talents are being wasted in human resources.

12. 우리 부서의 **연말 지표**는 당초 예상에도 불구하고 **좋아 보입니다**. 아쉽게도, **전반적으로** 최고는 아니지만요.

Our department's **year-end numbers** are **looking good** despite earlier projections. Unfortunately, they are not the best **overall**.

13. 팬데믹으로 상장 제약사들 주가가 얼마나 올랐는지 **확인한 분 있으신가요?**

Has anyone noticed how the pandemic has driven up the share price of publicly listed pharmaceutical companies?

14. 오늘 밤 저희 주요 고객을 잃었습니다. 저희 부서가 끝장나기 전에 제가 **대책 관리를 할 수 있게 해주세요**.

We have lost a major client tonight. Please let me do the **damage control** before it is all over for our department.

15. 웹페이지 **링크가 깨지는 바람에** 웨비나가 중단됐습니다. IT 팀에게 문의하여 **살펴보도록** 했습니다. 당분간 업무는 **중단**됩니다.

The webinar was disrupted when the web page returned a **broken link**. We have called the IT team to **take a look** at it. In the meantime, all our services are **off**.

16. **좀 들여다보게 시간 좀 주세요.**

Please **give me a few minutes** to **look into** this.

17. 영업부는 이미 업무가 **꽉 차서** 더 이상 일을 **맡을 수 없습니다.**

The sales department cannot **take on** more work because it has its **hands full** already.

18. 이사님께서 영서 씨에게 AirBnB와 Flutterwave 건을 **맡으라고** 지시하셨어요. 그래서 정민 씨가 **나머지를 맡게 된 거예요.**

The director instructed Youngseo to **deal with** the AirBnb and Flutterwave. That left Jeongmin to **handle the rest.**

19. 팀이 투자자들과 만나기 **몇 분 전까지** Hoza 씨가 최종 납품 작업을 했습니다.

Hoza worked on the deliverables **lickety-split** minutes before the team was to meet the investors.

20. 미스터 리에게 설문지를 마무리하고 인사부에 **넘기라고** 해 주세요.

Please have Mr. Lee finalize the questionnaires and **toss them over** to human resources.

노션(NOTION)으로
내 업무 문서화 &
공유하기

노 션 (N O T I O N) 으 로
내 업 무 문 서 화 &
공 유 하 기

노션은 근 몇 년간 IT업계, 스타트업을 중심으로 '포스트 에버노트' 라고 봐도 무방할 정도로 아주 핫해진 문서작업 SaaS(Software as a Service)입니다. 에버노트가 2000년대와 2010년대를 대표했다면, 2020년대는 노션의 시대가 되지 않을까 싶습니다.

필자의 개인적인 의견으로는, 에버노트는 개인의 기록에 맞춰져 있는 느낌이라면, 노션은 팀 내 공유뿐 아니라 외부와 공유하는 데 있어서도 최적의 툴이라는 생각입니다. 실제로 많은 회사가 블로그, 공지사항, 게시판 기능을 노션으로 대체하고 있습니다. 노션은 문서화 습관이 안 되어 있어도 손쉽게 이용할 수 있는 템플릿을 갖추고 있습니다. 내 업무와 일상을 정리하기 위한 툴들이 쏟아져 나오고 있는 가운데, 최근 사용되는 생산성 툴 중에서 범용성이 가장 높고 사용자도 빠르게 증가하는 추세에 있습니다. 목적에 부합하는 템플릿을 사용해서 내 업무와 일상을 정리하고 공유해 보겠습니다.

— 노션은 2020년 9월, 비영어권 언어 중에서는 최초로 한국어 버전을 런칭하였습니다.

노션과 같은 툴을 통해서 메모를 남길 때는 백지에서부터 내가 원하는 대로 활용할 수도 있지만, 용도에 따라 템플릿들을 참고해 필요한 기록을 남길 수도 있습니다. 템플릿을 제공하는 페이지에서 복사 또는 다운로드해서 사용하면 됩니다. 템플릿은 노션의 개발사에서 직접 만들어 배포하기도 하고, 노션 유저들이 무료 또는 유료로 공유하기도 합니다. 이런 템플릿을 통해서도 실제 영어권에서 이뤄지는 문서화 방식에 대한 힌트를 얻을 수 있습니다. 템플릿처럼 활용하실 수 있도록 몇 가지 예시 회의록과 표현을 다음에서 살펴보겠습니다.

Remote standups

Yesterday:
- Operations Team: 1:1 with Regional Managers, **quarterly appraisals**
- **Dev Team**: Last **code review** before product launch
- Marketing Team: Storyboard for spring campaign
- CEO: on **emergency leave**

Today:
- Operations Team: Customer service responding to product launch
- Dev Team: Product launch
- Marketing Team: storyboard pitch to client
- CEO: recruitment interviews

스탠드업은 원래 사무실에서 한 팀이 둘러서서 현황과 계획을
공유하는 간단한 회의입니다. 말 그대로 '일어서서' 하는 회의입니다.
보통 출근하여 일과를 시작하기 전, 5-10분 정도로 빠르게 진행하고자
서서 진행합니다.

원격으로 같은 목적의 회의를 한다면 remote standup이라고
표현할 수 있겠죠. 원격으로 하건, 한 장소에 모여서 하건 다음과 같이
간단하게 회의록을 남길 수 있습니다.

원격 스탠드업

어제:

- 운영팀: 지역 매니저와 1:1 면담, **분기별 평가 작성**
- **개발팀**: 제품 출시 전 마지막 **코드 리뷰**
- 마케팅팀: 봄 캠페인용 스토리보드 작업
- 대표: **긴급 휴가 중**

오늘:

- 운영팀: 제품 런칭에 대응하여 고객 상담
- 개발팀: 제품 런칭
- 마케팅팀: 클라이언트에 스토리보드 발표
- 대표: 채용 면접

주간 회의를 weekly meeting으로 표현할 수도 있지만, 팀이나 회사 안에서 '동기화'를 한다는 의미인 sync라는 표현도 테크 회사들을 중심으로 많이 씁니다. 회의록 형태는 다음과 같이 남길 수 있습니다.

Weekly Sync

What happened last week?
— Some data loss - **retrospective**?
— Review CRM issues

What are we doing this week?
— Create three more video ads for Instagram
— Daily standup with dev team and design team before launch

Potential blockers?
— Bugs on the new launch we weren't able to discover

Action Items
— Marketing to **draft** video ad storyboard for next **release cycle**
— Dev to **triage bugs**

주간 회의

지난주에 무슨 일이 있었나요?
— 일부 데이터 손실 - 회고할까요?
* **retrospective(회고)**: 팀원 전체가 모여 앞서 협업했던
  프로젝트를 점검하며 향후 협업을 할 때 유지해야 할 점과
  개선해야 할 점을 찾는 회의. 주로 소프트웨어 개발의 방법론
  중 하나인 애자일 방법론에서 사용되는 회의 방식이다
— CRM 문제 검토

이번 주 할 일은 무엇인가요?
— 인스타그램용 영상 광고 3개 추가 제작
— 출시 전 개발팀 및 디자인팀과 일일 스탠드업

잠재적인 장애물?
— 출시 당시 버그는 없었음

실행 방안
— 마케팅팀은 다음 **출시 주기**에 맞추어 동영상 스토리보드 **초안**
  작성
— 개발팀은 **버그 확인**

Project Management 문서
어떤 프로젝트를 진행하거나, 만들어진 제품/서비스를 관리하면서
문제를 정의하고 해결책을 찾아가며 실행에 옮기는 과정을 기록할 수
있는 문서입니다.

Overview

Fixing the problem of not being able to see their purchased tickets

Problem Statement

— Currently, after completing a purchase on our website, users are unable to see their paid tickets with dates.

— Some users can find their purchase history in the main menu, but many users come straight to the live support chat to inquire. This causes confusion and requires extra staffing dealing with customers.

Proposed Solution

— Show all purchased tickets that haven't expired on My Page.

— Have the purchase history higher up on main menu.

Success Criteria

— 90% reduction of user inquiries on the issue.

User Stories

— User can easily find their purchased tickets on their My Page.

— User can easily navigate to the page that contains their purchase history.

Scope

— No change in color or text size, only change layout.

Requirements

— Changes in the "User Manual" for B2B clients.

Non-Requirements

— Notification on update to users.

개요
구매 티켓 미확인 문제 처리

문제 설명
— 현재 당사 홈페이지에서 이용자들이 티켓을 구매한 이후 해당 티켓에서 날짜 확인이 되지 않습니다.
— 일부 사용자는 메인 메뉴에서 구매 내역을 찾을 수 있지만, 많은 사용자가 실시간 채팅창으로 바로 문의합니다. 이로 인해 고객 응대에서 혼란이 생기고 추가 인력 투입이 필요한 상황입니다.

해결책 제안
— 내 페이지에 만료되지 않은 모든 구매 티켓을 표시합니다.
— 메인 메뉴 상단에 구매 내역이 표시되도록 합니다.

성공 척도
— 해당 문제에 대한 이용자 문의 90% 감소

사용자 이야기
— 사용자는 구입한 티켓을 내 페이지에서 쉽게 찾을 수 있습니다.
— 사용자는 구매 내역이 있는 페이지로 쉽게 이동할 수 있습니다.

업무 범위
— 색상이나 텍스트 크기는 변경되지 않고 레이아웃만 변경합니다.

요구 사항
— B2B 클라이언트의 '이용자 매뉴얼'을 변경합니다.

필수 사항 아님
— 업데이트 시 이용자에게 알림을 보냅니다.

문서화/회의록 관련 용어
회의나 문서에서 한 꼭지를 설명하는 제목이 될 수 있는 표현입니다.

회의 종류/개요
— standups: 스탠드업 (일어서서 하는 짧은 회의)
— syncs/sync up meeting: 현황 공유를 위한 회의
— 1:1 (one-on-one): 일대일 면담 또는 회의
— company alignment: 회사 정렬
  ★ 정렬: 조직의 비전/미션/가치를 중심으로 전략과 사업방향성이 일치하도록 사업부, 팀, 개인의 목표를 설정하는 것
— overview: 개요
— agenda: 아젠다, 목적

현황/문제
— problem statement: 문제 정의, 문제 설정
— status: 일의 진척 상태
— user stories: 이용자 스토리
— observations: 관찰 내역
— blockers: 방해물
— cause analysis: 원인 분석

해결책/성과
— proposal: 제안
— proposed solution: 제안된 솔루션, 해결책
— resolution: 해결책
— success criteria: 성공 척도
— traction: (스타트업의 성장으로 연결되는) 이용자/고객 수와 같은 사업 성과
— metrics: (성과 측정) 지표
— user facing impact: 이용자에게 미치는 영향

업무 수행 과정
- scope: (업무) 범위
- action items: 실행 방안
- requirements: 필수 업무, 조건
- non-requirements: 필수적이지 않은 업무, 조건
- tasks: 작업, 일(프로젝트보다 작은 단위)
- format: 형식, 형태
- workflow: 작업/업무 흐름
- pipeline: (사업의 최종 목표에 도달하기 위한) 진행 과정

일정/시간 관련
- (project) kickoff: (프로젝트의) 개시, 시작
- timeline: 타임라인, 일정
- time card: 근무 시간 기록표

기타
- quarterly appraisals: 분기별 평가
- dev team: 개발팀
- code review: 코드 리뷰
  * 코드를 점검하고 피드백을 주는 과정
- emergency leave: 긴급 휴가
- retrospective: 회고하다
- draft (sth): (sth)의 초안 작성
- triage bugs: 버그 찾아내기
- release cycle: (소프트웨어) 업데이트/출시 주기
- resources: 자원, 자료
- toolkit: 툴킷
- agreements/contracts: 계약, 협약
- social profile: SNS 프로필
- social footprint: 소셜 발자국, SNS 상의 흔적

회사 위키 예시

많은 스타트업 혹은 프로페셔널들이 노션을 회사 프로젝트에 대한
위키로 사용합니다. 직접 만나지 않고 온라인으로 협업하는 회사나
프로젝트가 많아지면서 한 공간에서 만나지 않더라도 업무 수행에
필요한 정보를 한 군데에서 쉽게 찾아볼 수 있도록 하고 있습니다.

Company Wiki

Home
Team
— Mission, Vision, Values
— Company History
— Annual Business Plan
— Weekly Goal Tracking
— Founder Questions
— Team Directory

Communication
— General Guidelines
— How to use Slack
— How to use Notion
— How to use Google
— How to use KakaoTalk

HR
— New Employee
   Onboarding
— Roles & Responsibilities
— Peer Reviews

— Vacation & Benefits
   Policy
— Reporting Expenses

Resources
— Sites & Channels
— Terms of Service
— Data Privacy and
   Protection

Product
Planning
— Content Roadmap
— Product Roadmap
— Business Roadmap
— Product Ideas

Resources
— Market Research
— Courses
— Product Market Fit

위키 페이지는 회사나 프로젝트 기능별로, 혹은 세부 프로젝트별로 만드는 것이 일반적입니다. 다음은 특정 회사나 팀에 관계없이 일반적으로 적용할 수 있는 위키 예시입니다. 각 주요 항목(bullet point)을 누르면 해당 주제에 대한 상세 페이지로 넘어갑니다.

회사 위키

홈
팀
— 미션, 비전, 가치
— 회사의 역사
— 연간 사업 계획
— 주간 목표 트래킹
— 창업자에게 하는 질문
— 팀 연락망

커뮤니케이션
— 일반 가이드라인
— 슬랙 사용법
— 노션 사용법
— 구글 사용법
— 카카오 사용법

인사
— 신규 사원 온보딩
— 역할 & 책임
— 동료 평가

— 휴가 & 복지 관련 내규
— 지출 보고

자료
— 웹사이트 & 채널
— 이용약관
— 개인정보처리방침

제품
기획
— 컨텐츠 로드맵
— 프로덕트 로드맵
— 비즈니스 로드맵
— 프로덕트 아이디어

자료
— 시장 조사
— 교육과정
— 시장과 제품 간 적합성

Customer Success

CRM *(Channel.io)
- Terms and Workflow
- Automation Rules
- Response Templates
- Reporting

Email *(Sendgrid)
- Terms and Workflow
- Automation Rules
- Email Templates
- Reporting

SMS *(Twilio)
- Terms and Workflow
- Automation Rules
- SMS Templates
- Reporting

Processes
- Peace-time Protocols
- Emergency Protocols
- How to Sort Customer List
- How to Send Rewards & Gifts

*Customer Outreach
- Customer Surveys
- In-depth Interviews
- Data Analysis

Brand & Design

Branding
- Brand Guidelines
- Design Principles
- Tone & Manner
- User Feedback
- Templates

Mini-tutorials
- How to use *Figma
- How to use *Sketch
- How to use Photoshop
- How to use Illustrator

Marketing & Growth

Targeted Ads
- Ad Performance Dashboard
- Facebook Ads
    How-to
    Resources
    Tips and Tricks
- Google Ads
    How-to
    Resources
    Tips and Tricks
- Naver Ads
    How-to
    Resources
    Tips and Tricks

Social Media
- Social Media Calendar

고객 성공

CRM (채널톡)
— 용어 및 업무흐름도
— 자동화
— 답변 템플릿
— 보고하기

이메일 (샌드그리드)
— 용어 및 업무흐름도
— 자동화
— 이메일 템플릿
— 보고하기

문자메시지 (트윌리오)
— 용어 및 업무 흐름도
— 자동화
— 문자 메시지 템플릿
— 보고하기

프로세스
— 평상시 프로토콜
— 긴급상황 프로토콜
— 고객 명단 분류하는 방법
— 리워드 & 선물 보내는 법

고객 지원 활동
— 고객 설문
— 심층 인터뷰
— 데이터 분석

브랜드 & 디자인

브랜딩
— 브랜드 가이드라인
— 디자인 원칙
— 톤&매너
— 이용자 피드백
— 템플릿

미니 튜토리얼
— 피그마 사용법
— 스케치 사용법
— 포토샵 사용법
— 일러스트레이터 사용법

마케팅 & 그로스

타겟 광고
— 광고 성과 대시보드
— 페이스북 광고
　　실무 방법론
　　자료
　　비법과 요령
— 구글 광고
　　실무 방법론
　　자료
　　비법과 요령
— 네이버 광고
　　실무 방법론
　　자료
　　비법과 요령

소셜 미디어
— 소셜 미디어 달력

— Onboarding: 새로운 고객을 제품/서비스에 적응시키거나 새로운 조직에 적응시키는 과정

— Channel.io: '채널톡'이라는 고객 상담을 위한 채팅 SaaS 서비스입니다. 국내 기업으로 현재 글로벌하게 서비스를 확장하고 있습니다.

— Sendgrid: 글로벌 이메일 발송 SaaS 서비스입니다. 이메일 마케팅, 이메일 자동 발송 등의 서비스를 제공합니다.

— Figma: Sketch와 비슷한 기능을 제공하는 웹 기반의 UI/UX 디자인 툴입니다. 웹브라우저로 작업이 가능하며 협업에 용이해 Sketch와 함께 인기가 높습니다.

— Sketch: UI/UX 디자인을 위한 포토샵과 같은 프로그램으로, 웹사이트나 모바일 앱 디자인에서 많이 사용되는 디자인 툴입니다.

— Twilio: 글로벌 SMS(문자) 발송 SaaS 서비스입니다. 문자 메세지 발송, 문자 자동 발송 등의 서비스를 제공합니다.

— Customer outreach: 일반적으로 알고 있는 고객 상담과 같이 고객 관련 서비스를 CS(customer support)라고 한다면, 고객 아웃리치는 고객들과 좀 더 적극적으로 의사소통을 하고 관계를 쌓아 영업/ 마케팅까지 이어질 수 있는 확장 개념입니다.

— SEO: search engine optimization의 약자로, 검색 엔진 최적화를 의미합니다. 검색 상단에 웹페이지나 콘텐츠가 노출되도록 하는 작업입니다.

— UTM parameter: 웹사이트 주소 뒤에 붙어있는 utm _source=Facebook&utm_medium=ad&utm _campaign=spring2020와 같은 부분을 보신 적이 있을 것입니다. 마케터들이 온라인 마케팅 캠페인의 효과성을 측정하기 위해 쓰는 URL의 다섯 가지 매개변수를 의미합니다. UTM은 Urchin Tracking Module의 약자로, 구글 애널리틱스의 전신인 Urchin이라는 서비스에서 시작된 개념입니다.

— CSS: HTML 문서에서 텍스트 크기, 색상, 이미지 크기, 위치, 표의 색상, 배치 방법 등을 시각적으로 꾸며주는 언어입니다.

— Vue.js: 소프트웨어 개발 언어 중 하나인 자바스크립트의 프레임워크 중 하나입니다.

— API 스펙 백로그: 구현해야 할 요구 사항과 우선 순위 등을 정의한 문서로, 제품 개발에 있어서 to-do-list와 같은 기능을 합니다.

새로운 프로젝트에 대한 공지 작성

많은 스타트업들이 고객이나 이용자들을 대상으로 공지사항이나 블로그를 운영합니다. 블로그는 공식 웹사이트보다 조금 더 친근하게 다가갈 수 있다는 점, 그리고 디자인이나 개발자의 도움 없이 시각화하기 수월하여 수정 역시 간편하다는 점이 장점입니다. 일반적인 서비스 공지 외에도 회사 소개, 채용 공고, 신규 사업/ 프로젝트 안내에 많이 사용됩니다.

Hi, I'm Vicky, Content Manager at Savour. I've **been part of** a gourmet meal kit subscription business at Savour for the past two years. **It's been a blast**, being able to taste all sorts of gourmet dishes of many different cultures - and witness other people tasting certain food for the first time!

Before Savour, I was definitely NOT a foodie. Sure, I always liked food (who doesn't?) but wasn't the type to appreciate it in a way foodies do. Never did I imagine a day that I would be interested in where the ingredients are from, searching for certain spices, and how equipment and techniques come together to create a taste.

You may think, why the heck did Savour hire such a rookie? They hired me for **the sole purpose of** converting fellow novices into the world of gourmet dishes. I think they were skeptical at first, even when they decided to hire me. How are we going to convince people that don't eat at gourmet restaurants to buy meal kits to cook for themselves?

It turns out, gourmet food was culturally alien to most of our customers. But with a price point slightly above eating out on a weekday, and being able to avoid any anxiety about going to a high-end restaurant - making reservations, being self-conscious about what car you drive or what clothes you're

다음은 신규 프로젝트를 공개하며 고객들의 참여를 독려하는 기업 공지글입니다. 특히 고객들의 참여를 유도하려면 내용이 컴팩트하게 나열된 공지보다는, 회사나 실무자의 스토리를 자연스럽게 들려주는 것을 추천합니다.

또한, 노션에서 참여 신청서, 캘린더 등을 해당 페이지에서 바로 접근할 수 있도록 임베드(embed) 기능을 활용하고, 보다 자세한 정보를 필요로 하는 사람을 대상으로 회사의 공식 웹사이트나 SNS 채널로 링크를 걸 수도 있습니다.

안녕하세요, Savour의 콘텐츠 매니저 Vicky입니다. 저는 지난 2년 동안 Savour에서 고급요리(고메) 밀킷 구독 사업에 **참여해왔습니다.** 다양한 문화의 온갖 고급 요리를 맛볼 수 있고, 다른 사람들이 특정 음식을 처음으로 맛보는 광경을 목도하는 것은 **정말 즐거운 일이었어요!**

Savour에 합류하기 전에 저는 확실히 미식가는 아니었어요. 물론, 저는 항상 음식을 좋아했지만 (안 좋아하는 사람 있나요?) 미식가들처럼 음식의 진가를 알아보는 타입은 아니었어요. 재료의 원산지가 어디인지 관심을 갖고, 특정 향신료를 찾고, 요리 기구와 기술이 어떻게 어우러져 맛을 내는지에 제가 관심을 갖는 날이 있을 줄은 상상도 못 했습니다.

Savour가 도대체 왜 이런 초보자를 고용한 건지 궁금하실지도 모르겠어요. Savour는 저와 같은 초보자들을 고급 요리의 세계로 인도**하려는 유일한 목적으로** 저를 고용했습니다. 처음에는 저를 채용하기로 결정했을 때조차도 그 미션에 대해 회의적이었던 것 같아요. 고급 요리 식당에서 식사도 하지 않는 사람들을 어떻게 설득해 고급 요리 밀키트를 사서 스스로 해 먹게 할 수 있을까 하고 말이죠.

알고 보니, 고메 음식은 우리 고객들 대부분에게 문화적으로 낯선 것이었습니다. 하지만 가격이 평일 외식을 약간 웃돌 정도이고, 고급 레스토랑에 가는 것에 대한 불안감(예약은 어떻게 하고, 어느 차를 타야 하며, 의상은 또 어떤 의상이 적절할지, 그리고 메뉴에

wearing, not knowing how to pronounce the names on the menus - people actually enjoyed both the food and the cooking!

These conversion stories **got me wondering**, "there must be other marvelous stories behind our customers." And indeed, there was. There are so many funny, heart-warming, sometimes heart-breaking, yet inspirational stories that you guys shared on Instagram, on your blogs, and directly on our app.

I wanted to tell these stories through a podcast. **That's why I'm announcing** our podcast, "Savoury Sound." We will be cooking the meals featured on your stories together, **a bit of ASMR here and there**, and give you a platform to share your story behind it. We're inviting you - our VIP customers - as guests on the podcast.

Don't worry; the story doesn't have to be around Savour's products. That would be way too obvious. We'll even develop new meal kits through your stories.

How it works:

Step 1. **Submit** your story. We'll read all of your applications.

Step 2. We'll call you to hear more if we're interested.

— If your story doesn't get through, we'll still give you a $20 Savour coupon.

— If your story **gets through**, you need to provide us at least one witness that will corroborate the story. We're not **holding your feet to the fire**; we just don't want to publish fake stories only because they're fun. We'll **overlook** a bit of exaggeration, though.

Step 3. Come on the podcast! Makeup **is on us** :)

Podcast Recording Schedule

(embedded calendar)

6 8

있는 이름은 어떻게 발음해야 맞는 것인지 등)을 갖지 않아도
되었기 때문에, 사람들은 실제로 밀키트 음식과 요리 과정을 모두
즐겼습니다!

이러한 여정을 통해 저는 '우리 고객들에게도 또 다른
놀라운 스토리가 있을 것'이라는 **생각을 하게 됐습니다.** 그리고 그런
스토리가 정말이지 있더군요. 재미있고, 마음이 따뜻해지고, 때로는
가슴 아프나 영감을 주는 많은 이야기들이 있었고, 여러분들께서
인스타그램, 블로그, 그리고 저희 앱에 직접 공유해 주셨습니다.

저는 팟캐스트를 통해 이 이야기들을 들려주고 싶었습니다.
그래서 팟캐스트 'Savoury Sound'를 **발표하게 되었습니다.** 여러분의
사연이 담긴 음식들을 함께 요리하고, **여기저기 ASMR도 들릴 테죠,**
그렇게 여러분의 사연을 함께 나눌 수 있는 플랫폼이 되면 좋겠습니다.
우리의 VIP 고객인 여러분을 팟캐스트 게스트로 초대합니다.

사연은 Savour 제품에 관한 것이 아니어도 되니 걱정마세요.
그건 너무 뻔하잖아요? 여러분의 이야기를 통해 새로운 밀키트도
개발할 수 있는 것이니까요.

어떻게 하느냐!
1단계. 내 이야기를 **제출합니다.** 제출된 모든 지원서를 읽겠습니다.
2단계. 저희가 관심 있어서 더 듣고 싶다는 판단이 들면
연락드리겠습니다.
    — 여러분의 이야기가 선택되지 않는다고 해도 20달러 상당의
      Savour 쿠폰을 드릴게요.
    — 만약 여러분의 이야기가 **선택된다면,** 우리에게 그 이야기가
      사실이라는 것을 증명하는 증인(최소 1인 이상)을
      알려주세요. 저희가 **압박을 주려는 건** 아니예요. 단지
      이야기가 재밌다는 이유로 가짜 이야기를 게시하고 싶지 않은
      거죠. 그렇지만 약간의 과장은 눈감아드릴게요.
3단계. 팟캐스트에 출연하세요! 메이크업은 **저희가 쏩니다.** :)

팟캐스트 녹화 일정
(캘린더 삽입)

Apply

(embed Google form as the following:)

Your full name

Email address

Contact number

Link to your story (any link accessible to our team)

Social Media for Savour's Content Team

YouTube

Instagram

Facebook Page

스토리텔링식 공지 관련 주요 표현

— be part of (sth): (sth)에 일부가 되어 참여하다

— It's been a blast: 정말 즐거웠습니다.

— never did I imagine (sth): (sth)을 상상도 못했다

— why the heck: 도대체 왜

— novice: 초보자

— the sole purpose of (sth): (sth)의 유일한 목적

— the world of (sth): (sth)의 세계

— turns out: 알고 보니

— alien to (sb/sth): (sb/sth)에 낯설다

— price point: 가격대

— self-conscious: 남을 의식하는

— (sth) got me wondering: (sth)로 인해 생각을 하게 되다

— heart-warming: 마음이 따뜻해지는

— heart-breaking: 가슴 아픈

— That's why I'm announcing (sth): 그래서 (sth)를 발표합니다.

지원하기
(다음과 같은 내용으로 구글 폼 임베드)
성함 (성+이름)
이메일 주소
연락처
여러분의 이야기 링크 (저희 팀이 접근할 수 있는 것이면 어떠한
링크든 가능합니다.)

Savour 컨텐츠 팀의 소셜 미디어 채널
유튜브
인스타그램
페이스북 페이지

— way too obvious: 너무 뻔하다
— submit (sth): (sth)을 제출하다
— (sth) gets through: (sth)이 통과되다, 선택되다
— hold your feet to the fire: 압박을 주다
— overlook (sth): (sth)을 눈감아주다, 간과하다
— (sth) is on us: 저희가 쏩니다
— full name: 성함 (성+이름)

앞서 다룬 불릿 포인트 표현들은 회의록 작성이나 문서화를 통해
비즈니스 커뮤니케이션을 할 때 사용이 됩니다. 이와 조금 다른
맥락에서, 해당 표현들이 사용될 수 있는 다양한 상황을 한번
살펴보겠습니다.

1. 상사와의 **일대일 미팅**이 직원들에게 과도한 스트레스를
   유발하는지, 아니면 자신의 진가를 알아준다고 느끼게
   하는지에 대한 연구 결과는 50대 50으로 나뉩니다.

Research is split 50-50 as to whether a **one-on-one** with a boss
causes undue stress on employees or makes them feel appreciated.

2. **회사 정렬**은 대다수가 합의한 **아젠다**를 통해 모든 개인이
   자신의 역할을 이해하는 것이라고 설명할 수 있습니다.

Company alignment can be explained as having a widely agreed
upon **agenda** where every individual understands their roles.

3. 우리의 **문제 정의**를 분석한 결과 현재 재정에 타격을 주고 있는
   운영상의 실책 몇 가지를 확인하였습니다.

An analysis of our **problem statement** has identified a few critical
areas in our operation currently hemorrhaging our finances.

4. 근본적인 **원인 분석**을 통해 웹사이트가 다운된 직접적인 원인이 트래픽 과부하라는 것을 확인했습니다.

The root **cause analysis** identified the immediate cause of our website downtime: traffic overload.

5. 언짢게 들리실지도 모르겠지만, 우리가 처한 곤경에 대한 **해결책으로 제안해 주신 방법**이 근본 원인을 충분히 다루지 않았다고 지적할 수밖에 없겠습니다.

At the risk of sounding ungrateful, I will have to say that the **proposed solution** to our predicament doesn't fully address the root cause.

6. 업무 현장의 커뮤니케이션을 주의 깊게 **관찰**한 결과, 모든 결정에 대해 합의를 이루려는 노력이 최선의 해결책을 얻는 데서 가장 큰 **장애물**임을 알게 되었습니다.

After careful **observation** of our workplace communication, we realized that trying to come to a consensus for all decisions was the major **blocker** to coming up with the best solutions.

7. 편견없이 차분하게 양쪽의 의견을 들을 수 있는 냉철한 중재자에게 직장 내 갈등 **해결**이 달려 있습니다

Conflict **resolution** in the workplace depends on a cool-headed mediator able to listen to both sides without bias calmly.

8. 초기에 **성공**의 **기준**을 확립하면 부하 직원에게 기대하는 바를 처음부터 이해시킬 수 있습니다.

Establishing **success criteria** earlier gives your subordinates an understanding of what you expect of them from the get-go.

9. **지표**에서 반복되는 내용을 보면 우리 제품이 십대들 사이에서 **사업 성과(트랙션)**를 획득하지 못했다는 사실을 알 수 있습니다.

A recurring theme from our **metrics** points to the fact that our product has failed to gain **traction** among teenagers.

10. 프로젝트의 **범위**를 제대로 규정하면, 직원들이 해당 프로젝트를 완료하는 데 필요한 **작업 항목**과 작업 시간을 내재화해 일할 수 있습니다.

Properly defining the **scope** of a project allows employees to internalize the **action items** and the time required to finish the project.

11. 채용 공고문에는 예비 후보자에 대한 **필수 조건**과 **비필수 조건**이 명확히 명시되어 있습니다.

The job posting clearly states the **requirements** and the **non-requirements** for prospective candidates.

12. 직접 **업무**를 할당하면 무의미한 이메일이 오가는 데 낭비되는 시간을 줄일 수 있습니다.

Directly assigning **tasks** cuts down on time wasted in meaningless back and forth emails.

13. Notion은 EverNote, Microsoft OneNote 및 Google Keep과 유사한 **형식**을 사용합니다.

Notion uses a similar **format** to EverNote, Microsoft OneNote, and Google Keep.

14. **업무 흐름**을 간소화하기 위해 직원들을 Notion으로 마이그레이션하는 계획은 아직 **진행** 중입니다.

The plan to migrate our staff to Notion in order to streamline **workflow** is still **in the pipeline**.

15. 주요 이해관계자들이 회의실에 모여 수백만 달러에 달할 것으로 예상되는 **프로젝트를 시작했습니다**.

Key stakeholders bundled together in the conference room to **kick off** the much anticipated multimillion-dollar **project**.

16. Design Hub는 출시 이후 달성해 온 주요 마일스톤을 보여주는 인포그래픽 **타임라인**을 시각적으로 보기 좋게 만들었습니다.

Design Hub created a visually appealing infographic **timeline** marking important milestones since their launch.

17. 제 생각에, **근무 시간 기록표**는 인간을 폭발적인 생산성보다는 기계처럼 작동한다고 가정하는 것입니다.

In my opinion, **time cards** make the assumption that human beings operate like machines instead of in bursts of productivity.

18. 투자 포럼은 초보 투자자를 위한 팁과 조언이 가득한 **자원 툴킷**입니다.

Investment forums are a **resource toolkit** chock-full of tips and advice for first-time investors.

19. 많은 유명인이 불공정 계약에 서명하는 이유는, 시간을 들여 **계약서**의 세세한 항목을 꼼꼼히 들여다보지 않기 때문입니다.

Numerous celebrities sign unfair **contracts** all because they don't take the time to read the fine print.

20. 채용 담당자는 후보자 검토에 있어 후보자가 수년 간 쌓은 **소셜 발자국**(social footprint)에 점점 더 의존하고 있습니다.

Recruiters are increasingly relying on years worth of **social footprint** to vet candidates.

한글 패치가 안 된
SaaS(Software as
a Service)
사용 문의가 있을 때

한 글 패 치 가 안 된
SaaS(Software as
a Service)
사 용 문 의 가 있 을 때

스타트업 붐과 언택트 시대가 중첩되면서 각 업무 영역에서 생산성 및
업무 생산성을 높이고, 개인 생활까지 편리하게 지원해 주는 수많은
SaaS(Software as a Service) 제품들이 등장하고 있습니다.
대표적으로 이제는 많이 알고 있는 것이 슬랙, 노션이고 그 외에도
비슷한 서비스를 제공하는 제품과 서비스가 속속 등장하고 있습니다.
필자는 텔라의 인력 구성상 해외에 튜터들이 있어 서울 오피스를
제외한 대부분의 인원과 '원격'으로 근무를 하고 있습니다. 한정된
시간 속에서 조직을 잘 관리해 고객에게 최상의 서비스를 제공하기
위해 다양한 툴을 찾아 활용하게 되는데, 영어를 쓰는 튜터들과
일을 주로 하다보니 전 세계의 다양한 소프트웨어 서비스들을 많이
이용해 봤습니다.
　　소프트웨어는 이용하는 중에 오류가 생길 수도 있고, 사용법을
정확히 몰라서 헤맬 수 있습니다. 이때, 한글 패치가 없는 서비스들이
있는가 하면, 한글 패치가 있더라도 한국어로 제공되는 고객 센터가
아직(혹은 영원히) 운영되지 않는 경우도 많습니다.
　　한국 서비스라면 바로 고객센터 전화번호나 채팅창으로
문의를 하는 것이 일반적이겠지만 미국이나 영미권 국가의 서비스들은
전화는커녕, 채팅으로 상담이 개설되지 않았거나 FAQ를 다 읽어도
문제 해결을 하지 못한 사람들만을 대상으로 한정적으로 여는 경우가
많습니다. 또는, 이마저도 안 되어서 이메일만 여는 경우도 상당히
많습니다. 이럴 때 전화 한 통 해서 궁금증을 바로 해결하면 좋겠는데
오류 보고를 하지 못하고 연락처를 찾아 헤매다 보면 시간이 너무
아까워 나도 모르게 욱할 수 있습니다. 그러나 화나면 나만 손해!
문의할 수 있는 경로를 잘 찾아봅시다.

먼저 통상적으로 FAQ 란을 찾아 궁금한 사항에 대한 키워드를 잘 선정해 검색해봅시다. 대부분의 사이트에서는 자주 할 법한 질문에 대해 친절하게 설명해 놓습니다. 그러나 업데이트가 되지 않았거나, 내가 보는 화면과 그들이 캡처해놓은 화면이 정말 다르거나, 심지어는 번역기까지 돌리고 동료한테도 내용이 맞는지 질문해도 해결이 되지 않을 때, 'support center', 'contact' 등의 키워드로 고객 센터 이메일을 찾아봅시다.

이메일 서비스 설치 과정 문의
이메일 서비스 설치 과정에서 안내에 따라 했는데도 불구하고 작동이 되지 않아 이메일을 보낸 적이 있습니다.

Hi! I'm **having trouble with** installing the pixel. We **succeeded in** installing the tag on Google Tag Manager and **checked that** the trigger **works**, but we can't seem to **verify** the pixel on Sendmail.

Would you be able to **identify** the problem? Our development team also **reported** that they have been seeing this **error message**, which **hasn't been an issue** with us **before**. Error message: "Sendmail snippet included twice."

해당 문의 메일에 대해 답변이

Sendmail Labs will be back tomorrow.
You'll be notified here and by email (tella@tella.co.kr)

확인에 앞서, 내가 처한 문제 상황, 내가 이것을 해결하기 위해서 무엇을 시도해봤는지, 그리고 구체적으로 어떤 것을 해결하고자 하는지를 말해야 합니다. FAQ에서 찾을 수 있는 내용에 대해 그대로 질문을 한다면, 답변은 보통 FAQ의 내용 그대로 오는 경우도 있습니다. 따라서 질문이나 요구사항은 좀 더 구체적인 문제 해결을 위해 내가 어떤 행동이나 노력을 했다는 설명을 수반하는 것이 좋습니다. 또한, 각 서비스의 영어 용어들을 그대로 사용해야 말이 통합니다. 한국어로 사용하던 용어를 내 임의로 번역하여 사용하기보다, 해당 서비스의 영어 용어를 그대로 사용해보세요.

안녕하세요! 픽셀 설치에 문제를 겪고 있습니다. 구글 태그 매니저에 태그를 설치하고, 트리거가 작동하는지 확인했지만, Sendmail에서 해당 픽셀을 확인할 수 없는 것으로 나옵니다.
왜 이런 일이 일어나는지 알 수 있나요? 저희 개발팀에서도 전에는 문제가 되지 않았는데 현재 이 오류 메시지가 계속 나타난다고 보고 받았습니다. 오류 메시지: "샌드그리드 스니펫이 두 번 포함됨"

다음과 같이 왔습니다.

Sendmail Labs가 내일 업무 복귀합니다.
이곳과 다음 이메일(tella@tella.co.kr)을 통해 알림을 받으실 겁니다.

Please **notify me at sarah**@tella.co.kr

Hi, We've verified in our backend that your pixel is **installed correctly,** so you **should be able to** use it for retargeting right away. **The issue** you saw sometimes occurs with Google Tag Manager users. We're **working on a fix** and hope to **release it** right away so that customers who install our script via GTM won't have issues in the future. But you can **rest assured** your installation is correct.

Please let us know if you have any other questions or would like to speak with our team about your digital marketing strategy. We'd be more than happy to spend some 1:1 time with you to get things **up and running**.

Best,
— Norah from Sendmail Labs

답변을 받고자 다시 답변했습니다.

sarah@tella.co.kr로 **알려주세요.**

답변입니다.

안녕하세요. 귀사의 픽셀이 올바르게 설치되었음을 백엔드에서
확인했으니 이제 바로 리타게팅에 **사용하실 수 있을** 겁니다. 귀하가
제기하신 **문제**는 구글 태그 매니저 이용자들에게서 종종 **발생합니다.**
당사는 **수정 작업을 진행 중**이며 GTM으로 스크립트를 설치하는
고객들이 향후에 곤란을 겪지 않도록, 수정판을 곧 배포할 계획입니다.
하지만 설치가 정상적으로 되었으므로 **안심하셔도 됩니다.**
　　다른 질문이 있거나 귀사의 디지털 마케팅 전략에 대해 저희
팀과 상의하고 싶으시면 알려주십시오. **제대로 작동할 수 있도록
일대일 응대를 해드리겠습니다.**

　　감사합니다.
— Sendmail Labs의 Norah 드림

텔라는 해외 튜터들에게 송금을 할 일이 자주 있는데, 회사에서 입력한 송금 정보와 실제 개인 정보가 불일치하여 송금이 중간에 막히는 경우가 더러 있었습니다. 한번은 빠르게 문제를 해결해야 하다보니,

Remit Wallet: Hello, this is Remit Wallet Uganda; my name is Jane. How can I help you?

Evelyn: Hello Jane, my name is Evelyn. I'm the Regional Manager of Tella in Uganda. We **need your help**. We are trying to receive payments from Korea, but some people aren't able to receive the funds, while others are able to.

Remit Wallet: Have you **checked for sure** if your card has funds?

Evelyn: Well, the funds are **sufficient**.

Remit Wallet: Can you try sending the payment again to the people that did not receive the funds?

Evelyn: Okay then, let me **try it again**. **Hold on** for a moment, please.

(After a few minutes)

Evelyn: Hi Jane. It still **doesn't work**, and we **double-checked** that we did not max out the credit card we used. **As we speak**, we have more than 10,000 dollars left on the card, which is much more than the amount we're sending. Can there be **any other reason** for this?

Remit Wallet: I see. Can you let me know your transaction ID so I can find out more?

Evelyn: I don't know what you mean by the transaction ID. **To my understanding**, the transaction didn't happen, so there is no transaction ID. Allow me to share the

다급한 마음으로 매니저가 고객센터에 전화를 했고, 이메일을 통해 아이템 번호 확인을 요청받았습니다.

Remit Wallet: 안녕하세요, Remit Wallet Uganda입니다. 제 이름은 Jane입니다. 무엇을 도와드릴까요?

Evelyn: Jane 님 안녕하세요, 제 이름은 Evelyn입니다. 텔라 우간다 지역 매니저입니다. **도움이 꼭 필요합니다.** 한국에서 송금을 받으려고 하는데 일부 인원은 송금을 받았지만 송금을 아직 못 받은 사람들도 있습니다.

Remit Wallet: 카드에 잔고가 있는지 **확실히 확인하셨나요?**

Evelyn: 네, 자금은 **충분합니다.**

Remit Wallet: 송금을 받지 못한 사람들에게 다시 한번 송금을 해보시겠어요?

Evelyn: 네, 그럼 다시 한 번 **시도해 볼게요.** 잠시만 **기다려 주세요.**

(몇 분 후)

Evelyn: Jane 님, 계속 **작동이 안 되고,** 저희가 사용한 신용카드의 한도 초과는 없는 점을 **다시 확인했습니다.** 현재 카드에는 10,000달러 이상이 남아 있는데, 이 금액은 송금액보다 훨씬 많은 액수입니다. **다른 이유가** 있을 수 있나요?

Remit Wallet: 그렇군요. 거래 ID를 알려주시면 좀 더 자세히 알아보겠습니다.

Evelyn: 거래 ID가 무슨 뜻인지 모르겠어요. **제가 이해하기로는** 거래가 이루어지지 않았으니 거래 ID가 없습니다. 거래하면서 발생한 오류 스크린샷을 이메일로 공유해 드리겠습니다.

screenshot of those transaction errors by email.

Remit Wallet: I see. Send the email, and we'll **get back to you**
within a few hours.

Evelyn: Thank you, Jane. Please get back to me **as soon as**
possible.

통화 내용에서 볼 수 있듯이, 고객 센터와 한 번 대화를 나눈
것만으로는 해결되지 않았습니다. 전화 통화가 매끄럽지 않거나,
서로 같은 화면을 보고 있는 것이 아니기 때문에 의사전달이 제대로
안 될 수도 있습니다. 이런 경우, 이메일을 통해서 시각적인 자료나
보다 구체적인 정보 등을 보내놓고 이메일로 기록을 정확히 남기면서
의사소통을 하거나, 보낸 이메일을 기반으로 전화 통화를 하는 것도 한
방법입니다.

To whom this may concern,

I tried to send salaries to a few people on Thursday, April
26th, and some of them did not receive it (screenshots **attached**
below). I **found out** that this is because they had changed their
phone numbers.

　　We did send an email asking that the numbers be
changed, but **up to now,** none of them have received the
payment.

　　I **gave you a call** earlier, and you asked me to give you
the **transaction ID**. Please do help out. They are **in distress** as
their salaries are **already more than five days late**!

Remit Wallet: 그렇군요. 이메일을 보내시면 몇 시간 내로 **다시 연락드리겠습니다.**

Evelyn: Jane 님, 감사합니다. **가능한 한 빨리** 저에게 연락 주세요.

이 경우, 이메일을 보낼 때 문제가 생겼던 건에 대한 아이템 번호를 알려줬고 사안의 긴급성 또한 같이 알렸습니다. 전화 통화로 얘기한 내용을 다시 정리할 필요도 있습니다. 이메일 수신자와 전화 수신자가 다를 수 있기 때문입니다. 또한, 전화 통화에서 논의된 내용이 기록으로 남아야 정확한 요청을 할 수 있기 때문에 아래와 같이 작성하였습니다.

담당자님께,

한국의 텔라는 4월 26일 목요일에 튜터들에게 급여를 보냈는데 그 중 일부가 송금을 받지 못했습니다 (스크린샷 **아래에 첨부**). 최근에 그들이 전화 번호를 바꾸었기 때문이라는 것을 **알게 되었습니다.**

번호 변경을 요청하는 이메일을 귀사에 앞서 보냈는데, **현재까지** 아무도 대금을 받지 못했습니다.

아까 **전화 드렸었는데, 거래 번호**를 알려달라고 하셨습니다. 제발 도와주세요. 이미 5일 **이상 급료 지급이 늦어져 난처한 상황에 놓였습니다!**

8 9

Transaction IDs:
Esther: #8490206456818
Lydia: #849206456811

Evelyn, Thank you for **reaching out**.
  Kindly confirm the correct **alternative** recipient phone numbers for the affected transactions; #8490206456818 (phone number: 07012345678) & #849206456811 (phone number: 070987655431). If the numbers are correct, then the payments should've arrived **by now**.
  We regret the **breakdown** in communication.

Regards, Matthew
https://remitwallet.com

Dear Matthew,
  Thank you for the **prompt action**. Yes, they are correct. I have **been informed that** you did call the **clients in question,** and they have now **received** their payment. Thank you!

  Evelyn

9 0

거래 ID:
Esther: #8490206456818
Lydia: #849206456811

답변을 받았습니다.

Evelyn 님, **연락주셔서** 감사합니다.
　　해당 거래 건의 정확한 **대체** 수취인 전화 번호를
확인바랍니다. (#8490206456818(전화번호:07012345678),
#849206456811(전화번호: 070987655431). 이 번호들이 맞다면,
지금쯤이면 결제 대금을 받았을 겁니다.
　　의사소통으로 불편을 끼쳐 드려 죄송합니다.

Matthew 드림
https://remitwallet.com

확인 답변을 잊지 맙시다!

Matthew님에게,
　　신속한 조치 감사드립니다. Mark 님께서 **문제를 겪은**
고객들에게 전화를 해주셨고 해당 튜터들이 대금을 지급받았다는
내용을 전달 받았습니다. 감사합니다!

Evelyn 드림

문제 해결 관련 표현

커뮤니케이션 중 사용하는 표현
— How can I help you? : 어떻게 도와드릴까요?
— to whom this may concern: 담당자님께
— I gave you a call. : 전화 드렸습니다.
— hold on: 기다려주세요
— get back to you: 다시 연락하다
— reach out: 연락하다
— notify me at ~: ~로 알려주세요
— as soon as possible: 최대한 신속하게, 가능한 한 빨리

문제 보고할 때 사용하는 표현
— report (sth): (sth)를 보고하다
— error message: 오류 메시지
— sufficient: 충분하다
— any other reason: 다른 이유
— to my understanding: 제가 이해하기로는
— attached below: 아래 첨부하다
— find out: 알게 되다
— transaction ID: 거래 ID
— in distress: 괴로워하고 있다
— need your help: 당신의 도움이 필요합니다

시기에 관한 표현
— up to now: 지금까지
— as we speak: 우리가 말하고 있는 현재
— already more than 5 days late: 이미 5일 이상 늦어지다
— by now: 지금쯤이면
— have trouble with (sth): (sth)로 문제를 겪다
— don't work: 작동하지 않는다
— identify (sth): (sth)를 확인하다, 원인을 확인하다
— check that (sth) works: (sth)이 작동하는지 확인하다, 점검하다

— check for sure: 확실하게 확인하다
— try it again: 다시 시도하다
— double check: 재차 확인하다, 다시 확인하다
— hasn't been an issue before: 이전에는 문제가 되지 않았다
— verify (sth): (sth)를 확인하다, 인증하다

문제 보고에 대한 답변
— alternative: 대체, 대안
— we regret (sth): 유감입니다
— the breakdown in (sth): (sth)에 발생한 문제
— install correctly: 올바르게 설치하다
— should be able to ~: ~를 할 수 있다
— issue occurs: 문제가 발생하다
— work on a fix: 수정 작업을 진행 중이다
— release it: 출시(업데이트)하다, 배포하다
— rest assured: 안심하다
— up and running: 제대로 작동하다
— succeed in (sth): (sth)에 성공하다

문제 해결 확인 및 감사 인사
— prompt action: 신속한 조치
— been informed that ~: ~라고 보고를 받았다
— clients in question: 문제를 겪은 고객들
— receive: 지급받다

이번 챕터에서 배운 표현들은 해외 웹사이트나 온라인 서비스뿐
아니라, 비즈니스 상황에서 긴급한 이슈가 발생한 경우, 이를 해결하는
과정에서 사용될 수 있습니다. 앞서 배운 표현들을 사용하여 문제
해결에 대한 다양한 표현을 활용해 봅시다.

1. IT 지원팀이 귀하의 Office 365 활성화에 **성공했는지 확인해
주시겠습니까?** 은행 명세를 재차 **확인했**는데도 제 계정
활성화에 **애를 먹고 있습니다.**

Could you please **check** if IT support has **succeeded in** activating
your Office 365? I am **having trouble with** activating mine even
though I **verified** the bank details twice.

2. 시스템 결함의 근본 원인을 **파악할** 수 있도록 **오류 메시지**
수신 시 IT팀에 **보고해** 주세요.

Please **report** any **error messages** you receive to IT so that they
can **identify** the root cause of the system glitch.

3.　다운로드 가능한 소프트웨어에서 SaaS로 전환하는 것이
　　기술에 능숙한 저희 팀에는 **문제가 되지 않았습니다**.

The jump to SaaS from downloadable software **hasn't been an issue** for our tech-savvy team.

4.　사무실에서 새로운 일이 생기면, ginger@gtlab.com로 꼭
　　제게 **알려주세요**.

Please **notify me at** ginger@gtlab.com of any new developments at the office.

5.　**설치가 제대로 됐다면**, 귀하의 계정에서 모든 파일이
　　클라우드에 백업**되어야 합니다**.

If **installed correctly**, your account **should be able to** backup all your files to the cloud.

6.　경영진은 **이 문제를** 인지하고 있으며 현재 **수정 작업을**
　　진행하고 있습니다.

Management is aware of **the issue** and is **working on a fix** right now.

7. 일과 종료까지는 서버가 **제대로 작동**할 터이니 **안심하십시오**.

Please **rest assured** that we will have the server **up and running** by close of day.

8. 통장에 잔고가 **충분한지 분명히 확인하셨나요?**

Have you **checked for sure** that you have a **sufficient** balance in your bank account?

9. 죄송하지만 카드가 승인거절되었습니다. **잠시만요. 다시 시도해볼게요.**

I am sorry, but your card has been declined. **Hold on**. Let me **try it again**.

10. **현재,** 과학수사팀이 거래를 **다시 한번 확인하고** 있습니다. 그래도 **작동하지 않으면** 제3자를 데려와야 할 수도 있어요.

As we speak, the forensic team is **double-checking** the transactions. If this **doesn't work**, we might have to bring in a third party.

11.   은행에서는 거래가 성사될 때마다 항상 알림을 보내는
       것으로 알고 있습니다.

To my understanding, the bank always sends a notification
whenever a transaction has been made.

12.   Smith 씨는 지금 사무실에 없습니다. Smith 씨가 **가능한 한
       빨리** 귀하에게 **다시 연락할 수 있도록** 메시지를 남겨 주세요.

Mr. Smith is not at the office at the moment. Please leave a
message so that he can **get back to you as soon as possible**.

13.   저는 바로 최근에 **아래 첨부된** 과제가 지금까지 진행되지
       않았다는 것을 **알게 되었습니다**.

I **found out** just recently that the assignment **attached below** has not
been worked on up to now.

14.   스티브가 **아까 전화했어요**. **거래 ID**가 누락되어서
       곤혹스러워했어요.

Steve **gave you a call** earlier. He was **in distress** about his missing
transaction ID.

15. 회계사의 내부 재무 보고가 **이미 3일 이상 지체되었습니다.**

Our internal financial report from the accountant is **already more than three days late**.

16. 우리의 다음 전략은 여전히 우리 서비스가 필요한 예전 고객들에게 **다가가는 것**입니다.

Our next strategy is **reaching out** to past clients who might still require our services.

17. Google Docs는 Office 365의 완벽한 **대안**으로 **지금쯤이면** 사용해왔어야 합니다.

Google Docs is the perfect **alternative** to Office 365 we should have been using **by now**.

18. 지난 달에 귀사와의 커뮤니케이션이 **원활히 이루어지지 못해** 저희도 다른 서비스 공급자를 찾아보기로 결정했다는 사실을 알려드리게 돼 **유감스럽습니다.**

We regret to inform you that we decided to look for another service provider after the **breakdown in** communication with your company last month.

19. CEO의 **신속한 조치**로 회사는 수백만 달러의 소송 비용을 절감할 수 있었습니다.

The CEO's **prompt action** saved the company millions of dollars in lawsuits.

20. **문제를 겪은 고객들** 모두 오늘 아침에 우리쪽 프런트데스크에서 그들 주문을 **받았다는 통보를 받았습니다.** 그래서 배송이 지연되고 있어요.

The **clients in question** have all **been informed that** our front desk **received** their orders just this morning. That's the reason why the deliveries have been delayed.

잘 모를 때는
타입폼(Typeform)으로
설문하자

잘 모를 때는 타입폼(Typeform)으로 설문하자

비즈니스 세계에서 데이터의 중요성이 날로 커지면서, 설문은 거창한 소비자 조사를 할 때가 아니더라도 이제 일상적으로 쓰이는 툴이 되었습니다. 비즈니스에서뿐 아니라 사적인 모임과 관계망들이 있는 단체 채팅방에서도 설문을 아주 요긴하게 활용할 수 있게 된 것입니다. 또한, 실제 각종 설문조사 외에도 이벤트 신청, 상품 구매/결제, 퀴즈 등에도 설문 툴이 자주 사용됩니다.

무료이면서 이용이 편리한 대표적인 툴로 구글폼(Google Form)이 있습니다. 구글폼만으로는 기능이나 디자인이 부족하다면, 신청 폼 기능만 전문적으로 제공하는 소프트웨어 서비스들도 있는데, 타입폼(Typeform)이 그 대표적인 서비스입니다.

구글폼과 다른 점은 특정 질문의 답변이 어떤 것이냐에 따라서 다른 질문으로 이동할 수도 있고 응답별로 점수화하여 계산할 수 있다는 것입니다. 응답자가 제공하는 정보에 맞춰 개인화가 가능하며, 응답 및 통계 조회가 상당히 편리하게 되어 있습니다. 가장 큰 특징이라고 한다면 첫눈에 보기에도 '디자인이 정말 예쁘다'는 점입니다. 설문 응답자에게 시각적 즐거움을 선사하겠다는 철학 위에 만들어진 서비스로, 설문 조사 시 디자인을 중요시한다면 적극 추천합니다.

설문 어조의 형식:
dry version - 임직원 만족도 조사
텔라는 정기적으로 튜터들을 대상으로 업무 만족도 설문 조사를
실시하고 있습니다. 혁신적인 영어 회화 학습 서비스를 제공하는
목표와 더불어, 튜터들에게 좋은 일자리를 제공하고자 하는 목적이

⟨Tutor **satisfaction survey**⟩

The purpose of this survey is to **objectively know** how
the job as a Tella tutor has affected your life and to use this
knowledge to improve our company. **This will not affect**
your compensation or official evaluation as a tutor, and all
answers are **confidential** (will only be **disclosed** to the
company's leadership). Feel free to leave the answers blank for
the questions that are not required if you feel uncomfortable
answering them.

1. Name
2. What was your average monthly income during the
    six-month period before you joined Tella? (Answer in
    Uganda Shillings)
3. How much was your average monthly salary for the last
    job you had before you joined Tella? (Answer in Uganda
    Shillings. If you did not have any job before Tella,
    answer '0'.)
4. What was your job during the six-month period before
    you joined Tella?
5. Do you support anyone financially other than yourself?
    If so, whom do you support?

있었기에 임직원의 실제 만족도 여부를 확인하는 차원에서 실시합니다. 임직원 만족도 설문은 다음과 같이 dry하게 할 수 있습니다.

⟨튜터 **만족도 조사**⟩

이 설문 조사의 목적은 Tella 튜터라는 직업이 여러분의 삶에 어떤 영향을 끼쳤는지 **객관적으로 파악하고** 해당 정보를 이용하여 당사의 발전을 도모하는 데 있습니다. 이는 튜터로서 받는 보상이나 공식 평가에는 **영향을 미치지 않으며**, 모든 답변은 비밀로 처리됩니다(단, 회사 경영진에게만 **공개됩니다**). 필수 응답 문항이 아니고 답변하기 곤란한 경우 공란으로 남겨두세요.

1. 성함

2. Tella에 입사하기 전 6개월 동안의 월평균 수입은 어느 정도였습니까? (우간다 실링으로 대답해주세요.)

3. Tella에 입사하기 전에 직전 직장에서 받은 월 평균 급여는 어느 정도 됩니까? (우간다 실링으로 답변하세요. Tella 이전에 직업이 없었으면 '0'이라고 답하세요.)

4. Tella에 입사하기 전 6개월 동안 어떤 일을 하셨나요?

5. 본인 외에 다른 사람을 재정적으로 지원하고 있나요? **만약 그렇다면** 누구를 지원하고 있나요?

6. If you support anyone else financially other than yourself, how much do you spend monthly on average?

7. **How satisfied** are you with your job as a tutor at Tella? - Work satisfaction

8. How satisfied are you with your job as a tutor at Tella? - Personal growth

9. How satisfied are you with your job as a tutor at Tella? - Company atmosphere

10. How satisfied are you with your job as a tutor at Tella? - Company management's leadership

11. How satisfied are you with your job as a tutor at Tella? - Work-life balance

12. How satisfied are you with your job as a tutor at Tella? - Financial compensation

13. What are the top three changes in your life after you joined Tella?

14. **How likely would it be** for you to recommend this job to a family member or friend?

15. Leave any other **comments and/or suggestions** you may have regarding the topics above.

dry version - 인재관리팀장에 대한 현지 매니저의 정기 평가

Dry한 설문의 장점은 간단명료하고 직설적으로 질문을 할 수 있다는 데 있습니다. 응답자의 감정이 개입될 여지나 다양한 해석의 여지 또한 낮아지고, 특히 인사 평가와 관계된 경우에는 무척 민감할 수 있기에 최대한 객관적이며 정량적인 정보를 얻는 데에 적합한 어조입니다.

6. 본인 외에 다른 사람을 재정적으로 지원한다면, 한 달 평균 지원 금액은 어느 정도인가요?

7. Tella의 튜터 업무에 **얼마나 만족하시나요?** - 업무 만족도

8. Tella의 튜터 업무에 얼마나 만족하시나요? - 개인의 성장

9. Tella의 튜터 업무에 얼마나 만족하시나요? - 회사

10. Tella의 튜터 업무에 얼마나 만족하시나요? - 회사 경영진의 리더십

11. 텔라에서 튜터로 일하는 것에 얼마나 만족하시나요? - 일과 삶의 균형

12. Tella의 튜터 업무에 얼마나 만족하시나요? - 금전적 보상

13. Tella에 입사 후 삶에 생긴 변화가 있다면 무엇일까요? 3가지만 적어주세요.

14. 가족이나 친구에게 이 일을 **추천할 가능성은 얼마나 되나요?**

15. 위의 내용과 관련해 **다른 의견 및/또는 제안사항**이 있으신 경우 남겨 주시기 바랍니다.

설문에 대한 목적을 앞에 간단하게 언급하며, 해당 설문 결과가 어디에 영향을 미칠지 알려주어야 설문에 응답하는 사람이 마음 편하게 응답할 수 있을 것입니다.

다음은 텔라의 현지 매니저들을 총괄하는 인재관리팀장에 대해 현지 매니저들이 응답한 설문입니다.

Regional Manager's periodic review of the Head of Talent Management

Dear TELLA Regional Manager,

The purpose of this review is to accurately assess and improve the work of TELLA's Head of Talent Management(HTM) - this time, from a more managerial perspective.

The process will be as following:
1) Submit the review **by the end of the month**.
2) I will **go over** your reviews **thoroughly**.
3) I may ask for clarification on some of your answers.
4) I will **reflect** your reviews in my official **appraisal** of the HTM.

There will not be any disclosure of details of individual reviews with your name attached to the HTM or others. However, if there are serious issues that you raise that need a three-way conversation, I will request for a discussion with you first.

Your review **will not affect** your working contract with TELLA **whatsoever**.

Please make sure to take the time to **evaluate accurately**.

Section 1: Enhancing individual performance

1. Does the HTM give accurate feedback on your performance as the RM? Answer **on a scale of 1 to 9.**
    (1) **Strongly disagree** ~ (9) **Strongly agree**
2. Does the HTM suggest specific ways to improve your performance?

인재관리팀장에 대한 현지 매니저의 정기 평가

텔라 현지 매니저님께,

본 평가의 목적은 텔라의 인재관리팀장의 업무를 경영 차원에서 정확하게 평가하고 개선하기 위한 것입니다.

프로세스는 다음과 같습니다.
    1) **이번달 말일 내로** 평가서를 제출해주시기 바랍니다.
    2) 제출하신 평가서를 **꼼꼼히 살펴보도록** 하겠습니다.
    3) 작성한 답변에 대한 설명을 요청할 수 있습니다.
    4) HTM에 대한 저의 공식적인 평가에 본 **평가서**의 내용을 **반영할** 예정입니다.

귀하의 이름이 적힌 개별 평가서의 세부 내용이 HTM이나 회사 내 기타 인원에게 공개되는 일은 전혀 없을 것입니다. 그렇더라도, 삼자 간 대화가 요구되는 심각한 문제를 제기하는 경우라면, 먼저 귀하에게 대화를 요구하겠습니다.
평가서의 내용은 귀하와 TELLA간의 업무 계약에 **전혀 영향을 미치지 않습니다.**
    정확한 평가가 이루어질 수 있도록 시간을 할애해주십시오.

섹션 1: 개별 역량 강화

1.   HTM은 귀하의 RM 업무 수행과 관련해 정확한 피드백을 제공합니까? **1부터 9까지의 척도로 답해 주세요.**
    (1) **매우 동의하지 않는다** ~ (9) **매우 동의한다**
2.   HTM이 귀하의 성과를 개선할 수 있는 구체적인 방법을 제안하나요?

(1) **Strongly disagree** ~ (9) **Strongly agree**

3. Please write down examples of areas where feedback is given and how he delivers the feedback.

Section 2: Communication

5. Does the HTM deliver information and work instructions to you accurately?

   (1) **Strongly disagree** ~ (9) **Strongly agree**

6. Does the HTM communicate to you in a **polite and proper manner?**

   (1) **Strongly disagree** ~ (9) **Strongly agree**

7. Does the HTM respond to your inquiries or request in a **timely manner?**

   (1) **Strongly disagree** ~ (9) **Strongly agree**

8. Please provide any **additional comments** regarding the three questions above.

Section 3: Overall assessment of HTM

9. **Overall assessment** of HTM

   (1) **Performed poorly** ~ (9) **Performed excellently**

10. What do you want to **praise** most about your HTM?

11. **What area** do you want to see more improvement from your HTM?

12. **Were there any instances when** you felt that you were treated inappropriately, wrongful, or unfairly by the HTM? If so, please write the words or behavior of the HTM that you perceived as inappropriate, wrongful, or unfair.

    *Please write **a specific instance/example** as a ground for your statement. Please try not to use ambiguous expressions or just a mere expression of emotions.*

13. Name of Reviewer

(1) **매우 동의하지 않는다** ~ (9) **매우 동의한다**

3. 피드백이 이루어진 영역과 그 방법을 구체적으로 적어 주세요.

섹션 2: 의사 소통

5. HTM은 정보와 업무 지침을 정확하게 전달하나요?

    (1) **매우 동의하지 않는다** ~ (9) **매우 동의한다**

6. HTM의 소통 방식이 예의 바르고 적절하다고 생각하십니까?

    (1) **매우 동의하지 않는다** ~ (9) **매우 동의한다**

7. HTM은 귀하의 문의나 요청에 **적시에** 대응하나요?

    (1) **매우 동의하지 않는다** ~ (9) **매우 동의한다**

8. 위의 3가지 질문에 대해 **추가 의견**이 있으시면 제공해 주십시오.

섹션 3: HTM 종합 평가

9. HTM에 대한 **종합적인 평가**

    (1) **성과가 저조하다** ~ (9) **성과가 우수하다**

10. HTM에 대해 가장 **칭찬**하고 싶은 것은 무엇입니까?

11. **HTM의 어떤 부분이 더 개선되기를 바라십니까?**

12. HTM으로부터 부적절하거나 부당하게 대우받았다고 **생각된 사례가 있나요?** 만약 그렇다면 부적절하거나 부당하다고 생각되는 HTM의 말이나 행동을 알려주세요.
    *진술의 근거로 **구체적인 사례/예시**를 작성해 주시기 바랍니다. 애매한 표현이나 단순한 감정표현은 자제해 주시기 바랍니다*

13. 평가자 성함

고객이나 대상자에게 신청/설문을 작성할 때는 의도한 바를
정확하게 살려서 답변할 때 혼선을 줄이는 것이 중요합니다. 응답자
입장에서는 신청품을 작성하다가 질문이 생긴다고 해서 궁금증을
해소하기 어렵기 때문입니다. 그래서 답변하기 어렵다면 빠져나가고
다시 들어오지 않을 확률이 높습니다.

정확한 설문 결과를 원할 때, 특별히 연구 수행의 맥락에서는
드라이하고 최대한 객관적으로 작성하는 것이 일반적입니다. 그러나
일반 비즈니스 상황에서 최대한 더 많은 사람들이 답변하도록
유도하고자 한다면, 단어나 표현 선택은 최대한 객관적이고 치우치지
않도록 신중하게 하되, 문장 전체의 어투는 앞사람에게 말하듯이
친근하게 구어체로 하는 것을 추천합니다. 이해하기 쉽고 지루하지
않게 해야 더 많은 답변을 수집할 수 있지 않을까요? 이를 통해 친근한
브랜드 이미지도 만들어 갈 수 있습니다.

가령, 'Please answer the next questions on the latest
update.'라고 쓸 수 있는 문장을 'We have a few questions for
you to help us understand your experience on the recent

Product update survey

Thank you for **agreeing to help us out!**

Your experience at Dezi **matters**. We want to understand
your point of view. Please help us build a better product and
support you better.

It'll take around 10 minutes to complete. Don't hold
back – we can take it!

1. **Let's start simple** - what's your name?
2. **How long has it been since** you've been using our product?
    - Under a month
    - 1-3 months
    - 3-6 months

product update.'와 같이 풀어서, 왜 이 설문을 받고자 하는지의 목적도 같이 써주고, 마치 상대방이 앞에 있는 것처럼 이야기를 하면 훨씬 친근한 인상을 줄 수 있습니다.

　　'We want to make our product easy and time-saving.'과 같이 설문의 목적을 더 구체적으로 제시하면, 응답자도 이에 부응해 답변할 수 있겠죠.

lively version - 기능 업데이트 및 제품에 대한 피드백

문장과 질문을 간단명료하게 제시하고, 긴 설명이 필요한 경우 이미지나 움짤(GIF 파일), 또는 동영상을 활용할 수도 있습니다. 어투는 응답자에게 마치 말을 하듯이 하는 것이 좋습니다. 질문과 질문 사이에 리액션이나 접속사 등을 넣어서 보다 부드럽게 넘어가게 하는 것도 방법입니다. 마치 대화를 하듯이, 전화로 혹은 직접 만나서 대화를 하는 느낌을 주면 설문에 응답하는 사람의 집중력과 참여도를 높일 수 있습니다.

제품 업데이트 설문 조사

설문 응답에 동의해 주셔서 감사합니다!

　　고객님의 Dezi 경험은 무척 **소중하기에** 고객님의 관점을 보다 잘 이해하고자 합니다. 저희가 더 나은 제품을 만들고 고객님을 더 잘 지원할 수 있도록 도와주세요.

　　설문 응답에는 총 10분 정도가 소요될 예정입니다. 대답에 망설이지 마세요 - 적극 반영할 테니까요!

1.　　**간단하게 시작하죠.** 성함이 어떻게 되시죠?
2.　　저희 제품을 사용하신 지 **얼마나 되셨나요?**
　　　- 한 달 미만
　　　- 1-3개월
　　　- 3-6개월

- 6-12 months
- More than a year

3.   Wow, that's **quite a long time**! How do you currently use the product?
   - **For personal use**
   - Academic
   - Business to business
   - Business to consumer
   - Government/NGO

Great. **Let's find out** what you think about our recent update.

4.   On a scale of 1 to 7, **how would you rate** the new analytics dashboard?
   (1) very dissatisfied - (7) very satisfied

5.   What are the **main aspects** you like about the dashboard?

6.   Awesome. And what don't you like? Please **be as specific as you can** here.

7.   Do you have some other thoughts about the dashboard **you'd like to share**?

You're **halfway through** this survey.

8.   **Could you tell us** which competitors' product you used before choosing us?

9.   **Can you describe** how your life has improved after using our product?

On a scale of 1 to 7, let us know how strongly agree on the **following statements**:

10.   It was a great financial decision to invest in this product

　　　　　- 6-12개월

　　　　　- 1년 이상

3.　　와, **꽤 긴 시간이네요!** 현재 제품은 어떤 용도로 사용하시나요?

　　　　　- **개인용**

　　　　　- 학술용

　　　　　- B2B

　　　　　- B2C

　　　　　- 정부/NGO

좋습니다. 최근 업데이트에 대한 생각을 들려주세요.

4.　　1~7의 척도로 측정할 경우, 새로운 분석 대시보드를 **어떻게 평가하시나요?**

　　　　　(1) 매우 불만족 - (7) 매우 만족

5.　　대시보드의 **주로 어떤 점**을 좋아하시나요?

6.　　멋져요. 그리고 마음에 안 드는 부분은 어디일까요? **가능한 한 구체적으로 말씀해주세요.**

7.　　대시보드에 대해 **공유하고 싶은** 다른 의견이 있나요?

본 설문조사가 **절반 정도 진행됐습니다.**

8.　　당사 제품 사용 이전에는 어느 경쟁사의 제품을 사용했는지 **말씀해 주시겠어요?**

9.　　저희 제품을 사용하신 후 귀하의 삶이 어떻게 개선되었는지 **설명해주시겠어요?**

1~7의 척도로 측정할 경우 **다음 문장에** 얼마나 동의하는지 알려 주세요.

10.　　이 제품에 투자하기로 한 것은 우리팀이나 회사 차원에서

for my team/company.

(1) do not agree - (7) strongly agree

11. **It is likely** I will recommend the product to a friend or colleague.

(1) **not likely** - (7) **very likely**

12. **I feel** I have sufficient knowledge and expertise to use the product successfully.

(1) do not agree - (7) strongly agree

13. And **what is one thing** we can do to improve your satisfaction with our product?

We have some final **things to clear up** – it should **take a couple of minutes**. **We'd like to know** how satisfied you are with our customer support team.

14. **How have** your interactions **been** with our CS team **so far**?

15. **How can we** improve your interactions with our CS team?

Nearly done! Before you go, tell us a bit about yourself.

16. What's your **position** at your company?

17. The size of your company?
    - **Fewer than** 10 employees
    - 10~49
    - 50~99
    - 100~299
    - **More than** 300

18. The **sector** your business is in?

19. We wish to use your answers for **promotional purposes** (e.g., for testimonials, social media, marketing campaigns). Are you **OK with us** doing this?

탁월한 재정적 결정이었다.

(1) 그렇지 않다 (7) 매우 그렇다

11. 친구나 동료에게 이 제품을 추천할 **것 같다.**

(1) 그렇지 않다 (7) 매우 그렇다

12. 나는 제품을 효과적으로 사용할 수 있을 만큼 충분한 지식과
전문성을 갖추었다고 **생각한다.**

(1) 그렇지 않다 - (7) 매우 그렇다.

13. 당사 제품에 대한 귀하의 만족도를 높이기 위해 저희가
했으면 하는 것을 **한 가지**만 지적해 주신다면 무엇일까요?

마지막으로 **정리할 것이 몇 가지** 남았습니다. **추가로 몇 분 정도
소요될** 예정입니다. 저희 고객 지원 팀에 대한 만족도를 **알고 싶습니다.**

14. CS팀과의 소통은 **지금까지 어땠나요?**

15. CS팀과의 소통을 **어떻게 하면 개선할 수 있을까요?**

거의 다 됐습니다! 마치기 전에, 본인에 대해 조금 **알려주세요.**

16. 회사에서 어떤 **직책**을 맡고 계신가요?

17. 회사 규모는 어떻게 되나요?

- 10인 **미만**

- 10~49인

- 50~99인

- 100~299인

- 300인 **이상**

18. 재직 중인 회사가 속한 **산업군**은 어디인가요?

19. 귀하의 답변을 **홍보 목적**으로 사용하고자 합니다(예:
이용후기, SNS, 마케팅 캠페인). 저희가 이렇게 사용하는 데
동의하시겠어요?

- Yes, I agree.
- No, only use it **internally**.
20. And finally, **drop us** your email address, and we'll send you a 10% discount promo code.
    We also may get in touch with you in case we have any **further questions**.

Thank you so much **for your time**!

설문 조사 진행 및 응답 관련 표현
설문 질문하기
— How satisfied are you with (sth): (sth)에 얼마나 만족하시나요?
— How likely would it be ~: ~할 가능성은 얼마나 되나요?
— Were there any instances when ~: ~한 사례가 있나요?
— How long has it been since ~? : ~한 지 얼마나 되었나요?
— How would you rate (sth)? : (sth)를 어떻게 평가하시겠어요?
— What is one thing (that) ~? : ~인 한 가지는 무엇인가요?
— We'd like to know (sth): (sth)를 알고 싶습니다.
— How can we ~: ~를 어떻게 할 수 있나요?
— Could you tell us (sth)? : (sth)을 말씀해주시겠어요?
— Can you describe (sth)? : (sth)을 설명해주시겠어요?
— How have (sth) been? : (sth)이 어땠나요?
— Before you go, tell us (sth): 가시기 전에, (sth)를 말해주세요.
— Be as specific as you can: 가능한 한 구체적으로 말씀해주세요.
— (sth) you'd like to share: 공유하고 싶은 (sth)
— I feel ~: ~라고 생각합니다
— If so: 만약 그렇다면
— what area: 어떤 부분
— main aspects: 주로 (어떤) 점
— so far: 지금까지
— a specific instance/example: 구체적인 사례/예시

- 네, 동의합니다.
- 아니요, **내부에서만** 사용해주세요.

20. 마지막으로 이메일 주소를 **적어 주시면** 10% 할인 프로모션 코드를 보내드리겠습니다.
추가 질문이 있을 경우 연락을 드릴 수도 있습니다.

시간 내주셔서 감사합니다!

설문 척도
— on a scale of 1 to 9: 1부터 9까지의 척도로
— strongly disagree: 전혀 그렇지 않다
— strongly agree: 매우 그렇다
— It is likely: 가능성이 있음
— not likely: 가능성 없음
— very likely: 가능성 매우 높음
— fewer than ~: ~미만
— more than ~: ~이상

부드럽게 질문 간 전환하기
—   Let's start simple. : 간단하게 시작합시다.
—   Let's find out (sth): (sth)를 알아봅시다.
—   following statements: 다음 문장, 다음 진술
—   take a couple of minutes: 몇 분 정도 걸리다
—   halfway through (sth): (sth)의 절반 정도 진행됨
—   Nearly done! : 거의 다 왔습니다!
—   (sth/sb) matters (to us): (sth/sb)은 (저희에게) 중요합니다
—   things to clear up: 명확히 해야 할 사항

설문에 대한 설명
— satisfaction survey: 만족도 조사

- purpose of this survey: 이 설문 조사의 목적
- objectively know: 객관적으로 파악하다
- will not affect (sth): (sth)에 영향을 미치지 않을 것이다
- agreeing to help us out: 도움 주시어
- confidential: 비밀(기밀)의
- disclose: 밝히다
- feel free to ~: 부담 느끼지 말고 ~하세요
- comments and/or suggestions: 다른 의견 및/또는 제안사항
- go over: 살펴보다
- thoroughly: 꼼꼼히
- reflect: 반영하다
- for personal use: 개인 용도로
- promotional purposes: 홍보 목적

설문 마무리

- position: 직책
- (industry) sector: 산업군
- OK with ~? : ~해도 괜찮으신가요?
- internally: 내부에서
- drop us (sth): (sth)를 저희에게 제출해주세요
- further questions: 추후 질문, 또 다른 질문
- for your time: 시간 내주셔서

기타

- appraisal: 평가서
- evaluate accurately: 정확하게 평가하다
- polite and proper manner: 예의 바르고 적절한 방식
- timely manner: 적시에, 시의적절하게
- additional comments: 추가 의견
- overall assessment: 종합적인 평가
- praise: 칭찬
- by the end of the month: 이번달 말일 내로

MORE APPLICABLE, REAL LIFE EXAMPLES

설문조사나 신청서의 형태를 띠지 않더라도, 고객이나 이해관계자에게 어떤 정보를 더 얻어내야 할 때가 종종 있을 것입니다. 서면상, 통화를 하면서, 대면 미팅에서 상대방에게 질문을 하고 답을 받아야 하는 다양한 상황을 배운 표현들을 활용하여 영작해봅시다.

1. **이 설문조사의 목적**은 여러분의 재택 근무 적응도를 파악하는 데 있습니다.

The **purpose of this survey** is to find out how well you have adjusted to working from home.

2. 주어진 정보의 **기밀성** 때문에, 자백의 일부는 수정될 것입니다. 다행히 수사 결과에는 **영향을 미치지 않을 것입니다.**

Due to the **confidential** nature of the information given, some parts of the confession will be redacted. Fortunately, **this will not affect** the outcome of the investigation.

3. 제안 상자에 **얼마든지** 의견을 남겨주세요. 어떤 시점에서도 신원은 **공개되지** 않습니다.

Feel free to leave a comment in the suggestion box. Rest assured that your identity will not be **disclosed** at any point.

4. 1에서 10까지의 척도로 볼 때, 현재 직무에 **얼마나 만족하십니까?**

On a scale of one to ten, **how satisfied are you** with your current job?

5. 같은 속임수에 두 번 넘어갈 **확률이 얼마나 될까요?**

How likely would it be for you to fall for the same trick twice?

6. 필요한 연구 파일을 제공하는데 **협조해 주신** R&D 부서에 제 감사 인사를 전해주세요.

Please send my thanks to R&D for **agreeing to help us out** with the necessary research files.

7. 신입 사원들이 **이번 달 말까지** 업무를 파악할 것으로 예상됩니다.

New employees are expected to have learned the ropes **by the end of the month.**

8. 어떤 계약이든 이를 철저히 **검토하는** 것은 당연한 일입니다.

It's only natural to **go over** any contract with a fine-toothed comb.

9. 우리 회사에서는 모든 의견이 **중요합니다.**

In our company, every opinion **matters**.

10. **마지막으로** 치과 예약하**신 지** 얼마나 되셨어요?

How long has it been since your last appointment at the dentist?

11. 어떤 경우에도 회사 자원은 **개인적인 용도로 사용**할 수 없습니다.

Company resources are not **for personal use** under any circumstances.

12. 경제에 대한 기여도를 기준으로 금융의 **주요 측면**을 **어떻게 평가하십니까?**

How would you rate the **main aspects** of finance based on their contribution to the economy.

13. 상사의 질문에 대답할 때는 **가능한 한 구체적으로** 답변하는 것이 중요합니다.

When responding to questions from your superior, it's important to **be as specific as you can** be.

14. 당신이 생각하는 이상적인 근무 환경을 **설명해주실 수 있나요?**

Can you describe your ideal working environment?

15. 프런트 데스크 **정리는 몇 분이면 될** 거예요.

It shouldn't **take more than a couple of minutes to clear things up** at the front desk.

16. 농업 **부문**은 전체 인구의 5% **미만**을 고용하고 있지만, 이는 광업 부문에 고용된 비율보다는 약간 더 높은 수치입니다.

The agricultural **sector** employed **fewer than** 5% of the population, although that's marginally more than the percentage employed in the mining sector.

17. 콘텐츠의 일부를 **홍보 목적**으로 사용할 수 있습니다.

We may use some of the content for **promotional purposes.**

18. 저희가 캠페인을 **내부적으로** 먼저 진행하는 것이 **괜찮으시면 좋겠네요**.

I hope you are **OK with us** first running the campaign **internally.**

19. **추후 질문**이 더 있으신 경우, yuha@tella.co.kr으로 이메일을 **보내주시면** 다시 꼭 연락드리겠습니다.

For any **further questions, drop us** an email at yuha@tella.co.kr and we will make sure to get back to you.

20. 컨퍼런스를 마친 후 **내주신 시간에 대해서는** BO 홀딩스가 충분히 보상해드릴 것입니다.

BO Holdings will fully compensate you **for your time** once the conference is over.

이메일 :
일면식이 없는
사람에게
콜라보레이션 제안하기

이 메 일 :
일 면 식 이 없 는
사 람 에 게
콜 라 보 레 이 션 제 안 하 기

전혀 일면식이 없는 사람에게, 그것도 같은 나라나 지역에 있지 않은 사람에게 협업을 제안해본 적 있나요? 영업직이 아니더라도 콜드이메일이나 콜드콜을 해야 하는 경우가 종종 있을 것입니다. 특히, 해외의 회사나 담당자에게 해야하는 경우에는 어떻게 접근해야 할지 난감할 수 있습니다. 영어를 사용해야 한다는 점도 있지만, 문화적으로 어떻게 해야 예의에 어긋나지 않고 답을 얻을 수 있을지 고민이 되는 것이죠. 이때는 영어 구사력 자체보다도 '이렇게 이메일을 보내도 되나', '내 의도는 이런데 제대로 전달이 되나'가 궁금할 것입니다. 저 역시 해외와 연락을 처음 취하기 시작할 때 그런 점 때문에 이메일을 여러 번 고쳐 쓰면서 진땀을 뺐던 기억이 납니다.

　　일면식이 없는 수많은 분들에게 연락을 취하면서 느낀 점은 똑같이 영어를 쓰더라도, 나라, 지역, 산업, 기업 또는 받는 사람이 어떤 사람이냐에 따라서 반응이 다 다를 수 있다는 것이었습니다. 그리고 혼자서 그 모든 분야를 다 알 수는 없습니다. 하지만 오히려 그렇기 때문에 영어 이메일 커뮤니케이션에서는 '예의'를 크게 신경쓰지 않아도 되는 것 같습니다. 게다가 한국이라는 비영어권 국가에서 영어로 연락이 온다면 상대방도 이 부분을 일정 부분 감안해서 읽을 것입니다. 예의보다 더 중요한 것은, 상대방의 관심을 끌어 답변을 받아 내가 원하는 대화를 이어나가는 것이겠지요.

　　협업 제안 메일
협업 제안 메일을 하는 경우에는 이메일을 받는 사람이 해당 메일에 대해 빠르고 명확하게 그 목적을 간파할 수 있도록 관심을 끌어내야 합니다. 제목과 도입부에서 이를 직접적으로 드러낸 후, 뒤에 필요한 설명을 덧붙이고 상대방의 입장에서 발신인의 의도와 수신인과의 상관성이 한번에 드러나도록 하여, 발신인이 누구인지 바로 파악할 수 있도록 하는 것이 중요합니다.

Title: [Tella] Collaboration Proposal: a Chat-Based English Education Start-up from Seoul, South Korea

Dear Professor Chris Blake,

I am Yuha Jin, CEO and co-founder of Tella, a chat-based English education start-up from Seoul, South Korea.

Tella provides 1:1 English native tutoring via chat (text messaging), where a customer speaks and receives instant corrections on their English sentences from a professional tutor.

We have been running this business for the past six years, and with a total of 80,000 users, Tella is probably the largest chat-based English learning company with real, trained tutors (besides language exchange apps). We plan to go global next year.

To learn more about Tella:
— How Tella Works (1 min. video) (with English subtitles)
— Brochure
— About the company (2pg)

I am writing this email regarding the paper you authored,
Potential of Text-based Internet Chats for Improving Oral Fluency in a Second Language.

A few years ago, I was searching for academic research to back up the effectiveness of our chat-based learning method. I was very fortunate to find your work. I was surprised by what you said in your paper about the reason why chat-based learning is effective compared to other methods because it was the very same thing that our customers consistently tell us in their testimonials.

제목: [텔라] 협업 제안 - 대한민국 서울의 채팅 기반 영어교육 스타트업입니다

크리스 블레이크 교수님께,

저는 대한민국 서울에 있는 채팅 기반 영어 교육 스타트업 텔라의 CEO이자 공동 창업자인 진유하입니다.

    텔라는 채팅(문자메시지)을 통해 1:1 영어 원어민 튜터가 수업을 제공하며, 고객은 영어 전문 튜터와 대화하면서 본인이 만든 영어 문장을 실시간으로 첨삭받게 됩니다.

    저희는 지난 6년간 이 사업을 운영해 왔는데요, 지금까지 누적 기준 총 8만 명 이상이 사용해 (언어 교환 앱을 제외하고) 훈련된 튜터를 보유하고 있는 회사 중에서는 가장 큰 채팅 기반 영어 학습 회사일 것입니다. 저희는 또한 내년에 글로벌 진출을 계획하고 있습니다.

Tella에 대해서 더 알고 싶으시다면 다음 링크를 확인하세요.
    — 텔라 서비스 영상(1분) (영어 자막 포함)
    — 브로셔
    — 회사 소개 자료(2pg)

이렇게 이메일을 보내게 된 것은 교수님께서 작성하신 논문에 관심이 있어서입니다.
    「제2언어 구사력 향상을 위한 텍스트 기반 인터넷 채팅의 잠재력」

몇 년 전에 저는 채팅 기반 학습법의 효과를 뒷받침할 수 있는 학술 연구를 찾고 있었습니다. 그리고 운좋게도 교수님의 논문을 발견하게 되었습니다. 다른 학습법 대비 채팅 수업이 효과적인 이유에 대해 쓰신 교수님의 논문을 보고 굉장히 놀랐는데요, 해당 내용은 저희 고객들이 서비스 이용후기에서 지속적으로 이야기했던 점이었기 때문입니다.

I would like to propose a collaboration to promote the effectiveness of chat-based learning. If you are open to doing so, I would love to have a Google Meet or Skype meeting with you to introduce Tella a bit more and discuss my proposal.

Sincerely,
Yuha Jin

이메일 자세히 뜯어보기
제목 - 목적과 신분이 드러나게끔 작성합니다. 전혀 모르는 사람이 이메일을 보내면, 광고로 착각하거나 열어보지 않을 수 있다고 가정하고 작성합니다. 따라서 회사명, 이메일 작성 목적, 간단한 회사 소개를 붙여서 보내는 것이 좋습니다. 'Chat-based'라는 것은 본인이 한 연구와 관계가 있으며, 'start-up', 'Seoul, South Korea'라는 점은 흥미를 줄 수 있을 것으로 보여 작성하였습니다.

[Tella] Collaboration Proposal - a chat-based English education start-up from Seoul, South Korea
— Collaboration Proposal: 협업 제안

보내는 사람 소개 - 회사를 소개하기 전, 작성자 입장에서 개인 소개를 하고, 그와 함께 소속을 밝힙니다. 회사 위치를 밝혀주는 것도 좋습니다.

— from/based in: ~에 위치한, ~에 있는, ~에 기반을 둔

회사 소개 - 회사 또는 사업, 프로젝트를 간략하게 소개합니다. 이때, 상대방이 관심을 보일 만한 포인트를 강조합니다.

저는 채팅 기반 학습의 효과를 홍보하는 협업을 제안하고 싶습니다. 이에 대해 긍정적으로 검토해 주신다면, 구글 미트나 스카이프 회의로 텔라를 조금 더 소개하고 제 제안사항에 대해 논의를 하고 싶습니다.

감사합니다.
진유하 드림

회사가/사업이/프로젝트가 얼마나 오래 되었는지 알리기
— have been running the business for ~ years: ~년 동안 사업을 운영해왔다
— in its 8th year of ~: 8년째 ~를 하고 있는 중이다
— The company was founded/established in 2020: 2020년에 회사가 설립이 되었다.

회사의 성공/성과 표현하기
— The largest ~ company in Korea: 한국에서 가장 큰 ~ 회사
— The number one chat-based service globally: 전 세계 1위 채팅기반 서비스
 * in the world보다는 worldwide, globally가 보편적이며, in the world, in the universe는 조금 더 장난스럽게 표현할 수 있지만 일반적으로 잘 쓰지 않습니다.

회사의 계획/목표 언급하기
— We will go global: 글로벌 시장에 진출할 것입니다.
— We plan to enter the ~ market: ~시장에 진출할 계획입니다.
— We aim to become the number three company by market

share by 2022. : 2022년까지 시장 점유율 3위를 차지하는 것을 목표로 삼고 있습니다.

이메일 본문에서는 회사나 사업, 프로젝트에 대한 소개를 구구절절하기보다는, 관련 내용을 링크를 주거나 파일을 첨부해서 대화를 넘기도록 합시다.

— To know more about ~, check out the link below/check it out here: '~ 관련해 더 자세한 사항은, 아래의 링크를 참조해 주세요/ 여기서 확인하실 수 있습니다' 하고 here에 링크를 걸어줍니다.

이메일 목적은 다음과 같은 표현을 사용해 밝힙니다.

— I am writing this email to~ : ~을 목적으로 쓴다
— I am writing this email regarding~ : ~에 관해 쓴다
— The purpose of this email is~: 이 이메일을 쓰는 목적은 ~
— The reason I'm writing this email is~: 이 이메일을 쓰는 이유는 ~
  *writing this email 자리에 writing to you를 쓸 수도 있습니다.

필자의 경우, 이메일을 보낸 목적을 말하기에 앞서 상대방과의 연결고리를 언급하기를 선호합니다. 읽는 사람의 입장을 생각해봅시다. 수많은 이메일이 오는데, 전혀 일면식이 없는 사람이 자기 할 말부터 하기보다는 도대체 나와 어떤 관련이 있을지가 더 궁금할 것입니다. 나를 영업해야하는 대상 중 한 명으로 여기는 것처럼 느껴지는 사람보다, 정말 내가 하는 일에 관심을 보이는 상대에게 더 흥미가 갈 것입니다.
  따라서 상대방과 나의 연결고리를 먼저 설명한 뒤, 상대방에게 내가 왜 관심을 갖고 있는지 진심이 담기도록 이메일을 써봅시다.

상대방을 알게 된 시점
— A few years/months/weeks/days/hours ago/back 몇 년/달/ 주/일/시간 전

상대방의 일에 대한 언급

— I was fortunate to find your work: 당신 작업을 발견하게 되어 행운이라 생각합니다.

— I was surprised/astonished/stunned: 상대방의 업적에 놀랐다, 흥미를 느꼈다

— I find it interesting/intriguing/amusing/compelling/ fascinating(흥미로운)/refreshing(신선한)/thought-provoking(생각하게 하는)/impressive(인상적인): ~을 상당히 ~하게 생각합니다

실제 협력하고자 하는 내용은 첫 이메일에 상세하게 담기보다는, 상대방과의 화상 회의 등을 통해 전달하는 것이 좋습니다. 따라서 어떤 목적으로 협력을 하고자 한다는 의사 표시, 그리고 간단하게 (bullet point로) 구체적인 협력 내용을 언급합시다.

— I (would like to) propose/ask/request (sth): (sth)을 제안/ 요청합니다.

마지막에는 action을 제안해야 할 것입니다. 대개 이메일 답신을 요청하거나, 화상회의를 요청하게 되겠죠. 언택트 환경에서는 최대한 화상회의를 유도해 라포(rapport)를 형성하는 것도 한 방법입니다.

— I would love to have a Hangout or Skype meeting. 행아웃이나 스카이프 미팅을 하고 싶습니다

— Let's schedule (sth): (sth) 일정을 잡아봅시다

마지막으로 이름으로 서명하는 것을 잊지 맙시다.
공식 명의로 나가는 레터, 계약서에는 직함과 소속을 쓰기도 하지만, 일반적으로 쌍방간에 이루어지는 대화에서는 이름으로 가볍게 대신합니다.
필자의 경우, 아직 친밀감이 덜한 사람에게는 성까지 붙이는 편입니다. 그러나 일면식이 생기거나 상대방 또한 성 없이 본인의

이름만 쓸 때는 성을 빼고 이름만 쓰기도 합니다. 한국식으로 생각해 반드시 성을 써야 하는 것은 아닙니다. 그러나 한국인으로 이름만 쓰기 불편하다면 성까지 붙여도 무방합니다.

> 안부의 말 (가장 흔히 쓰이는 맺음말)
> — Sincerely,
> — Best,
> — Regards,
> — Best regards,
> — Warm regards,

Dear Mr. Jin,

Thank you for your email and **congratulations on** building such a successful business. **As you must know**, there is a **good bit of** competition right now in the field of English language services, so to have grown a user base of 80,000 customers in just six years is **no small accomplishment**! Your promotional video is excellent, and I must say I loved the reference to OPIC. (I am a certified rater for OPIC and have listened to hundreds of Koreans taking the test over the years.)
　　In regards to my cognitive research on fluency and online learning, **I'd welcome the opportunity to** meet with you sometime to discuss the underlying theory of the study and to hear your proposal. It sounds like we have much in common, and a discussion about **collaboration in some form seems in order. As you probably noticed, my primary work** is that of professor, so summer is a good time to engage in discussion and ideas outside of the university.

감사의 마음을 담아
    — With appreciation,
    — Many thanks,

개인적인 느낌을 더해
    — Yours respectfully,
    — Yours truly,
    — Yours sincerely,

이메일을 보내고 하루도 채 안 되어 다음과 같이 답변이 왔습니다.

미스터 진께,

이메일을 보내주셔서 감사드리며 사업을 성공적으로 이루어가시니 **축하드립니다. 아시다시피,** 현재 영어 서비스 분야에서는 경쟁이 상당히 치열합니다. 따라서 6년 만에 8만 명의 이용자 기반을 만들어낸 것은 **결코 작은 성과가 아닙니다!** 홍보 영상도 훌륭하고, 저는 OPIC에 대한 언급이 정말 좋았습니다. (저는 OPIC의 공인 평가자로서, 지난 몇 년간 수백 명의 한국인들이 응시한 시험 내용도 많이 들었습니다.)

유창성과 온라인 학습에 대한 인지 연구**에 대해서는,** 언젠가 여러분을 만나 연구의 기본 이론**에 대해 토의하고** 여러분이 주실 만한 제안을 들을 기회도 **갖고 싶습니다.** 우리가 공통점이 참 많은 것 같고, **어떤 형태로든 협업에 대한** 논의가 먼저인 것 같습니다. **아마 눈치채셨겠지만, 저의 본업은** 교수이기 때문에 여름은 학교 업무에서 벗어나 논의를 하기에 좋은 시기입니다.

Please let me know when would be a good time for you to me. **My schedule is relatively open this week**, and I am willing to get up a couple of hours early if that helps out with the time zone difference.

I am looking forward to hearing more about your work soon.

Best,
Chris Blake

그리고 해당 메일에 답변할 틈도 없이

Ms. Jin,

Please forgive my incorrect **salutation** of "Mr." in my previous email which I realized was incorrect when I just saw a **publicity piece** about your company on the internet :) **Second-guessing** the gender of non-Western names is something I should know better not to do by now :)

Take care,
Chris

호칭 실수를 발견하고 사과와 정정을 하기 위해 답신을 연이어 주신 것입니다. 우리말과 달리 영어에서는 호칭에서 성별이 구분되는데,

이야기를 이어가기에 좋은 시간을 알려주세요. **이번 주에는 스케줄이 비교적 비어 있어서**, 시차에 도움이 된다면 몇 시간 일찍 일어날 수 있습니다.

조만간 진유하 님의 업무에 대해 더 많은 소식을 듣기를 기대합니다.

감사합니다.
크리스 블레이크

팔로업 이메일이 바로 왔습니다.

진유하 님께

제가 방금 인터넷에서 회사 **홍보물**을 보고 "Mr"라고 **인사**를 잘못한 것을 알게 되었습니다. 이 점 용서해주세요 :) 비서양권 이름을 보고 성별을 **추측하는 것**은 안 하는 것이 낫다는 것을 지금쯤이면 깨우쳐야 하는데 말이죠. :)

건강하세요,
크리스

상대방의 이름이 비서구권 이름인 경우 특정 성별에 따른 정보가 부족하므로 잘못 판단할 가능성이 있기 마련입니다.

Professor Chris,

Yes, **that time will** also **work for** me and my colleague, Ms. Esther Lee, who will be joining as well.

Please use the Hangout link below :
https://meet.google.com/abc-def-ghi

We'll meet you on Tuesday 9 am KST = Monday 7 pm CDT then!

I wish you a wonderful week ahead!

Sincerely,
Yuha Jin

Ms. Jin,

I just **accepted the invitation**. Since I'm EST, it will be 8:00 pm for me, but that should actually **work out** a little **better**. Take care. See you Monday!

첫 연락 후 이메일을 주고 받을 때 사용하는 표현들
이메일 답변하기
— Thank you for your email: 이메일을 보내주셔서 감사드립니다
— congratulations on (sth): (sth)을 축하드립니다
— As you must know: 아시다시피
— good bit of ~: ~이 상당한
— no small accomplishment: 결코 작은 성과가 아닙니다

크리스 교수님,

네, 저와 제 동료인 에스더 리 씨도 그 **시간에 가능합니다**.

아래 행아웃 링크를 이용해 주세요.
https://meet.google.com/abc-def-ghi

그럼 화요일 오전 9시 (KST) = 월요일 저녁 7시 (CDT)에 만나요!

좋은 한 주 되시길 바랄게요!

　　감사합니다.
　　진유하 드림

미즈 진,

방금 초대를 수락하였습니다. 제가 EST 시간대에 있어서 저녁 8시일
것 같지만, 그게 저한테 **더 좋은 시간인 것 같네요**.
잘 지내시고요, 월요일에 만나요!

대화 이어가기
— In regards to (sth): (sth)에 대해서는
— I'd welcome the opportunity to (sth): (sth)의 기회를 갖고
　싶습니다
— to discuss (sth): (sth)에 대해 토의하다
— have much in common: 많은 공통점이 있다
— collaboration in some form: 어떤 형태로든 협업

1 4 1

— (sth) seems in order: (sth)이 순서인 것 같습니다
— As you probably noticed: 아마 눈치채셨겠지만

화상회의 일정 잡기
— My schedule is relatively open this week: 이번 주에는 스케줄이 비교적 비어 있다
— that time will work for me: 그 시간에 가능하다
— accept the invitation: 초대를 수락하다
— work out better: 더 잘 된 것이다, 더 낫다, 더 잘 맞다

기타 표현
— my primary work: 저의 본업
— publicity piece: 홍보물
— second-guess: 추측하다
— salutation: 편지 서두 인사말

화상회의를 이어서 하게 된 시나리오
이메일로 소통하다가 화상 회의를 하게 되면 긴장되게 마련입니다. 상대방의 얼굴을 모르는 경우도 있고, 얼굴은 알더라도 대화가 어색하지 않을지, 목표했던 것을 이룰 수 있을지, 또 상대방은 내 말을, 나는 상대방 말을 제대로 알아들을 수 있을지 등이 걱정되면서 나타나는 자연스러운 반응이겠죠. 약간 과한 비유일 수 있지만, 소개팅을 하는 것도 같은 흐름일 수 있습니다.
　걱정보다는 약간의 긴장감을 갖고 미팅을 준비해보세요. 화상미팅의 장점은 대본을 눈앞에 두고 이야기할 수 있다는 것입니다. 대화라는 것이 내가 생각한 대로 흘러가는 것은 아니기 때문에, 할 말을 전부 다 쓰기 보다는, 논의할 만한 주제나 어떤 흐름으로 대화를 이어나갈지를 보다 큰 차원에서 준비해보고 핵심이 될 만한 사항은 bullet point로 적어보시는 것을 추천합니다.
　꼭 해야 할 말은 대본을 작성해 낭독해 보면서 숙달하는 것도 좋습니다. 회사 소개, 서비스 소개, 제안할 사항 등 길게 이야기할

부분들은 정확하게 의도한 대로 전달하는 것이 좋으니, 발표를 하는 것처럼 해보는 것도 긴장감을 낮추는 차원에서 추천합니다. 그러나 발표를 하듯이 완벽하게 이야기하는 것에 초점을 두기보다는, 내가 전달하고자 하는 말을 잘 전달하는 것에 초점을 두는 것이 좋겠습니다.

Bullet point 메모 예시:
텔라 소개:
- 한국 시장 & 텔라 히스토리
- 서비스를 어떻게 하고 있는지 테스트 계정으로 보여주기
- 화면으로 분석 데이터 보여주기 : 실제 성과
- B2B로 진행하고 있는 기업 소개
- 고객들의 텔라 유입 경로 소개

교수님에게 궁금한 것:
- 현재 교수로서 어떤 연구를 하고 계신지
- 채팅 관련 연구는 어떤 계기로 쓰게 되었는지
- OPIC 채점 위원은 어떤 계기로 하게 되었는지

교수님과 협업 포인트: '채팅영어의 효율성을 알리고 싶다'
- 교수님의 연구 내용을 바탕으로 채팅영어의 효과성을 알리고, 이를 통해 신규 고객을 확보하고 싶다.
- 장기적으로는 고객들의 데이터를 기반으로 연구를 확장해도 좋겠다.
- 단기적으로는 홍보안 중 하나로 교수님과 함께 동영상을 제작하고 싶다.

텔라와 Chris 교수의 화상 미팅은 1시간 가까이 진행되었고, 팀원도 함께 참여했습니다. 아래에서는 회의를 이어나가는 데 유용할 만한 표현들을 위주로 대화의 일부를 재구성하였습니다.

Y: Hello, can you **hear me well**?

C: Yes, I can hear you well. Can you hear me well?

Y: Yes, your **voice is very clear**. That's great!

Well, thank you for having this meeting with us today! I'm Yuha, CEO of Tella and the one that had **emailed** you, and this is Esther, my colleague and marketer of Tella. She is also familiar with your work, so I asked her to **be part of this conversation**.

C: Awesome. I'm Chris. I'm currently a professor at Lee University, in the TESOL department, although currently we are having classes online. I'm very excited to have this conversation with you.

Y: We are as well. It's 9 am here in Seoul. What time is it there?

Y: **I appreciate your time**. So I think **you already know a bit about** Tella, but I'll **give** you **a brief introduction**.

My co-founder and I started the business in 2014, initially to create jobs for university graduates in East Africa, where they had an 83% unemployment rate at times. **It's been six years since then**, and we've been able to grow and hire more than 100 tutors total, serving over 80,000 users. We're trying to raise investment and

첫 인사/소개 & chit chat

Y: 여보세요, **잘 들리세요?**

C: 네, 잘 들려요. 제 목소리 잘 들리세요?

Y: **네, 목소리가 아주 잘 들려요. 잘됐네요!**
오늘 저희와 미팅을 해주셔서 감사합니다!
저는 Tella의 대표 유하이고 **이메일을 드렸던** 사람입니다.
이분은 제 동료이자 마케팅 담당자인 Esther입니다. Esther도
교수님 연구를 잘 알고 있어서 오늘 **회의에 참여**해달라고
부탁했어요.

C: 좋습니다. 저는 크리스라고 합니다. 현재 Lee University의
TESOL 학과에 있는데, 지금은 온라인으로 수업을 하고
있습니다. 대화를 나누게 되어서 정말 기쁩니다.

Y: 저희도 기쁩니다. 여기 서울은 오전 9시입니다. 거기는 몇
시예요?

텔라 소개

Y: **시간 내주셔서 감사합니다.** 텔라에 **대해서는 조금은 알고
계시겠지만** 그래도 **간단히 소개하겠습니다.**
저와 제 공동창업자는 2014년에 사업을 시작했습니다.
처음에는 동아프리카 대학 졸업자들을 위한 일자리를 만들기
위해서였죠. 이들의 실업률은 때로 83%까지 이르기도
했습니다. **그때로부터 6년이 지났고** 저희는 총 100명 이상의
튜터를 고용하고 8만 명 이상의 사용자를 대상으로 서비스를
제공하고 있습니다. 올해는 투자를 확대해 성장세를 높이려

1 4 5

grow at a faster rate this year. We also plan to go global next year, starting with Japan and Taiwan.

C. That's great. I did research about Tella online and got to know about your work, and what I can say is that I am **very impressed** with the 80,000 users you've accumulated so far, and the service that you have built is quite amazing. That's a **huge accomplishment** as a startup.

Y: We still **have a long way to go**, but thank you so much for the compliment.

Y: **So before we go onto** what we wanted to discuss with you today, we had some questions about your work. We **obviously know** about your research on chat English and that you are a professor at Lee. We were curious about what area you are currently focusing on. **You mentioned in the email** that your **areas of expertise** are training teachers and curriculum design. Can you explain your work to us more specifically?

C: ⋯. I also run an LLC, consulting clients on training their employees.

하고, 내년에는 일본과 대만을 시작으로 글로벌 진출도
계획하고 있습니다.

C: 정말 좋습니다. 사실 제가 온라인에서 Tella에 대해 조사했고
어떤 일을 하는지 알게 되었는데요, 말씀드리고 싶은 것은
것은 지금까지 8만 명의 이용자를 모았다는 점이 **상당히
인상적이고**, 구축하신 서비스가 매우 놀랍다는 것입니다.
스타트업으로서 **굉장히 큰 성취**를 하신 것 같아요.

Y: **아직 갈 길이 멀지만**, 칭찬해주셔서 정말 감사합니다.

상대방에 대한 질문하기

Y: 그래서 저희가 오늘 본격적으로 논의하고자 했던 주제**에 대해
이야기하기 전에**, 교수님이 하신 연구와 관련해 질문이 몇
가지 있어요. 채팅 영어에 대한 교수님 연구를 저희는 **당연히
알고 있고**, 현재 Lee 대학의 교수님이신 것도 알고 있어요.
현재는 어느 분야에 관심을 두고 계신지도 궁금합니다.
이메일에서 언급해 주시기로는 교수님의 **전문 영역**이 교사
훈련과 커리큘럼 디자인이라고 말씀해 주셨습니다. 현재
하시는 일에 대해서 더 구체적으로 설명해 주실 수 있나요?

상대방의 이야기에 대해서 더 구체적으로 묻기

C: …저도 LLC를 운영하며, 고객들의 직원 교육에 대해
컨설팅하고 있습니다.

Y: **Wow, I didn't know that**! What kind of consultation do you give? **If it's okay**, can you share some of the projects you've done in the past?

Y: So, **what we wanted to discuss today** is if there is room for collaboration.

C: Wow, **it's already been** an hour and a half. I promised my daughter to go over her homework, so unfortunately I'll have to say goodbye soon.

Y: That's fine. Wow, I lost track of time! **Let's schedule another meeting to continue this conversation**.

C: It was **great talking to you today**.

Y: Me, too! Thank you again! Talk to you next time!

Y: **와, 몰랐어요!** 어떤 상담을 해주시나요? **괜찮으시다면**, 과거에 어떤 프로젝트를 했는지 조금 공유해 주실 수 있나요?

회의 목적 언급하기

Y: 그래서 **오늘 논의하고 싶은 점**은 협업 가능성 여부입니다.

마무리

C: **와, 벌써** 한 시간 반이나 **지났네요.** 딸 아이 숙제를 봐주겠다고 약속해서 아쉽게도 작별 인사를 해야 할 것 같아요.

Y: 괜찮아요. 와, 시간이 정말 빨리 지나갔네요. **대화를 계속 이어갈 수 있도록 다음 회의를 또 잡아보죠.**

C: 오늘 **이야기 나눠서 즐거웠어요.**

Y: 저도요! 다시 한 번 감사드립니다! 다음에 또 얘기해요!

화상 회의 후 팔로업 이메일 - 텔라가 마음에 들었는지 하루도 안 되어 바로 팔로업 이메일을 보내주셨습니다.

Ms. Jin,

I enjoyed our meeting this evening and learning more about
Tella. Your service is unique, and I especially appreciate the
ethical and moral foundation on which your company is built.
Given the **favorable conditions** for virtual learning, I see the
possibility of Tella expanding globally as well as into new
sectors of language education. **The possibility of** collaborating
with your team to help grow Tella into the future is truly
exciting, and **I look forward to** our next conversation **to learn
more about** your proposal and ideas.

All best,
Chris

화상 회의에서 자주 사용되는 유용한 표현
연결 상태 확인
— Can you hear me well? : 제 목소리 잘 들리나요?
— Is the audio clear? : 오디오가 선명한가요?
— Is the connection okay? : 연결 상태가 괜찮은가요?

중간에 연결 상태가 안 좋을 때
— Sorry, I just lost you for (a few seconds): 죄송하지만 (몇 초
간) (안 들려서) 놓쳤어요.
— Can you repeat what you just said? I heard you up to "~":
방금 말씀하신 것 다시 반복해주시겠어요? "~"라고 말씀하시는
것까지 들었어요.
— The connection is weak./The video is frozen./I can't

미즈 진

오늘 저녁 텔라에 대해 더 많이 알게 돼 **즐거웠어요**. 텔라의 서비스는
독특하고, 특별히 윤리적이고 도덕적인 토대 위에 회사를 세우신
점도 높이 사게 되었습니다. 온라인 학습의 **유리한 환경들을**
감안한다면 Tella가 언어 교육의 새로운 영역은 물론이고 세계로
뻗어나갈 수 있으리라고 봅니다. Tella 팀과 협력해, Tella의 향후
성장에 일조할 수 있다면, 진정으로 흥미진진한 경험이 될 것
같습니다. 제안과 아이디어들을 **더 들어볼 수 있을** 다음 번 미팅도
정말 **기대가 됩니다.**

감사합니다.
크리스

hear you./I'll step out and come back again: 연결 상태가
약하네요./화면이 멈췄어요./안 들리네요./제가 (화상 미팅
방에서)/나갔다가 다시 접속할게요.

돌발 상황으로 잠깐 멈춰야할 때
— Sorry, there's an emergency: 죄송해요, 긴급 상황이 있어요.
— Sorry, time's up on the boardroom/meeting room I'm in.
Can you wait a minute? I'll relocate and get back in. :
죄송해요, 회의실 예약 시간이 종료되었네요. 잠깐 대기해
주시겠어요? 자리를 옮겨서, 다시 접속하겠습니다.

이동 중에 회의를 해야할 때
— I'll be on the move during the meeting. I apologize in advance.

: 회의 중에 제가 이동을 할 예정이에요. 미리 사과드려요.

듣기만 하고 참여를 안 할 때
— I'll be listening in to the meeting and will mute my mic. : 회의 내용은 듣고 음소거 하고 있을게요.

누군가 마이크를 안 켜고 말한다면
— You muted your mic. : 마이크를 음소거하셨어요.
— I/We can't hear you. : 안 들려요.

대화 열기
— Before we go into ~: ~에 들어가기 전에
— Before we discuss (sth): (sth)에 대해 논의하기 전에
— What I wanted to discuss/talk about today is (sth): 오늘 논의하고 싶은 것은 (sth)예요.

다시 주제로 돌아갈 때
— Going back to what I was saying: 제가 말하고 있던 것으로 돌아가자면
— Going back to where we were at: 저희가 이야기하고 있던 주제로 돌아가자면

질문할 때
— If it's okay with you, I was curious about (sth): 괜찮으시다면, (sth)에 대해서 궁금했어요.
— I have a question: 질문이 있습니다.
— Can you elaborate on (sth)? : (sth)에 대해 좀 더 구체적으로 설명해주시겠어요?

이해를 잘 못해서 다시 설명을 청할 때
— I'm sorry, but I'm not sure if I understood you correctly. Can you explain that again? : 제가 이해를 잘 한 것인지

모르겠습니다. 다시 설명해주시겠어요?

— Let me see if I got it correctly. : 제가 이해한 게 맞는지 확인해 보겠습니다. (그 뒤에 이해한 바를 다시 설명)

감사 표시하기

— Thanks for the compliment. : 칭찬 감사합니다.
— I appreciate your feedback. : 피드백 주셔서 감사드립니다.
— Thank you so much for your time today. I appreciate it. : 오늘 시간 내주셔서 감사합니다. 정말 감사드려요.

마무리할 때

— Don't hesistate to ~: ~하는 것을 주저하지 마세요.
— Let's talk about this next time. : 이건 다음번에 다시 이야기 나눠요.
— We'll get back to you via email on (sth) very soon: (sth)에 대해서 곧 다시 이메일로 연락드릴게요.

이번 챕터에서는 일면식이 없는 사람에게 연락을 취할 때 자주 사용될 수 있는 표현들을 배웠습니다. 소개를 하거나, 이후 대화를 이어가기 위한 표현들이기에 오프라인 상에서 처음 만난 사람에게도 동일하게 사용할 수 있습니다. 이에 대해 앞서 배운 표현들을 다시 한번 내 것으로 만들어봅시다.

1. Seven Company와 Blossom의 전략적 파트너십을 **제안합니다.**

Proposing a strategic partnership between Seven Company and Blossom.

2. 저희 회사 Sally는 뉴욕 브루클린**에 기반을 두고 있는** 여성 패스트 패션 커머스 회사예요.

Our company, Sally, is a women's fast fashion commerce company **based in** Brooklyn, New York.

3. 저희 회사는 1999년도**에 설립되어** 31년간 운영해왔습니다.

Our company was **established in** 1999 and has been operating for 31 years.

4.   2me2는 **한국 1위, 전세계 10위의 데이팅 앱**입니다.

2me2 is the **number one dating app** in Korea and **top-10 globally.**

5.   이번 시즌 판매하고 있는 화장품 라인을 더 자세히 보고
        싶다면 **다음 링크에서 확인해보세요.**

If you want to know more about the cosmetic product line we are selling this season, **check it out at the link below.**

6.   크리스마스 마케팅 캠페인과 관련하여 지난주 회의의
        팔로업을 **드리고자 이메일을 씁니다.**

I am writing to give you a follow-up on last week's meeting regarding the Christmas marketing campaign.

7.   Behance에서 **몇 주 전** 귀하의 포트폴리오를
        발견하고 우리 브랜드와 디자인이 잘 맞을 것 같아서
        연락드렸습니다.

I contacted you because I found your portfolio on Behance **a few weeks back** and thought that your design is a great fit with our brand.

8. 정말 짧은 시간에 많은 성취를 하신 것을 보고 **상당히 놀랐습니다.**

I was stunned by how much you have accomplished in a short time.

9. 당신의 콘텐츠는 여러 면에서 **영감을 준다고** 생각합니다.

I found your content very **thought-provoking** in many ways.

10. 귀사의 소프트웨어는 매우 혁신적인 것 같습니다. 저희 회사에서 구매를 검토하고 있는데요, 데모**를 요청드리고 싶습니다.**

I find your software very innovative. We're considering purchasing it. **I would like to request** a demo.

11. **상황이 허락할 때** 정말 한국에 방문해서 만나뵙고 싶어요.

I would love to visit Korea and meet you when the **circumstances allow me** to do so.

12. 빠르게 답변 **주셔서 감사드립니다.** 다음주로 회의의 **일정을 잡아봅시다.**

Thank you for your prompt reply. **Let's schedule** a meeting for next week.

13. 매출이 300% 증가했다니 **축하드립니다. 결코 작은 성취가 아니예요!**

Congratulations on having a 300% increase in revenue last month. It's **no small accomplishment**!

14. **아시다시피** 현재 업계 분위기가 좋지 않습니다.

As you must know/As you probably noticed, the industry atmosphere isn't that good.

15. 저는 **어떤 형태의 협업**에도 열려있습니다. 갖고 있는 어떤 아이디어든 제안해주세요, 이야기를 나누면 되니까요.

I am definitely open to **collaboration in some form**. Suggest any ideas you have, and we can talk.

16. 제 **일정이** 이번주에 **비교적 비어있어서** 편한 시간을 알려주세요. **일정 맞춰보겠습니다.**

My **schedule is relatively open** this week so let me know a good time for you. I'll **adjust my schedule accordingly**.

17.   더 깊이 논의하기 전에 **먼저** 자료 조사를 **하는 것이 순서**일 것 같습니다.

Research **seems in order** before we dive into a discussion.

18.   오늘 회의 이후로 협력에 대해서 아이디어가 있으면 **주저하지 말고** 이메일을 주고 받으면 좋겠어요.

Don't hesitate to email any ideas for collaboration after today's meeting.

19.   **향후의 노력**과 활동이 순조로우려면, 전사적 차원에서 이 **대화에 참여해야** 한다고 생각합니다.

I think that the whole company has to **be a part of this conversation** for our **future endeavors** to go smoothly.

20.   **벌써 두 시간이 지났네요**. 더 이야기를 해봤자 이야기가 돌 것 같습니다. 오늘 이쯤에서 마무리하고 각자 **생각을 정리하는** 시간을 가집시다.

Two hours **have passed already**. I don't think we'll get anywhere dragging on this discussion. Let's wrap up here and have some time to **pull our ideas together**.

화 상 대 화 를 할 때 ―
대 화 의 문 화 에 관 해 :

필자의 경우, 영어로 말하는 데 불편함은 없지만, 영어 문화권이나 미국
문화권에서 생활을 하는 것이 아니기에 화상회의를 통해서 영어
사용자와 대화를 할 때 새롭게 느끼는 점들이 있는데요. 주로 문화적인
차이에 대한 것으로, 오해 없이 적확한 커뮤니케이션을 이루는 데
참고해 보시기를 추천합니다.

1. 겸손한 표현 vs. 긍정적 표현: 한국인으로서 본인 혹은 속한
    조직을 소개할 때 자랑할 만한 점들을 소개하기도 하지만,
    예의상으로라도 '겸손이 미덕'인 태도가 몸에 배어 겸양의
    표현을 할 때도 많이 있습니다. 하지만 영어 문화권의 사람들은
    우리처럼 그와 같은 겸양의 표현을 말로 자주 표현하지
    않습니다. 그래서 불필요하게 나 자신 혹은 내가 속한 조직을
    낮출 필요는 없는 것이죠. 영어권에 있는 상대방은 이를
    '미덕'으로 받아들이기보다 '자기 비하'로 여기거나 '실제로
    낮추어 보는' 수가 있습니다.

2. 간접 화법 vs. 직접 화법: 화법의 차이는 수년 간 원어민들과
    일을 하면서 아직까지도 가끔씩 그 차이를 뼛속까지 느끼는
    부분입니다. 한국 문화 속에서는 '해주세요', '하세요' 보다는
    '하실 수 있나요?', '의견이 뭐예요?'보다는 '생각이 궁금합니다'
    등 우리가 생각하는 것보다 훨씬 더 '간접적'으로 대화하는
    것에 익숙합니다. 그래서 영어로 이야기를 할 때도 간접적으로
    이야기를 하게 되는데, 이럴 경우 자칫하면 상대방이 그 의도를
    못 알아차릴 수도 있습니다. 가령, '해주실 수 있나요?'라고 말을
    한다면 사실상 이 일을 맡기겠다는 의미로 우리는 보통 해석하게
    마련이지만 그렇다고 이 말을 문자 그대로 'Can you do
    this?'라고 옮기면 원어민은 이를 가능한지 아닌지 여부를 묻는
    것으로 이해하고 이에 대한 답변을 할 수도 있습니다. 그래서 특히
    어떤 요청, 제안, 부탁을 할 때는 조금 더 직접적으로 표현해보기를
    추천합니다. 혹은 내가 예상한 것과 다른 반응을 할 때는 다시 한번
    직접적으로 본래의 의도를 밝히는 것도 한 방법입니다.

3.   문화권마다 다른 텐션(톤): 한국인은 영어를 할 때 한국어를
     말할 때와 마찬가지로 톤이 대체로 일정하고 높낮이가 없는
     편입니다. 그에 반해 미국인은 목소리가 크고, 텐션이 높으며,
     톤의 높낮이가 다양합니다. 또한, 영국 영어를 사용하는
     사람들은 미국인과 비교해 목소리가 작고 톤이 더 일정하고
     차분합니다. 필자도 미국에서 거주하고 미국식 영어를
     배웠지만, 한국에서 훨씬 오래 살았기에 미국인과 대화를
     하다보면 미국인의 이 같은 특성 때문에 속된 말로 '기가
     빨리는' 느낌을 받을 때가 있습니다. 오프라인상에서는 더
     그렇습니다. 목소리와 톤, 그리고 외양상으로도 서로 너무
     달라서 위화감 내지 압도감을 받을 수 있습니다. 그러나 화상
     회의에서만큼은 이에 대해 너무 걱정하지 않아도 됩니다.
     물리적인 위화감은 훨씬 줄어들고, 나에게 맞는 환경을
     조성하기는 훨씬 더 쉽습니다. 상대의 목소리가 너무 크다면
     혹은 내 목소리가 너무 작다면 스피커와 마이크 볼륨으로
     조절할 수 있고, 얼굴을 보면서 이야기하는 중에 갑자기 말이
     생각이 안 나거나 당황스럽다면 상대방의 얼굴이 나오는 화면을
     작게 만들거나 잠깐 보지 않고 내가 갖고 있는 자료를 다시
     보면서 이야기할 수도 있습니다. 즉, 내 페이스를 조절하기
     훨씬 용이하기에, 상대방의 문화에 무조건 맞춰서 하려는
     강박을 갖지 않아도 됩니다. 상대방도 나의 문화적 맥락을
     배려하는 것이 필요하며, 그와 같은 자연스러운 접근 방식이
     회의를 위해서도 좋을 것입니다. 다만 서로의 대화 방식이나
     성격을 모르는 상태에서 문화적 갭까지 있을 때 생길 수 있는
     오해를 미연에 방지하거나, 대화 도중에 혹은 후에 '어떤
     의도였지?'하는 의문이 있을 때 위와 같은 점들을 참고하면
     도움이 될 것입니다.

컨 퍼 런 스 에 서
만 났 던 곳에 follow-up
이 메 일 & 협 업 제안

컨퍼런스에서
만났던 곳에 follow-up
이메일 & 협업 제안

글로벌 컨퍼런스나 세미나에 참석하여 다양한 네트워크를 쌓을 기회가 있을 것입니다. 근 몇 년간 국내에서도 글로벌 컨퍼런스들이 열려서 세계 각국의 해외 연사나 관계자, 참관객들이 함께할 수 있는 기회도 많아졌습니다. 언택트 시대가 되면서 온라인으로 더 많은 사람들과 네트워킹하고 접근할 기회 역시 증가했습니다.

컨퍼런스에 가서 만난 사람들은 잠재적 고객, 사업 파트너나 투자자일 수 있습니다. 다양한 이해관계를 갖고 참여하는 만남의 장이기에 단순히 명함을 주고 받았다고 해서 향후 비즈니스 관계로 이어질 가능성은 작아 보여도, 이후 이메일 등을 통해서 관계를 유지해나간다면 어떤 계기로 또 만날 수 있을지 모릅니다.

상대방은 내가 있는 국가나 지역에 네트워크 포인트가 없어서, 지역에 대한 정보를 더 알고, 사람이나 조직을 소개 받기 위해 나를 찾을 수 있습니다. 나 또한 마찬가지로 상대방이 필요할 때가 올 수 있습니다. 당장 협력할 지점이 없더라도, 나와 회사에 대한 좋은 인상을 남겨 또 다른 연으로 이어질 수 있도록 팔로업 이메일을 다음과 같이 구성해봅시다.

— 도입부 - 안부 인사 및 여는 말: 컨퍼런스에서 만난 상황을
언급하며 반가움에 대해 구체적으로 이야기를 합니다. 상대방
혹은 상대가 속한 조직에 대한 관심이나 칭찬의 말을 하면서
이메일을 열어봅시다.

— 본론 - 구체화된 제안: 현장에서 상대방의 아젠다를 처음 들은
경우 바로 어떤 구체적인 제안이 나오기 어렵기에 이메일을 통해서
제안을 더 구체화하는 것이 좋을 것입니다. 이때, 이메일에서
내가 하고 싶은 이야기만 늘어놓기보다, 현장에서 상대방이 했던
이야기를 언급하면서 이메일을 써나가는 것이 상대방의 관심을
유도하면서 향후 대화를 이어나가기 수월할 수 있습니다.

— 마무리 - Call-to-action: 이메일을 받은 상대방이 어떤 액션을
취할 수 있도록 요청합시다. 제안 사항에 따라 아주 구체적인
제안을 했다면 제안을 수락할지 여부, 혹은 어떤 사안에 대한
결정 내용을 작성하면 되겠습니다. 하지만 아직은 구체적인
실행 방안이 아닌 아이디어 수준의 제안이라면 이에 대한
의견을 달라고 요청을 하거나, 더 논의하기 위한 화상 회의 또는
전화 통화, 위치에 따라서는 대면 미팅을 요청할 수 있습니다.

Dear David,

Hello, this is Yuha Jin, CEO of Tella, e-mailing you from Seoul.
How was your stay in DC? I hope it was a great time for
you personally and professionally.

It was such a **pleasant surprise** to meet you at
Devex World. OxBridge English has always been our **go-to**
organization for **reference material** when creating our own
learning content and building our assessment system.

I would like to **further discuss** the **partnership opportunities**
you suggested during our conversation. Here are just a few ways:

필자가 지난 몇년 간 실제 해외 컨퍼런스를 통해서 만났던 사람들과 이메일을 주고 받았던 사례 세 가지를 소개하고자 합니다.

컨퍼런스에서 처음 서로 알게 되어 협업에 대한 러프한 아이디어가 오간 경우

글로벌 컨퍼런스에 참여하여 현장에서 서로 처음 인사하고 러프한 아이디어를 주고받은 뒤 더 구체적인 파트너십 모색을 하는 경우, 다음과 같이 이메일을 작성할 수 있습니다.

텔라가 미국 워싱턴 DC에 매년 열리는 세계적인 국제개발 컨퍼런스 Devex World에 참여하게 되었습니다. 해당 컨퍼런스 현장에서 세계적으로 저명한 교육기업을 만나게 되어 각자의 소개와 함께, 상대 기업의 구체적인 관심사를 듣고 이야기를 나눈 뒤 팔로업 이메일을 보낸 사례를 재구성하였습니다.

David 님에게

안녕하세요, 저는 서울에서 이메일을 보내는 텔라 대표 진유하입니다. **DC 방문은 어떠셨나요?** 개인적으로도, 업무적으로도 좋은 시간이었기를 바랍니다.

Devex World에서 David을 만난 것은 **뜻밖의 기쁨**이었어요. OxBridge English는 저희만의 학습 콘텐츠를 만들고 평가 시스템을 구축할 때 **참조 자료로서** 항상 **찾아보는** 기관입니다.

대화 중에 제안하신 **파트너십 기회**에 대해 **좀 더 논의하고** 싶습니다. 다음은 몇 가지 방법입니다.

1. **Bundling** services for Development Organizations

You have mentioned that you were **searching for business opportunities** in the international development sector, as the main means of communication in this sector is English. We can **form a partnership** by promoting ExamLingo as the main language exam for employers (i.e., international development organizations such as KOICA) to accept scores from (potential) employees to prove their English proficiency.

Other tests are **relatively** more expensive and **time-consuming**. We can position ExamLingo as a lower-priced, more convenient yet accurate and reliable **alternative to** other English exams in the current market. ExamLingo would be the **perfect alternative**. For those people that want to prepare for ExamLingo with an English tutor, they can come to Tella to learn English and prepare for ExamLingo exams.

2. Content partnership - OxBridge English learning material

We would also like to **seek a** content **partnership** by utilizing the learning material of OxBridge English, especially the content related to ExamLingo. We can create programs referencing or using the learning material of OxBridge English that will help improve ExamLingo exam scores. We can show that Tella is **affiliated with** OxBridge English.

Through this content partnership, we can encourage Tella members to take ExamLingo exams. If discounts or other **benefits are provided** to Tella members, I believe there will **be a higher demand for** taking the exam.

3. ExamLingo operational partnership

You have suggested that one way we can partner is through

1. 개발 조직에 서비스를 **묶어 판매**

이 분야의 주된 의사소통 수단이 영어이기 때문에
국제개발분야에서 **비즈니스 기회를 찾고 있다**고 언급하셨습니다.
저희가 ExamLingo을 주요 언어 능력 시험으로 홍보하는
파트너십을 맺게 되면, 고용주(KOICA와 같은 국제 개발 기구)
입장에서는 이를 영어 능력 증빙에 채택해 채용 지원자의 점수를
접수할 수 있습니다.
　　　다른 시험은 **상대적으로** 비용이 더 많이 들면서도 시간은
더 많이 소요됩니다. 저희는 ExamLingo을 현재 시장에서 다른
영어 시험에 비해 저렴하고 편리하면서도 정확하며 신뢰할 수 있는
대안으로 포지셔닝할 수 있습니다. ExamLingo은 **완벽한 대안**이 될
것입니다. 영어 과외 선생님과 함께 ExamLingo을 준비하고자 하는
사람들이 영어를 배우고 ExamLingo 시험을 준비하기 위해 텔라로
올 수 있습니다.

2. 콘텐츠 제휴 - OxBridge English 학습 자료

저희는 OxBridge English의 학습 자료, 특히 ExamLingo과
관련된 콘텐츠를 활용하는 콘텐츠 **파트너십을 모색하고** 싶습니다.
저희는 ExamLingo 시험 점수를 개선하는 데 도움이 되는
OxBridge English의 학습 자료를 참조하거나 사용하여 프로그램을
만들 수 있으며 OxBridge English와**의 제휴 정보를 표시할** 수
있습니다.
　　　이 콘텐츠 파트너십을 통해, 저희는 텔라 회원들에게
ExamLingo 시험 응시를 권장할 수 있습니다. 만약 텔라
학생들에게 할인이나 다른 **혜택이 제공**되는 경우, 응시 **수요는 보다
더 높아질 것**이라고 생각합니다.

3. ExamLingo 운영 파트너십

파트너십과 관련해 ExamLingo 운영을 **제안하셨습니다.** 제가

operating ExamLingo. What I suggest is that Tella can operate a virtual exam center, where we can hold exams regularly (i.e., quarterly) by renting existing exam centers. Korea already has many test centers in **various locations** that other companies run. These centers are in very **convenient locations** in the major cities.

While running the test centers, Tella can promote the test through our current marketing channels. Tella can also work with existing Korean partners of OxBridge English to promote the exam for employers in Korea - mostly targeting mid-sized businesses, as larger conglomerates are currently using other tests.

I would like to know more about how OxBridge English partnering with other companies as exam centers would work.

These are just a few ways we can partner, and I believe there are others.

In order to **further develop** ideas, I would like to **hear your thoughts on** the suggestions I have made above. Feel free to discuss any ideas and questions **you have in mind.**

I would also like to know more about what OxBridge English needs and what your **plans and goals** are for ExamLingo and other business areas in Korea. We can come up with a better way to **add value** to your organization in Korea. So kindly let us know. I would **gladly provide** any information I have regarding the Korean market.

I have included Esther Hong, Tella's Content Development Manager in this **e-mail thread**.

I look forward to any future partnerships that **bring the outcomes and impact** we aim to create.

Sincerely,

Yuha Jin
CEO of Tella
from Seoul, Korea

제안드릴 수 있는 것은 텔라가 가상 시험 센터를 운영하는 것인데, 기존에 있는 시험 센터를 임대하여 정기적으로 (즉, 분기별로) 운영할 수 있습니다. 한국에는 이미 **여러 지역에서** 다른 회사들이 운영하는 시험장이 많습니다. 이 센터들은 주요 도시들에서 매우 **편리한 곳에 위치해** 있습니다.

이 시험 센터를 운영하는 동시에, 텔라는 현재의 마케팅 채널을 통해 시험을 홍보할 수 있습니다. 텔라는 또한 OxBridge English의 기존 한국 파트너들과 협력하여 고용주들에게 시험을 홍보할 수 있는데 대기업들이 현재 다른 시험을 사용하고 있기 때문에 중견기업을 타게팅할 것입니다.

OxBridge English에서 시험 센터 운영과 관련하여 다른 회사들과 파트너십을 진행하는 경우에는 보통 어떻게 운용하시는지 더 알고 싶습니다.

이는 저희가 협력할 수 있는 몇 가지 방법일 뿐이고, 다양한 방법들이 있을 수 있다고 믿습니다.

아이디어를 **더 발전시키기** 위해, 위에서 제시한 제안에 대한 **귀하의 의견을 듣고** 싶습니다. **생각하고 있는** 아이디어와 질문은 자유롭게 이야기해주세요.

저는 또한 OxBridge English가 필요로 하는 것이 무엇이며, ExamLingo과 한국에서의 다른 사업분야에 대한 **계획과 목표**가 무엇인지에 대해서도 더 알고 싶습니다. 한국에서 조직에 **가치를 더할** 수 있는 더 좋은 방법을 제안드릴수 있습니다. 그러니 알려주시기 바랍니다. 저는 한국 시장에 관한 모든 정보를 **기꺼이 제공**하겠습니다.

이 **이메일 스레드**에 텔라의 콘텐츠 개발 매니저인 Esther Hong을 포함시켰습니다.

앞으로 우리가 목표로 하는 **성과와 영향을 만들어갈** 수 있는 파트너십을 기대합니다.

감사합니다

진유하 드림
텔라 대표
한국, 서울에서

컨퍼런스에서는 상대방에 대해 알고는 있었으나 만난 적이 없는데,
현장에서 마주치게 되어 어떤 제안을 하는 경우도 있습니다.

Yuha: Hi, Ruth! Congratulations on the fellowship!

Ruth: Thank you.

Yuha: I'm Yuha Jin, CEO and co-founder of Tella. We are an online English education startup that provides English lessons via text messaging, and we founded the company to create job opportunities for university graduates in East Africa. We currently have more than 30 tutors in Uganda.

Ruth: Wow, that's great! Glad to know. I'm also from Uganda. I'm the CEO of ColabHigh. Here's my **business card**.

Yuha: Thanks, here's mine. And here's a brochure about our company. We are looking for **different options** for office space for our tutors and wanted to ask if your shared workspace has room for our team.

Ruth: I'm not sure if we have enough room for more than 30 people, but we do plan to expand our space in the near future. My partner is in charge of the operation of the office - so I'll have to ask her about it.

Yuha: Great. I'll send you an email about our **specific needs** so you can forward it to your partner and team.

Ruth: Yes, send me an email. We also have different projects and programs for tech startups in Uganda that you

현장에서 먼저 대화를 나누고 제안을 간단히 한 후, 이메일로 이에 대해서 상기시키고 대화를 이어가는 사례를 살펴보겠습니다.

Yuha: 안녕하세요, 바바라! 펠로우쉽을 축하합니다!
Ruth: 감사합니다.
Yuha: 저는 Tella의 CEO 겸 공동 설립자인 Yuha Jin입니다. 저희는 온라인 영어교육 스타트업으로 문자 메시지를 통해 영어수업을 하고 있으며 동아프리카에 있는 대학 졸업생들을 위한 취업 기회를 만들고자 회사를 설립하였습니다. 현재 우간다에 30명 이상의 튜터를 두고 있습니다.

Ruth: 와, 굉장한데요! 알게 되어 기쁩니다. 저도 우간다 출신입니다. 저는 ColabHigh의 CEO입니다. 여기 제 **명함**입니다.
Yuha: 감사합니다. 제 것도 드릴게요. 그리고 이건 회사 브로셔입니다. 저희가 튜터들을 위한 사무공간으로 **다양한 옵션**을 찾고 있는데, 코워킹 스페이스에 저희 팀에서 이용할 만한 공간이 있는지 여쭤보고 싶습니다.
Ruth: 30명 이상을 수용할 충분한 공간이 있는지 잘 모르겠지만, 조만간 저희 공간을 확장할 계획이예요. 제 파트너가 사무실 운영을 담당하고 있으니, 그녀에게 물어봐야겠어요.

Yuha: 좋아요. 파트너분과 팀에게 전달할 수 있도록 **구체적인 요구 사항**에 대한 이메일을 보내드리겠습니다.
Ruth: 네, 이메일을 보내 주세요. 우간다의 기술 스타트업을 위한 다양한 프로젝트와 프로그램도 있습니다. IT 교육과

might be interested in. We have IT training and
business model workshops.

Yuha: Sure, I would definitely love to hear more about your
company's programs. I don't want to **take up** too much
of **your time** right now - I'll send you an email, and we
can continue to talk. Maybe we'll meet again in Uganda.

Ruth: Okay. Nice to meet you, Yuha.

이후 구체적인 논의를 하기 위해

Dear Ruth,

Hello, this is Yuha Jin, CEO of Tella, e-mailing you from
Seoul.

It was great to meet you in DC. Actually, it wasn't a
surprise you were there - I knew that you **had been selected
as** a fellow and wanted to meet you there, but it was a surprise
that I just **bumped into** you like that!

Congratulations again on being selected as a fellow of
Devex World 2018. It was **an honor to** meet you **in person** :)

Actually, in late 2015, I stayed in ColabHigh with my
colleagues for two weeks, during which we first hired our tutors
in Uganda. I googled co-working spaces in Kampala, and
ColabHigh was the one that **popped up**. I didn't get to meet you
in person then, as you were out of the country for business. We
had a very **pleasant time** there, and I remember that your team
was **generous** and let us use one of the rooms for our training.

비즈니스 모델 워크샵이 있어요.

Yuha: 물론이죠. 귀사의 프로그램에 대해 더 듣고 싶습니다.
지금 너무 많은 **시간을 뺏고** 싶진 않네요. 제가 이메일을
보내드리면 계속 이야기를 이어나가요. 우간다에서 다시
만날지도 모르겠네요.

Ruth: 좋아요. 만나서 반가워요, 유하 님.

이메일을 다음과 같이 보낼 수 있습니다.

Ruth 님께,

안녕하세요, 저는 서울에서 이메일을 보내는 텔라 대표 Yuha
Jin입니다.

DC에서 뵙게 되어 반가웠습니다. 사실, Ruth 님이 그곳에
있었다는 것은 놀라운 일이 아니었어요. 펠로우로 **선정이 되었다는
것은** 알고 있어서 그곳에서 만나고 싶었는데, 그렇게 **우연히
마주치게 될 줄은 몰랐어요!**

Devex World 2018 펠로우 선정을 **다시 한 번 축하드립니다.
직접 만나 뵙게 되어 영광이었습니다** :)

2015년 말, 제가 사실 동료들과 ColabHigh에서 2주 동안
머물렀습니다. 우간다에서 처음으로 튜터를 고용했던 기간 동안
말이죠. 캄팔라의 코워킹 스페이스를 검색했고 ColabHigh이
떴어요. 그때는 당신이 출장으로 해외에 계셔서 직접 만나 뵙지
못했습니다. 저희는 그곳에서 정말 **좋은 시간**을 보냈고, 팀원 분들이
저희의 훈련 프로그램을 위해 세미나실 하나를 넉넉히 내주셨던
것을 기억합니다.

1 7 3

Thanks to ColabHigh, we were able to complete our mission of hiring and training our first Ugandan tutors, five of them. That was the start of Tella in Uganda.

Now we have 25 full-time tutors and **aim to** grow to more than 80 in the next year. 80% or more of our tutors are women, so **I can say that** we are creating jobs for Ugandan women in tech!

We are currently residing in Techbox and are **exploring various options** for office spaces, including renting our own space and ColabHigh.

You mentioned that ColabHigh is going to expand it's office space soon. I would like to **know more. Kindly let us know** what kind of space there is and the conditions.

I have included Evelyn Mwasa, Tella Uganda's Regional Manager, in this e-mail thread, so that she can **keep up with** our conversation and meet with you and your team in person when necessary. I also have included Canary Kim, Head of Operations from the headquarters.

Again, congratulations on the fellowship, and I wish you the best on your future endeavors. **I look forward to the future of** ColabHigh and Tella's work in Uganda and any **future partnerships** we can build to bring the outcomes and impact we aim to create.

Sincerely,

Yuha Jin
from Seoul, Korea

ColabHigh **덕분에**, 저희는 첫 우간다 튜터들을 고용하고 훈련시키는 임무를 완수할 수 있었습니다, 5명을요. 그렇게 우간다에서 텔라가 시작됐습니다.

이제 저희는 25명의 풀타임 튜터를 두고 있으며, 내년에 80명 이상으로 성장하는 것을 **목표로 하고** 있습니다. 저희 튜터들 중 80% 이상이 여성이기 때문에, 우간다 여성들을 위한 기술직 일자리를 만들고 있다고 **말씀드릴 수 있습니다**!

저희는 현재 Techbox에 있으며, 사무실 공간을 마련하고자 단독 사무실 임대나 ColabHigh을 포함한 **다양한** 공간 **옵션을 살펴보고 있습니다.**

ColabHigh에서 곧 사무실 공간을 확장할 것이라고 **언급하셨는데**, 그 **옵션들을 살펴보고 싶습니다.** 어떤 공간이 있는지, 어떤 조건이 있는**지 알려주십시오.**

텔라 우간다 지역 매니저인 Evelyn Mwasa도 이 이메일 스레드에 포함시켜, 우리의 대화를 **따라잡고** 필요할 경우, ColabHigh 팀을 직접 만날 수 있도록 했습니다. 텔라 본사의 Canary Kim 운영팀장도 포함시켰습니다.

다시 한 번 펠로우 선정을 축하드리며 앞으로 하시는 일들에도 좋은 결과가 가득하시기를 바랍니다. 저는 앞으로 우간다에서 ColabHigh와 Tella가 이루어 나갈 일이 **기대가 되며**, 저희가 목표로 하는 결과와 영향력을 만들어낼 수 있는 **향후 파트너십** 또한 기대가 됩니다.

감사합니다.

Yuha Jin
한국, 서울에서

**컨퍼런스에서 만나 구체적인 협업 포인트는 없지만 대화를
이어나가고자 하는 경우**

컨퍼런스에서 때로는 서로 잠깐 소개를 하고는 대화를 나눌 새도 없이
떠나야 해서 이메일로 이야기를 이어가야 하는 경우가 있습니다.
싱가포르에서 매년 열리는 아시아의 대표적인 스타트업 컨퍼런스

Dear Jamie,

Hello! This is Yuha Jin from Tella (online English tutoring via
online chat).
Hope you had a great time at Echelon and another great
week. (I attached a picture **to remind you**.)

(picture)

I have attached the pitch file I presented during Echelon, and
additional info about the company is in the link below:
http://www.tella.co.kr/company/en

To brief you on what our plans are regarding expansion is:

— Launch Android & iOS & Web app
— Have multi-language support: Japanese, Vietnamese,
Chinese (traditional/simplified), Indonesian

Currently, **I'm trying to figure out** the specific needs of each

Asia Echelon Summit에, 텔라가 Asia Top 100 팀으로 선정되어 발표와 부스 운영을 위해 참여한 적이 있습니다. 다음 사례는 텔라의 발표를 듣고 관심을 갖게 된 싱가포르 VC(벤처 캐피탈)가 부스에 찾아와 간략하게 인사를 나눈 뒤 이메일 요청을 받은 경우를 재구성한 내용입니다.

Jamie 님에게,

안녕하세요! 저는 텔라(온라인 채팅을 통한 온라인 영어 튜터링)의 Yuha Jin입니다.
에셜론에서 즐거운 시간을 보내셨기를 바라고, 또 멋진 한 주가 되시기를 바랍니다. (**기억을 상기시켜 드리고자** 사진을 첨부했습니다:)

(사진)

Echelon에서 발표했던 피치 파일을 첨부하였으며, 아래 링크에 회사에 대한 **추가 정보를 확인하실 수 있습니다**:
http://www.tella.co.kr/company/en

___

확장에 대한 계획을 **간단히 알려드리면** 다음과 같습니다:

— Android & iOS & Web 앱 런칭
— 다국어 지원: 일본어, 베트남어, 중국어(번체/간체), 인도네시아어 지원

___

현재 저는 개별 고객과 기업/영어 학원에 판매할 수 있도록 각

country's market so that I can sell to individual customers and also businesses/English academies.

I am open to any future investment in or partnership between Tella and Himalaya Ventures. If you have **anything to discuss**, please let me know.

Sincerely,
Yuha Jin

Hi Yuha,

Thanks for following up and **apologies for** the **delay in response**. After Techsauce and Echelon I've been busy **catching up on my inbox.**

It would be great to get an **in-depth introductory call;** I believe last time you said you've talked to a colleague from Himalaya Ventures? Perhaps we can **find some time to** discuss on Weds?

Best regards,
Jamie

국가별로 구체적인 시장 니즈를 **파악하려고 노력하고 있습니다.**
        저는 향후 텔라와 Himalaya Ventures 간 모든
투자나 협력에 **열려있습니다. 논의하고자 하는 것**이 있다면
말씀해주세요.

        감사합니다.
        Yuha Jin 드림

Jamie의 답변

안녕하세요, 유하 님.

팔로우업해주셔서 감사드리며 **답변이 늦어진 점에 대해
사과드립니다.** Techsauce와 Echelon 을 마치고 나서 **받은 편지함을
따라잡느라** 바빴습니다.
        보다 깊이 있는 소개를 나누기 위해 통화를 하는 것도 좋을
것 같고요. 지난번에 Himalaya Ventures에서 온 동료와 이야기를
나누셨다고 말씀하신 것으로 기억합니다. 수요일에 의논할 **시간을
좀 낼 수** 있을까요?

        감사합니다.
        Jamie

Hi Jamie!

I spoke with Jennifer before I talked with you at Echelon.
11 am or 1 pm Korean time **would be best** on
Wednesday. Let me know when a **convenient time** for you is.

Hi Yuha,

Adding Jennifer **in the loop**.
I've got meetings at those **suggested times**. I'm available
for 12pm Korea time or perhaps **we can do** Friday 5:30pm
Korea time?
If not, next week is **fairly open** for me; perhaps we can
find some time next week.

Best regards,
Jamie

안녕하세요 Jamie 님!

Echelon에서 당신과 얘기하기 전에 Jennifer와 이야기를 나눴어요.
수요일은 한국시간으로 오전 11시나 오후 1시가 **가장 좋을 것**
같습니다. 어느 때가 **편한 시간인지** 알려 주세요.

Jamie의 답변

안녕하세요 Yuha 님,

Jennifer를 공유 대상에 추가합니다.
제안하신 시간에 회의가 있어요. 한국시간으로 12시에
시간이 됩니다. 아니면 한국 시간으로 금요일 오후 5시 30분으로
시간을 잡을 수 있을까요?
그것도 아니면 다음 주는 제가 **시간이 괜찮은데** 다음 주에
시간을 잡으면 어떨까요?

감사합니다.
Jamie

181

Hi all,

Thanks Jamie for adding me into the loop and **hi again** Yuha.
On Wednesday, I have a **bunch of meetings** in Vietnam, so I would prefer Friday or next week if that **works for both of you.**

Best,
Jennifer

컨퍼런스에서 만난 연을 이어가기 위한 표현

인삿말
— How was your stay? : 방문은 어떠셨나요(인사)?
— pleasant surprise: 뜻밖의 기쁨
— bump into (sb): (sb)와 우연히 마주치다
— congratulations again on (sth): (sth)을 다시 한번 축하드립니다.
— an honor to ~: ~하게 되어 영광입니다
— in person: 직접(대면으로)
— pleasant time: 좋은 시간
— hi again: 다시 한번 인사드립니다
— thanks to (sth/sb): (sth/sb) 덕분에

이전 대화 내용을 상기시키는 경우
— You have mentioned that ~: ~를 언급하다

안녕하세요,

저를 루프에 추가해 주셔서 Jamie에게 감사드리고 Yuha에게도 **다시
한번 인사전합니다.**
　수요일에는 베트남에서 **회의가 많아서 두 분 모두
괜찮으시다면** 금요일이나 다음주가 더 좋을 것 같아요.

　감사합니다.
　Jennifer

— You have suggested (sth): (sth)를 제안하다
— To brief you on (sth): (sth)에 대해 간단히 알려드리자면
— to remind you: 리마인드 드리자면

제안하기
— I'm trying to figure out (sth): (sth)를 파악하려고 노력하고
　있다
— I can say that ~: ~고 말할 수 있다.
— partnership opportunities: 파트너십 기회
— form a partnership: 파트너십을 맺다
— seek a ~ partnership: ~와 같은 파트너십을 모색하다
— future partnerships: 미래 파트너십
— search for business opportunities: 비즈니스 기회를 찾다
— affiliated with (sth/sb): (sth/sb)와 제휴한, 관계있는
— alternative to (sth): (sth)의 대안

- perfect alternative: 완벽한 대안
- how (sth) would work: (sth)이 어떻게 작동할지
- different options: 다양한 옵션
- specific needs: 구체적인 요구 사항(니즈)
- gladly provide (sth): (sth)를 기꺼이 제공하다
- reference material: 참조 자료
- aim to ~: ~를 목표로 하다
- add value: 가치를 더하다
- bring the outcomes and impact: 성과와 영향을 가져오다

답변/대화 유도하기

- further develop: 더 발전시키다
- further discuss (sth): (sth)를 추후 논의하다
- hear your thoughts: 귀하의 생각을 듣다
- (sth/sb) you have in mind: 생각하고 계신 (sth/sb)
- plans and goals: 계획과 목표
- explore various options: 다양한 옵션을 살피다
- know more: 더 알다, 더 살펴보다
- additional info: 추가 정보
- kindly let us know ~: ~인지 알려주세요
- I am open to (sth): (sth)에 열려있다
- anything to discuss: 논의하고자 하는 것
- I look forward to the future of (sth/sb): (sth/sb)의 미래를 기대합니다

커뮤니케이션 관련 사용 표현

- keep up with (sth/sb): (sth/sb)를 따라잡다
- apoligies for (sth): (sth)에 대해 사과드립니다
- delay in response: 답변이 늦어지다
- catch up on my inbox: 받은 편지함을 따라잡다

— add (sb) in the loop: (sb)를 보고/정보 공유 대상에 추가합니다
— e-mail thread: 이메일 스레드

스케줄링 관련 표현
— take up your time: 당신의 시간을 쓰다, 뺏다
— find some time (to do): 할 시간을 내다
— (sth) would be best: (sth)이 가장 좋을 것 같다
— convenient time: 편리한 시간
— suggested times: 제안하신 시간대들
— we can do (날짜/시간): (날짜/시간)으로 잡다
— fairly open: 꽤 열려있는
— bunch of meetings: 많은 회의
— (sth) works for both of you: (sth)이 두 분 모두에게 괜찮다

기타
— bundle (sth): 묶음 판매
— various locations: 다양한 위치
— convenient locations: 편리한 위치
— time consuming: 시간이 많이 소요되다
— benefits are provided: 혜택이 제공된다
— higher demand for (sth/sb): (sth/sb)에 대한 더 높은 수요
— business card: 명함
— pop up: (공지, 소식 등이) 뜨다
— generous: 관대한
— in-depth introductory call: 심층적으로 소개하는 통화

MORE APPLICABLE, REAL LIFE EXAMPLES

이번 챕터에서 컨퍼런스나 세미나에서 네트워크를 형성해 커뮤니케이션을 이어가는 사례를 보았습니다. 앞서 배운 표현을 활용해 관련 행사 자리에서 오갈 수 있는 이야기를 담은 문장들을 살펴보겠습니다.

1. 요전 날 **위시켓의** 설립자를 **우연히 마주쳤어요**. 카페라떼를 마시며 즐거운 대화를 나누었습니다.

I **bumped into** the founder of **Wishket** the other day. We had a pleasant conversation over a café latte.

2. 여러분과 **직접 만나** 활기찬 대화를 나눌 수 있어서 **영광**이라고 말씀드리고 싶어요.

I would like to say that it's been **an honor** to have this rejuvenating discourse with you **in person**.

3. 우리 CEO의 선견지명이 있는 리더십 **덕분에**, 우리는 앞으로 몇 년 더 높은 고지까지 진출하는 것을 **목표로 하고 있습니다.**

Thanks to our CEO's visionary leadership, we **aim to** scale even greater heights in the years ahead.

4. 우리 회사가 아직 스타트업이란 걸 감안한다면, 역경 속에서도 우리가 꽤 잘 해 왔다고 **말씀드릴 수 있을 것 같습니다.**

Keeping in mind that our company is still a startup, **I can say that** we have done very well for ourselves in the face of adversity.

5. Tella가 비즈니스 확장을 위한 **다양한 옵션을 모색하고** 있다고 **언급하셨는데요.** 이 부분을 자세히 설명해 주시겠어요?

You mentioned that Tella was in the process of **exploring various options** for scaling the business. Could you please elaborate on this point?

6. 저희 토론에 대해 **더 알고** 싶다면, 회의 후에 저희에게 **알려주세요.**

If you would like to **know more** about our debate, **kindly let us know** after the meeting.

7. 저의 일본어 구사력이 제한적이어서 일본 투자자들이 발표하는 내용을 **따라잡을 수** 없었어요.

My command of the Japanese language is limited; hence I could not **keep up with** what the Japanese investor was presenting.

8. 저는 양사는 물론이고, **앞으로 있을** 상호간의 우정에도 **기대가 큽니다**.

I look forward to the future of both our companies and our mutual friendship.

9. 우리의 **미래 파트너십**은 주로 동종업계 사람들의 네트워크에 달려 있다고 할 수 있어요.

Our **future partnerships** depend largely on networking with individuals in the same industry.

10. Eun 님께, 2021년 3월 31일 예정된 저희 웹세미나**와 관련해 리마인드** 드리고자 메일을 드립니다. 참석해주신다면 대단히 감사하겠습니다.

Dear Eun, I am writing this email **to remind you** of our webinar slated for 31 March 2021. Your attendance will be most appreciated.

11. 발표자가 향후 컨퍼런스에 관한 **추가 정보로** 우리에게 웹사이트를 알려줬습니다.

The speaker referred us to the website for **additional info** about the upcoming conference.

12. "안녕하세요, 현 선생님. 회의를 소집하기 전에 새로운 상황을 **간단히 알려드리고자** 전화드렸습니다."

"Good afternoon, Mr. Hyun. I am calling **to brief you on** the new developments before we convene our meeting."

13. 회사를 살릴 수 있는 확실한 방법을 **파악하려고 노력하고 있어요**. 여러 제안에 **열려있습니다**.

I'm trying to figure out a surefire way of saving the company. **I am open to** suggestions.

14. 성 회장님과 **상의할 게** 없는 것 같습니다. 그는 분명히 계약 조건을 위반했어요.

I don't think I have **anything to discuss** with Chairman Seong. He clearly broke the terms of our agreement.

15.   모든 당사자가 참여할 수 있는 **편리한 시간**에 컨퍼런스 콜을 하는 것이 **가장 좋습니다.**

It **would be best** to have the conference call at a **convenient time** when all parties are able to participate.

16.   당신은 첫날부터 **핵심 일원**이었어요. 저도 **추가해주시면** 작업 프로세스가 간소화될 겁니다.

You've been **in the loop** since day one. **Adding** me too will streamline our work process.

17.   **제안하신 시간**에는 선약이 있어서요. 괜찮으시다면 오늘 오후 1시에 스탠딩 미팅을 **할 수 있습니다.**

The **suggested times** conflict with my earlier appointments. **We can do** a standing meeting today at 1 PM if that's agreeable.

18.   컨퍼런스에서 Martin의 발언은 해석의 **여지가 꽤** 있습니다.

Martin's statement at the conference was **fairly open** to interpretation.

19. 마감일 전에 계약을 마무리하려면 앞으로 3일 안에 **시간을 내야 합니다.**

We need to **find some time** in the next three days to finalize the contract before the deadline.

20. **여러 번 회의**를 거치면서 **두 분 모두에게 만족스러운** 거래를 성사시킬 수 있을 겁니다.

Over the course of a **bunch of meetings**, we should be able to cobble together a deal that **works for both of you.**

유 튜 브

유튜브의 세계는 망망대해와 같습니다. 영어는 현재 사용 인구에
비례해 콘텐츠의 양도 압도적으로 많지만, 서구사회와 함께
영어를 둘러싼 문화 또한 발전해왔기에 주제와 상관없이 영어로 된
콘텐츠에서 배울 것이 많은 것 같습니다.

유튜버, 연예인, 인플루언서, 정치인, 학자 등 콘텐츠로
유명해진 사람이라면 장르를 불문하고 자신의 이름이나 브랜드를
건 팟캐스트나 토크쇼를 만듭니다. 그리고 게스트를 초대하고 여러
주제에 대해서 대화를 짧게는 1시간, 길게는 3-4시간까지의 분량으로
1주일에 1~5회 이상 만들어냅니다. 그렇게 3-4시간 가량 되는
콘텐츠를 사람들은 운동을 하거나 출퇴근을 하면서, 또는 운전을 하며
듣습니다. 라디오처럼 내용을 짧은 호흡으로 기획을 해서 재미있게
버무려내는 것이 아니라, 커다란 윤곽만 잡고 대화를 이끌어내어
컨텐츠를 제작하는 것이죠.

그리고 이런 팟캐스트에서 재밌는 부분들을 10분 이하의
길이로 발췌하여 별도의 채널을 만들고 short clip으로 제공하기도
합니다. 팬들이 비공식적으로 이런 채널을 만들기도 하죠. 가장 유명한
팟캐스트 채널은 스텐드업 코미디언이자 UFC 사회자로도 유명한
Joe Rogan이 진행하는 PowerfulJRE인데, 유튜브에서만 구독자가
1,000만 명 이상에 이릅니다. 평균적으로 게스트 1명과 2-3시간,
길게는 5-6시간까지 대화를 하는데 이렇게 긴 팟캐스트의 평균
조회수가 500만 회이며, 많은 경우에는 4,000만 회가 넘게 나오기도
합니다. 팟캐스트 시장의 폭발적인 성장이 다른 오디오 중심 플랫폼의
발전으로도 이어지고 있는데, 스포티파이(Spotify)와 최근 선보인
클럽하우스(Clubhouse)가 그 대표적인 예라고 할 수 있겠습니다.

이제 CNN과 BBC로 공부하는 시대는 지났습니다. 방송국의 콘텐츠 퀄리티라고 할지라도 개인 콘텐츠 제작자가 생산한 콘텐츠 수준보다 못한 경우가 많으며, 영어권 국가에서는 주류 언론에 대한 신뢰도가 이전만 못해 유튜브를 중심으로 부상하는 신규 뉴스 미디어 채널의 구독자가 주류 방송사를 앞서기도 합니다. 방송사의 시간이나 포맷, 시청율 등에 얽매이지 않고 더 자유롭고 진솔하게, 여과 없이, 편집을 최소화하여 이야기를 할 수 있기에 더 풍성한 콘텐츠가 나오고 있습니다.

이에 따라, 성공 경험이 있는 기업가나 각 분야의 프로페셔널들이 직접 자신의 콘텐츠 채널을 운영하고, 해당 콘텐츠를 중심으로 커뮤니티를 형성하고 있습니다. 콘텐츠도 정말 유익한 것이 많지만, 양질의 콘텐츠를 중심으로 이루어지는 댓글을 통해서도 얻는 것이 상당히 많습니다.

나의 전문 분야나 관심 분야가 니치한 탓에 한국어 관련 콘텐츠가 없어 아쉬웠다면 영어권 유튜브 채널들을 구독해보세요. 시장이 큰 만큼 정말 놀라운 수준으로 세부 분야별 콘텐츠를 발견할 수 있을 것입니다.

유튜브를 통해 내 영어의 지평을 넓혀봅시다. '공부를 한다'는 느낌보다, 구독자가 되어서 그 속에 있다 보면 어느새 영어가 더 가깝게 느껴지고 자연스러워지는 것을 경험할 수 있을 것입니다. 일방적으로 듣는 것에서 그치지 않고, 같은 콘텐츠를 소비하는 사람들과 댓글로 소통하면서 나의 영어 실력도 향상시켜 봅시다.

다음은 영어 학습과 지식 학습을 동시에 할 수 있는 유튜브 채널의 종류입니다.

(1) 비즈니스/자기계발

TED만이 더 이상 자기계발/트렌드 콘텐츠의 성지가 아닙니다. 사람들은 큰 주제에 대한 압축적이고 연출된 영상뿐 아니라 비즈니스와 생활 현장에서 더 구체적이고 깊이 있는 이야기를 듣고 싶어합니다. 각 분야의 전문가들뿐 아니라 전·세계적으로 영향을 미치는 thought leader들의 생각을 유튜브 영상으로 접근할 수 있습니다.

(2) 논평/토론

특정 분야나 주제에 대한 주관적인 의견을 이야기하는 유형의 채널들로, 아주 진지하게 혹은 예술적으로 접근하는 논객들부터 여러 사회 문화 현상이나 인물들을 풍자하면서 논의하는 엔터테인먼트적 채널까지 다양합니다. Conversationalist, 즉 대화에 능한 사람이 되고자 한다면 배울 점이 정말 많습니다.

(3) 라이프스타일

건축, 음식, 여행, 음악 등 라이프스타일과 관련된 콘텐츠 또한 종류가 무궁무진합니다. 각 주제에 대해 특별히 DIY(do-it-yourself)적인 콘텐츠가 많은데, 콘텐츠 시청자들이 관찰자로 대리만족을 하는 데서 그치지 않고 적극적으로 배우며 참여합니다. 비즈니스나 시사 콘텐츠와 비교할 때 내 관심사와 생활에 상대적으로 밀접한 콘텐츠를 다루어 흥미롭게 볼 수 있으며, 각 분야에서 자주 사용하는 용어나 표현들이 비즈니스/시사와 다르기에 사용하는 영어의 폭이 한층 넓어집니다.

(4) 뉴스/시사 채널

CNN, BBC 등 영어 공부 콘텐츠로도 활용되고 있는 영어권 국가 TV 뉴스 채널들도 이제는 이전만큼의 위상은 아닙니다. TV 시청 시간이 해가 갈수록 떨어지고 있기도 하지만, 보도의 정확성과 공정성에서 신뢰를 잃으며 실제 대중에게 미치는 영향력이 급격하게 떨어지고 있습니다. 이에 대한 대안으로 유튜브를 중심으로 새로운 뉴스/정보성 채널들이 부상하고 있습니다.

좋은 채널을 찾는 법

구글링을 해서 특정 분야의 TOP 유튜버로 검색하는 것도 가능합니다. 그러나 100만 구독자가 넘는 채널도 2020년 말을 기준으로 22,000개가 넘는다고 하니, 이렇게 검색을 하는 것만으로는 적합한 채널을 찾기에 어려울 수 있습니다.

유튜브 안에서 영어로 내가 관심있는 주제로 영상을 찾아서 보다 보면, 그 영상에 물고 물어서 구독해야겠다 싶은 채널을 찾는 것이 좋습니다. 자연스럽게 유튜브 피드에 비슷한 주제의 다른 채널 영상들이 추천되면서 구독 채널의 범위가 넓어질 수 있습니다.

유튜브를 활용해 영어 공부하는 법

SNS 중 영어 공부에 가장 활용하기 좋은 채널이 유튜브입니다. 듣기, 읽기, 쓰기를 모두 직접 해볼 수 있는 플랫폼으로, 이렇게 영어로 듣고 읽고 쓰는 힘이 강해지면 말하기는 자연히 늘게 됩니다. 유튜버들이 대개 인스타그램, 트위터, 페이스북 계정이 있기에 같이 팔로우해도 좋습니다. 다른 SNS 채널들은 텍스트나 이미지 위주이며 한번에 쓰는 영어의 양도 많지 않기에 영어 실력 향상을 위한 콘텐츠로서는 제한적인 측면이 있습니다.

영상은 듣기 실력을 향상하거나 영어 표현들을 새롭게 습득할 수 있는 좋은 도구입니다. 유튜브 영상을 활용하여 영어 학습을 할 수 있는 수많은 앱, 웹사이트, 책들이 나와 있습니다. 어떠한 주제든 찾을 수 있을 뿐 아니라, 영어를 사용하는 모든 종류의 발음, 억양, 목소리를 들을 수 있기에 '표준 미국식 영어 발음으로 또박또박 녹음된' 영어가 아닌 실전 영어를 들을 수 있습니다.

유튜브의 타임스탬프 기능을 활용해서 스크립트를 구간마다 볼 수 있고, 속도 조절을 해가면서 듣기 연습을 할 수 있으며, 한국어 자막까지 탑재된 경우에는 한영을 비교해가면서 학습이 가능합니다. 들으며 따라 말할 때 영어 듣기와 말하기 근육이 향상됩니다.

매일 댓글로 영어 실력 늘리자!

유튜브는 듣기를 통해 말하기 연습을 해볼 수 있을 뿐 아니라, 영어 작문의 실력을 늘리는 데에도 상당히 좋습니다. 저는 유튜브 댓글이 영어 실력을 늘리기에는 영상 자체보다 '가성비'가 더 좋은 도구라고 생각합니다. 한 영상에 대해 정말 다양한 반응, 피드백, 의견의 댓글이 많게는 수만 개가 달리는데, 이때 원어민들이 사용하는 표현들을 한껏 확인해볼 수 있습니다. 모든 SNS의 영어 댓글이 영어 원어민은 아닐 것이지만, 경험적으로 영어 댓글의 90% 이상은 영어 원어민이 작성하기에, 어휘 - 표현 - 문법 - 문장 구성 모든 면에서 참고할 수 있는 좋은 표본이 됩니다. 또한 '현재 원어민들이 사용하는 영어'를 바로 배울 수 있습니다. 댓글은 실제 생활에서 사람들이 사용하는 어투와 가장 비슷하며, 대체로 구어체로 댓글을 씁니다. 그런 면에서, 원어민들이 요즈음 어떤 표현들을 사용하는지 알고 싶다면 댓글을 보는 것이 큰 도움이 됩니다.

내가 관심있고 좋아하는 콘텐츠로 영어에 더 가까워질 수 있고, 새로운 표현을 배워서 바로 댓글을 통해 작문해볼 수 있으며, 실시간 소통이나 쌍방 소통이 즉각적으로 일어나지는 않기 때문에 더더욱 부담이 없습니다. 즉, 내가 댓글을 단 것에 대한 어떤 '부정적 여파'가 낮습니다. (상대방이 내 말을 잘못 알아들어서 창피하다거나, 의사소통의 목적이 달성되지 못한다고 해도 큰 문제가 생기지 않습니다.)

댓글로 해볼 수 있는 것
— 리액션: 이모티콘 등을 통해 간단히 표시할 수도 있고, 예시나 증언 등을 붙여서 공감대의 표현을 보다 풍부하게 할 수도 있습니다.
— 의견 달기: 게시글/영상에서 말하고 있는 어떤 내용에 대해 공감 혹은 반론하는 의견을 달 수 있습니다.
— 질문하기: 게시글/영상의 내용에 대해서 이해를 하지 못했거나, 혹은 미처 다루지 못한 부분에 대해서 질문을 할 수 있습니다.
— 제안하기: 해당 인플루언서 혹은 팔로워들에게 어떤 행동을 제안할 수 있습니다.
— 보고하기: 팔로워로서 내가 어떤 행동을 했다는 것을 보고, 인증합니다.
— 대댓글: 위와 같은 내용을 본문 글/영상뿐 아니라 사람들의 댓글에 대한 리액션/의견/질문을 달 수 있습니다.

지금 바로 시행해볼 것
— 내가 좋아하는 주제의 SNS 채널을 몇 가지 선정하여 구독/ 팔로우 및 알림설정을 합니다. 해당 채널의 이메일 알림을 받는 설정도 가능하니, 내가 직접 들어가서 잘 보지 않을 것 같다면 이메일 설정도 해두는 것을 추천합니다.

— 매일 댓글을 1개 이상 달아봅시다. 혹여나 틀릴까봐 눈치보지
않아도 됩니다. 댓글을 달아보세요. 누군가가 좋아요나
대댓글을 달면 그만큼 재밌는 것도 없을 테니까요.

댓글을 쓸 때 형식이나 슬랭에 신경쓰지 마세요!
댓글은 구어체적인 성격이 강해서, 주어를 빼고 쓰는 경우가 많습니다.
우리와 비교하면, 의외로 댓글에서 이모티콘을 잘 사용하지 않으며,
축약어 또한 생각보다 많이 사용하지 않습니다. 문자를 주고 받을 때는
연령대가 낮을수록 축약어를 많이 사용하는 경향은 있지만 댓글이나
업무상 채팅에서는 축약어 빈도수는 생각보다 낮습니다.

또한, 슬랭의 경우에도, 속한 커뮤니티에 따라서 다를 수는
있지만 대개의 경우, 댓글이나 온라인상에서 생각보다 큰 비중을
차지하지 않습니다. 우리처럼 유행어가 빠르게 돌거나 대다수의
사람들이 알고 쓰기보다, 주로 특정 그룹 사이에서만 유행어가
돕니다. 따라서 슬랭이나 유행어 등을 꼭 배우려고 하지 않아도 됩니다.
실제 커뮤니케이션을 하는 상황에서 슬랭이나 유행어를 꼭 써야
하거나 알아들어야 하는 경우는 생각보다 그렇게 많지 않습니다.

Phenomenal interview. You are such a good interviewer/
conversationalist, Marie. I didn't click expecting this, but I
learned so much from how you engaged in the conversation
and added your own perspective. Brilliant!

Wooah Seth Godin! First time hearing his voice or seeing
below his neck. lol

That being said, another enlightening episode.

One thing that **stood out** the most to me is the mindset of
saying "That's interesting" to my failures... That's what I

200

비즈니스/자기계발 - 직업
채널명: Marie Forleo
686k 구독자 (2021.1 기준)
구사 영어: 미국식 영어

Marie Forleo는 뉴욕 타임즈 베스트셀러 작가이자 기업가로, 주로 자신의 사업을 시작한 소기업 창업가들을 위한 콘텐츠를 다룹니다. 채널의 주인인 Marie가 주는 조언뿐 아니라 저명한 인사들을 인터뷰하는 형식의 콘텐츠가 인기가 많습니다.

　　굉장히 템포가 빠르고 편집이 현란한 비즈니스/자기계발 채널들과 비교할 때 조금 더 차분하고 여유있는 속도의 채널입니다.

The Truth About Your Calling With
Seth Godin & Marie Forleo
당신의 소명에 대한 진실 - 세스 고딘 & 마리 폴리오와 함께
(영상 조회수: 505M)

영상 내용: 마케팅 분야의 베스트셀러 필자 Seth Godin과 직업적 소명에 대한 다양한 인사이트를 나눕니다. 사회자가 질문을 던지지만 질의 응답으로 딱딱하게 진행하기보다 자연스레 대화가 흘러갑니다.

경이로운 인터뷰입니다. 마리, 당신은 정말 좋은 인터뷰어/ **대화론자**예요. 이걸 기대하고 클릭을 한 건 아니지만, 대화에 어떻게 참여하고 자신의 관점을 어떻게 더하는지 많이 보고 배웠습니다. 훌륭해요!

우아 Seth Godin이다! Seth의 목소리도 처음 듣고 목 아래를 보는 것도 처음이에요 ㅋㅋㅋ

어쨌든, 또 한번 눈이 뜨이는 에피소드네요.

제게 가장 인상적인 건 제 실패에 대해 "재미있네요"라고 말하는 마음가짐입니다... 그게 제가 필요했던 거에요. 저 자신이 실패하거나,

needed. Allowing myself to fail or not be successful as I wanted to be. I'll **take that at heart**. Thank you both.

I guess I'm in the minority - I think Seth is too vague and abstract for me. I loved his energy, though.

비즈니스/자기계발 - 재정 관리
채널명: The Dave Ramsey Show
2.04M 구독자 (2021.1 기준)
구사 영어: 미국식 영어 (남부식 억양)

호스트인 Dave Ramsey는 미국의 재정 자문(finance advisor)이자 기업가로, 개인 재정 관리에 관한 라디오쇼와 교육 프로그램을 진행하고 있습니다. 라디오쇼에서는 청취자들의 재정 문제에 대한 상담과 조언을 하는데, 삼촌처럼 잔소리를 하는 경우가 많아서 인기가 많습니다.

Suddenly **I've never felt richer** in my life.

The advanced degree like an "MBA" **for what**? How are they "qualified" to tell companies about their finances when they are negative one million dollars?

Dave Ramsey Show is the scariest show I've watched in my life!

I can tell by her voice she's not taking this situation seriously. She's not even **entertaining the thought of** giving up her lifestyle. What a tragedy.

The moment Uncle Dave's jaw drops is **priceless**.

제가 바란 만큼 성공하지 않아도 괜찮다고 허용하는 것이요. **명심하겠습니다.** 두 분 다 감사합니다.

전 소수파인가봐요 - 제가 보기엔 Seth는 너무 모호하고 추상적인 것 같아요. 하지만 그가 뿜는 에너지는 정말 좋습니다.

I'm 29 Years Old With Nearly $1,000,000 In Debt!
저는 29살에 불과한데 백만 달러에 가까운 빚이 있어요!
영상 조회수: 3.99M
영상 내용: 29세의 청취자가 남편과 도합 백만 달러의 빚이 있다는 사연입니다. 어떻게 빚을 지게 됐고 현재 수입 수준은 어느 정도인지 등의 이야기를 나누며 현재 상황을 타개할 방법에 대해 조언해줍니다.

문득 제 삶에서 **지금보다 더 부유했던 적은 없는 것 같아요.**

'MBA'와 같은 고급 학위는 도대체 **무엇을 위한 걸까요?** '무슨 자격으로' 그들은 백만 달러의 빚을 지고도 기업을 상대로 재정에 대해 말할 수 있는 것일까요?

Dave Ramsey 쇼는 제가 본 쇼 중에 가장 무서워요!

목소리만 들어도 그녀가 이 상황을 심각하게 받아들이지 않는 것을 알 수 있어요. 자기 생활 방식을 포기할 **생각조차** 하지 않고 있습니다. 정말 비극이네요.

Dave 아저씨의 입이 떡 벌어지는 순간이 정말 **재밌어요.**

자기계발 - 커뮤니케이션, 성격 등
채널명: Charisma on Command
4.28M 구독자 (2021.1 기준)
구사 영어: 미국식 영어

대인 관계 기술을 연마하는 자기계발 채널입니다. 주로 화법, 대화, 비언어적 요소, 토론, 자신감, 갈등 해소, 심리 등 커뮤니케이션과 성격에 관한 다양한 주제들을 다룹니다. 많은 사람들이 알고 있는 연예인, 기업가, 정치인 등 유명인들을 예시로 들어 설명합니다.

— 참고: 자기계발이라는 주제 특성상, 영상 속의 내레이션은 영어 말하기의 발음, 속도, 억양, 강세 등을 참고하기 아주 좋습니다.

I disagree with Ben politically, but he is a **heck of a** debater. I respect him tremendously.

More than anything, you have to have a ton of research done to **back up** all your reasoning and 'debate tactics' if you really want to persuade the other side.

"If the other person winds up attacking you, you are actually winning the debate." So true. I should **keep this in mind** whenever the debate with my friends gets heated.

"Facts don't care about your feelings." **Best quote** from Ben that broke the internet.

7 Reasons Ben Shapiro Is So Dominant In Debates
벤 샤피로가 논쟁에서 압도적인 7가지 이유

영상 조회수: 8.35M

영상 내용: 토론을 잘하기로 유명한 Ben Shapiro라는 정치 평론가의 여러 동영상을 바탕으로 토론 참여에 대한 다양한 스킬을 접해볼 수 있습니다.

저는 Ben과 정치적인 입장이 같진 않지만, Ben은 **굉장한** 토론가예요. 그를 대단히 존경합니다.

무엇보다도, 상대방을 정말로 설득하고 싶다면 여러분의 모든 추론과 '토론 전략'을 **뒷받침**하기 위해 많은 연구를 해야 합니다.

"만약 다른 사람이 당신을 공격하게 된다면, 당신이 실제로 토론에서 이기고 있다는 겁니다." 정말 그래요. 친구들과의 논쟁이 격해질 때마다 **이 점을 명심해야겠어요.**

"팩트는 당신의 감정에 신경쓰지 않아요." 인터넷을 뒤흔든 Ben의 **최고 명언이네요.**

비즈니스/자기계발 - 책
채널명: Productivity Game
392k 구독자 (2021.1 기준)
구사 영어: 미국식 영어
자기계발/비즈니스 관련 서적을 읽고 10분 내외로 요약해주는
채널입니다. 최근 서점의 베스트셀러 코너에서 볼 수 있는
책부터, 오랫동안 사랑받는 고전적인 자기계발 서적까지 골고루
다룹니다. 책의 핵심적인 주제를 애니메이션을 곁들여 요약해줘

My takeaway is objectively analyzing and compartmentalizing my worries. Bringing clarity to the chaotic, vague, and scattered feelings.

Challenge accepted! Gonna do this right away.

What am I worried about? I fear I won't get the book I'm working on out on time.

What can I do about it?
— Set a deadline for each chapter and work on it.
— Ask for feedback from my editor and close friends rather than trying to come up with the perfect content.
— Reward myself with a small gift for each chapter finished.

How did it go?

Saw this comment now. I wasn't able to keep the deadline completely, but it still worked better than before! Rewards definitely helped.

My dad bought me this book three years ago, and it's still on my shelf. Thank you, Productivity Game, for this video.

이해하기 쉽습니다.

HOW TO STOP WORRYING AND START LIVING
by Dale Carnegie ㅣ Core Message
Dale Carnegie의 '걱정을 멈추고 새 삶을 사는 비법' ㅣ 핵심 주제
영상 조회수: 339k
영상 내용: Dale Carnegie의 책을 10분 이내의 애니메이션 스타일로
요약한 영상입니다.

제가 배운 점은 객관적으로 고민을 분석하고 구분하는 것입니다.
혼란스럽고 모호하고 산만한 감정을 분명히 하는 것이죠.
도전 접수하겠습니다! 당장 실천할 거예요.
지금 나의 걱정거리는? 작업 중인 책을 제시간에 끝내지 못할
것이 걱정됩니다.
어떻게 하면 좋을까요?
— 각 장의 마감일을 정해서 작업합니다.
— 완벽한 콘텐츠를 만들기 위해 애쓰기보다 편집자와 가까운
친구들에게 피드백을 요청합니다.
— 각 장이 완성될 때마다 자신에게 작은 선물을 해주세요.

어떻게 되었나요?

이 댓글을 지금 봤어요. 마감일을 완벽히 지키지는
못했지만, 그래도 전보다 더 나아졌어요! 보상이 확실히
도움이 되었습니다.

3년 전에 아버지가 이 책을 사주셨는데 아직도 책꽂이에
있네요. 이 영상을 만들어준 Productivity Game에
감사드립니다.

2 0 7

Just recommended this book to a dear friend of mine! It helped my anxiety tremendously. It's a classic worth reading, despite the **outdated** references and language it uses.

I really love your **succinct summaries** and **intuitive** visualization that accompanies them.

비즈니스/자기계발 - 실무 역량 강화
채널명: The Futur
1.04M 구독자 (2021.1 기준)
구사 영어: 미국식 영어
비즈니스 프로페셔널로서의 성장을 돕는 콘텐츠를 망라하고 있고, 영상에 등장하는 사람들이 다양합니다. 다른 채널과 구별되는 특징은 디자인, 마케팅, 영업 등 실전에서 구체적으로 적용 가능한 팁이 많습니다.

It may seem like a simple video, but I know how much **work went into** creating this three-minute masterpiece. Good job, Aaron. I'll share this with my colleagues.

Can someone send this to my boss? lol

I applied this at work right away on my weekly report PowerPoint slides. It instantly looks better, and I got more people actually paying attention to my presentations. You guys are a **lifesaver.**

이 책을 제 소중한 친구에게 방금 추천했어요! 제 불안증에 엄청나게 도와준 책이에요. 참고 자료나 표현은 **오래되었어도** 읽을 만한 가치가 있는 고전입니다.

간결한 요약과 함께 제시된 **직관적인** 시각화가 정말 마음에 듭니다.

Typography Tutorial - 10 rules to help you rule type
타이포그래피 튜토리얼 - 글꼴을 다루는 10가지 규칙
영상 조회수: 1.12M
영상 내용: 그래픽 디자인 튜터리얼로, 디자이너가 아닌 일반 실무자들이 적용할 수 있는 타이포그라피 10가지 원칙을 이해하기 쉽고 간단하게 설명하는 영상입니다.

단순한 영상처럼 보일지 모르지만, 저는 이 3분짜리 작품을 만들기 **위해** 얼마나 많은 **수고가 필요했을지** 알고 있습니다. 잘했어요, Aaron. 제 동료들에게 이 영상을 공유할게요.

제 상사에게 이거 보내줄 수 있는 분 계신가요? ㅋㅋㅋㅋ

주간 보고서 파워포인트 슬라이드에 이걸 바로 적용했어요. 그랬더니 바로 근사해졌고 더 많은 사람들이 제 발표에 주의를 기울었어요. 여러분 덕분에 살았네요.

비즈니스/시사

채널명: Valuetainment

2.83M 구독자 (2021.1 기준)

구사 영어: 미국식 영어

이 채널을 시작한 Patrick Bet-David는 10대에 이란에서 난민으로 미국에 이민온 뒤, 대학에 진학하지 않고 보험업에 뛰어들어 40대 초반인 현재 수천억 원대 자산가가 된 인물입니다. 인사이트와 화술이 굉장히 뛰어나며, 비즈니스, 자기계발, 시사를 총망라한 콘텐츠를 접할 수 있습니다.

I **admire your ability to** explain all of this articulately and passionately. You are a **Godsend**, Bet-David!

This should be required to watch in all universities. The most thorough, most precise explanation **I've heard so far**.

If all my professors explained things **like you do**, I wouldn't have dropped out. **Seriously though**, I learned more from you on YouTube in the past year than my 16 years of education.

Can you link all the references for all the stats in your video? If one number is off, then sometimes the whole **premise of your argument** might be wrong.

US China Trade War Explained -Who Needs Who?
미국 중국 무역전쟁 설명 - 누가 누구를 필요로 하는가?
영상 조회수: 3.0M
영상 내용: 미중 무역 전쟁의 배경과 현황에 대해 상세히
설명하며 실제 우리 주변의 비즈니스에 어떤 영향을 미칠지를
예상합니다.

이 모든 것을 명확하고 열정적으로 설명할 수 있는 **당신의 능력에 감탄합니다.** 당신은 **신의 선물이에요,** Bet-David!

이 영상은 모든 대학에서 필수 시청 영상으로 지정해야 합니다. **지금까지 들었던 중에** 가장 철저하고 명확한 설명이에요.

교수님들이 모두 **당신처럼 설명을 해주셨다면** 저는 자퇴하지 않았을 거예요. **그치만 정말이지**, 제가 공부했던 16년이라는 시간보다 지난 1년 동안 유튜브에서 당신에게 더 많은 것을 배웠습니다.

동영상의 모든 통계 참조 자료에 링크를 걸어주실 수 있을까요? 만약 숫자가 하나라도 틀리는 경우, 때로는 **당신이 주장하는 전제가** 틀릴 수도 있으니까요.

교양/철학 - 토론
채널명: Unbelievable?
107k 구독자 2021.1 기준
구사 영어: 영국식 영어
인간의 기원, 종교와 과학, 철학과 도덕간의 관계, 삶의 의미 등 철학적인
주제에 대해 유신론자와 무신론자 간 토론을 벌이는 라디오쇼입니다.
Steven Pinker(심리학자), Daniel Dennett(철학자), Peter
Atkins(화학자), John Lennox(수학자) 등 저명한 석학들과 각 분야의
논객들이 출연하여 깊이있고 풍성한 논의를 하는 자리입니다.

This hour was more valuable than my entire college tuition.

I have to say their exchange was **refreshing**. Two civilized,
knowledgeable intellectuals calmly listening to the other
person and **being respectful** during a debate. This is how our
conversations should be like.

Finally, someone who can **challenge** JBP. This video let
me challenge and think through my beliefs as well. **What a
privilege to** access this content for free.

Though I usually **lean towards** Susan, there were some points
Peterson made that **had me speechless.**

Jordan Peterson vs Susan Blackmore —
Do we need God to make sense of life?
Jordan Peterson 대 Susan Blackmore —
삶을 이해하는 데 신이 필요한가요?

영상 내용: 인간의 삶에 의미가 있으려면 신의 존재가 필요한지에 대한
무신론자와 유신론자 간의 토론입니다.

이 한 시간이 제 대학 수업보다 더 소중했어요.

그들의 대화는 **신선했다**고 말하지 않을 수 없군요. 교양 있고 박식한
지식인 두 명이 토론 중에 상대방의 말을 경청하고 **존중하는 태도로**
임합니다. 우리의 대화도 이래야 합니다.

드디어 JBP에게 **도전하는** 사람이 나왔네요. 이 영상은 제 신념에
대해서도 다시 한번 생각하게 했습니다. 이 콘텐츠를 무료로 접근할
수 있는 것은 **엄청난 특권이에요**.

저는 주로 Susan 쪽(의견)으로 **기울긴 했지만**, Peterson이 이야기한
몇 가지 쟁점에서는 **제 말문이 막혔습니다.**

2 1 3

라이프스타일 - 테크
채널명: Marques Brownlee
13.6M 구독자 (2021.1 기준)
테크 분야에서 구독자가 가장 많은 채널 중 하나로, 신제품이나 기술 트렌드를 소개합니다. 객관적인 관점에서 제품의 장단점을 구체적으로 차분하게 이야기합니다. 영향력이 높아 Elon Musk, Mark Zuckerberg, Bill Gates 등 테크 분야의 영향력 있는 사람들이 출연하고 싶어하는 채널입니다.

This is before Elon became the richest man on Earth.

Marques Brownlee should be **the definition of** internet success. Him meeting the richest **meme** king alive. Lol

Jokes aside, **mad respect to** Marques for his content. He's **the only tech guy on YouTube** that got an interview with THE Elon Musk.

Elon asking his employee for permission to be on YouTube. If my boss had this respect for me and my colleagues, I wouldn't think about quitting my job every single day.

The **GOAT** meets the GOAT. Such legends.

I've never seen the inside of a car factory before. Are all car factories like this? **Anyone**?

Tesla Factory Tour with Elon Musk!
영상 조회수: 11.25M

영상 내용: 테슬라의 CEO인 Elon Musk가 직접 견학시켜주는 테슬라 공장 투어입니다. 테슬라 공장 내부를 보여주는 영상은 많지만, Elon Musk가 직접 출연한 영상은 많지 않기에 조회수가 상당히 높습니다. 직원들과 어떻게 지내는지도 살짝 엿볼 수 있습니다.

Elon이 전 세계에서 최고 부자가 되기 전의 영상이군요.

Marques Brownlee는 인터넷 성공**의 대명사**가 되어야 해요. 살아있는 세계 최고 갑부인 **밈(짤)** 왕을 만났네요. *ㅋㅋㅋ*

농담은 차치하고, Marques의 콘텐츠를 **많이 존경합니다.** 그는 **유튜브**에서 Elon Musk와 **인터뷰를 한 유일한 테크 크리에이터예요.**

Elon이 직원에게 유튜브에 나와도 되냐고 허락받네요. 제 상사가 저와 제 동료들에 대해 이 정도의 존중이 있다면, 매일같이 직장을 그만둘 생각을 하지는 않을 거예요.

GOAT(greatest of all time)가 GOAT를 만났군요. 엄청난 전설들이네요.

전에 자동차 공장 내부를 본 적이 없어요. 모든 자동차 공장들이 이런가요? **아시는 분 있나요?**

라이프스타일 - 문화 평론
채널명: Nerdwriter
2.97M 구독자 (2021.1 기준)
구사 영어: 미국식 영어
영화, 음악, 코미디, 정치, 비즈니스 등 문화에 대한 영상 에세이를
제작하는 채널입니다. 각 주제에 대해 심도있게 분석하고 독특한
관점을 제공하는 데다, 한 편의 영화처럼 시각적으로나 청각적으로
퀄리티가 상당히 높아 쉽지만은 않은 콘텐츠임에도 구독자가 상당히
많습니다.

As someone who dreams of becoming an animator at Pixar, this analysis was **superb**. I really need to rewatch all the movies multiple times to grasp everything you mentioned.

"It's not something that makes you notice, but makes you feel."

Thought something was special about ToyStory 4 - and you just **articulated it perfectly**. I feel smarter now, thanks to you.

At times I do prefer the old cartoons or animations that don't feel real - it provides some escapism, whereas now Pixar is creating a fake real world.

Another video essay that makes me **appreciate** the movie **even more**. I have to go back to whatever movie, show, music, comedian Nerdwriter features. It gives me a totally different experience.

The Real Fake Cameras Of Toy Story 4

토이 스토리 4의 진짜같은 가짜 카메라

영상 내용: 애니메이션인 토이 스토리 4에 실사 영화 같은 몰입감을 보여준 '카메라 구도'에 대해 분석한 영상 에세이입니다. 촬영 기법에 대한 비하인드 스토리도 설명합니다.

픽사에서 애니메이터가 되는걸 꿈꾸는 한 사람으로서, 이 분석은 **대단히 훌륭했습니다.** 당신이 설명한 것을 모두 이해하려면 영화를 여러 번 다시 봐야 해요.

"이건 알아차리기보다 느끼는 겁니다."

토이스토리 4는 뭔가 특별하다고 생각했는데 **완벽하게 표현해주셨네요.** 덕분에 더 똑똑해진 것 같아요.

때로 저는 실제감 없는 옛날 만화나 애니메이션을 선호해요. 픽사가 실제와 흡사한 가공의 세계를 창조하는 데 반해 옛날 만화나 애니메이션은 약간의 도피성을 제공하죠.

이 비디오 에세이로 영화의 진가를 **한층 제대로 알게 됐습니다.** Nerdwriter가 다루는 모든 영화, 쇼, 음악, 코미디언을 다시 살펴봐야겠어요. 완전히 색다른 경험이었어요.

라이프스타일 - 건축/미니멀리즘
채널명: Living Big In a Tiny House
3.81M 구독자 (2021.1 기준)
구사 영어: 호주/뉴질랜드 영어

부동산 문제, 소비주의 문화에 대한 허무감 등으로 미니멀리즘이 대두되면서, 평생 대출금을 갚는 데 구속되지 않고 자유롭게 살 수 있는 협소주택(tiny house)의 인기가 많아지고 있습니다. 전 세계의 협소주택을 자세하게 보여주며 주인의 스토리를 들려주는 채널입니다.

This tiny house really **inspires me to** live in one myself. The color scheme, normal-sized non-convertible furniture, and the two stories (and the view!)! It blends in so well with the nature surrounding the house. This is the best tiny house I've seen by far. Well done!

Brice is such a great presenter. Asks the right questions, **makes them comfortable enough to** answer honestly, excellent **camera work,** and no fast pace editing! I can completely see every detail without having to go back. Other channels just don't have that. Keep up the good work, Brice!

Where can I buy that fireplace? How much is it? Does it run on propane?

COUPLE **GOALS**!! Love really grows from sacrifice. This tiny house is a testimony of their love. God bless you guys!

We need to value the people in the house, not the things!

Couple Build Amazing Shipping Container Home For Debt-Free Living

빚없는 삶을 위해 부부가 지은 멋진 컨테이너 집

영상 내용: 미국인 부부가 숲속에 지은 컨테이너 박스형 협소주택을 소개하는 영상입니다. 자녀들을 다 키운 부부가 노후를 보낼 집을 짓는 과정에서 남편이 뇌출혈을 하면서 고비를 겪었습니다. 아내가 직접 건축을 마무리하였고, 이 집이 남편의 회복에 큰 도움이 되었다는 스토리를 담고 있습니다.

영감을 주네요. 저도 이런 협소주택에서 정말 살아보고 싶습니다. 배색, 일반 사이즈의 넌컨버터블형 가구, 그리고 이층이라니! (게다가 경치도 멋지고요!) 집을 둘러싼 자연과 아주 잘 어울려요. 제가 여태 본 협소주택 중 최고예요. 멋지네요!

Brice는 정말 훌륭한 발표자예요. 질문도 적절히 하고, 솔직하게 대답할 수 **있도록 편안히 대해주고, 촬영**도 너무 멋지고 편집 속도도 빠르지 않아요! 다시보기를 하지 않아도 될 정도로 모든 세부 사항을 다 볼 수 있어요. 다른 채널은 이렇게 하지 않죠. 계속 좋은 작업 보여주세요, Brice!

그 벽난로는 **어디서 살 수 있나요?** 얼마예요? 프로판은 쓸 수 있나요?

커플로서 제 **롤모델이예요!** 사랑은 정말로 희생에서 자라납니다. 이 협소주택은 두 분 사랑의 증거네요. 신의 축복이 있기를 빕니다!

우리는 집 안에 있는 물건이 아니라 사람을 소중히 여길 필요가 있어요!

라이프스타일 - 음식/요리

채널명: Babish Culinary Universe

8.47M 구독자 (2021.1 기준)

구사 영어: 미국식 영어

영화나 드라마에 나오는 아이코닉한 메뉴, 혹은 드라마 속에서만
존재했던 메뉴들을 요리하여 보여주는 채널입니다. 많은 사람이
추억하는 콘텐츠로 요리를 하는 데다 영상의 퀄리티가 굉장히 높아
구독자가 천 만에 근접하고 있습니다. 또한 요리의 기초를 알려주는
콘텐츠도 선보이고 있습니다.

When you're in a country where you can't buy those ramens
without shipping them from abroad···

As a Korean, I LOVE LOVE LOVE this meal. It was already
an **iconic** fast food before the movie; every Korean has tasted
both of the ramens separately and combined. The movie **took
this dish to another level**.

I'm **drooling** from seeing the second version you **built from
scratch**.

라이프스타일 - 여행

채널명: Drew Binsky

2.30M 구독자 2021.1 기준

구사 영어: 미국식 영어

전 세계 모든 나라를 누비는 이 여행 채널을 통해 세계 모든 곳을
탐방할 수 있습니다. 신기한 주제나 독특한 사연의 사람들도 많이 볼
수 있습니다. 모든 영상에 영어 자막이 크게 들어가 있고, 말이 느린
편이어서 영어 학습에 용이합니다. 각 지역의 영어 발음이 어떤지
들어볼 수 있는 장점이 있습니다.

Binging with Babish: Ram-Don from Parasite
Binging with Babish: '기생충'에 나온 람돈

영상 조회수: 9.29M

영상 내용: 영화 '기생충'에 등장한 짜파구리를 두 가지 버전으로
요리합니다. 하나는 영화처럼 봉지 라면으로 요리를 하고, 다른 하나는
짜장면과 짬뽕을 면부터 시작해 짜파구리로 만듭니다.

해외 배송을 시키지 않으면 라면을 살 수 없는 나라에 있을 때…

한국인으로서, 저는 이 메뉴를 너무너무너무 사랑합니다. 이 영화가
나오기 전에도 벌써 **아이콘과 같은** 패스트푸드였어요. 한국인은 이
라면 두 개를 따로도, 또 같이도 해먹습니다. 영화는 이 요리를 **다른
차원으로** 끌어올렸죠.

당신이 **완전히 새로 만든** 두 번째 버전을 보고 **침흘리고 있어요.**

3 HIDDEN COUNTRIES (You've Never Heard of!)
(들어본 적 없을) 비밀의 나라 셋!

영상 조회수: 2.04M

영상 내용: 대부분의 사람들이 잘 들어보지 못했을 3개국을 소개하는
영상입니다. 각 국가의 풍경과 사람들, 그리고 특징을 소개합니다.
댓글에는 많은 사람이 '들어봤다'고 반응을 남겼네요.

Dude, I've **heard of** them. I guess most people haven't gone through their world map before. **Interesting though.**

I usually hate **fast-paced edits,** but I liked it here because I can see a lot of **footage** from these countries. It makes me want to go as well!

Am I the only one in the comments that never heard of these countries? **Embarrassing**...

다양한 주제, 내용, 성격의 영상들에 달린 댓글 몇 가지를 살펴 보았습니다. 달고 싶은 댓글의 성격에 따라 활용할 수 있는 표현들을 조금 더 소개해드립니다.

댓글 유형별 활용 표현

감사/동의
— lifesaver: 생명의 은인
— appreciate (sth/sb) even more: 더 감사하게 여기다, 더 한층 진가를 느끼다
— Godsend: 신의 선물, 뜻밖의 행운
— mad respect to (sb): (sb)를 많이 존경합니다
— What a privilege to ~: ~를 할 수 있어 엄청난 특권이에요.
— inspires me to ~: ~하는 데 영감을 주다
— take (sth) at heart: (sth)를 명심하다
— keep this in mind: 이 점을 명심하다
— takeaway: 배울 점, 적용할 점

칭찬/감사 - 해당 콘텐츠에 대한 칭찬이나 감사함을 표시할 때
— make them comfortable enough to ~: ~ 수 있도록 편안하게 대하다

이봐요, **저 이 나라들에 대해 들어본 적 있어요.** 대부분의 사람이 세계 지도를 살펴본 적이 없나봐요. **흥미롭긴 하네요.**

전 보통 **속도가 빠른 편집**을 싫어하는데, 이 나라들의 많은 **장면**을 볼 수 있어서 이 영상이 마음에 들었습니다. 저도 가고 싶게 만드네요!

댓글 (다신 분들) 중에 저만 이런 나라에 대해 들어본 적이 없는 건가요? **부끄럽네요...**

— (sth) GOALS! : (sth)에 대한 제 롤모델이예요!
— priceless: 재밌는, 가치로 매길 수 없는
— phenomenal: 경이로운
— stand out: 가장 눈에 띄다
— best quote from (sb): (sb)의 최고 명언이네요.
— admire your ability: 당신의 능력에 감탄합니다
— refreshing: 신선한
— (sb/sth) has me speechless: (sb/sth)이 말문을 막히게 하다
— superb: 대단히 훌륭한
— articulate it perfectly: 이것을 완벽하게 표현하다
— GOAT: greatest of all time; 엄청난 사람을 칭찬할 때 사용하는 표현으로, '전 시대를 통틀어 가장 위대한 사람/것'
— iconic: 아이콘과 같은
— take (sth) to another level: (sth)를 다른 차원으로 끌어올리다

(콘텐츠의 내용을) 알아들었다는 표시
— Got it. : 이해했어요.
— Understood. : 이해했어요.
— Crystal clear. : 아주 명확하게 이해했어요.
— Everything is clear. : 아주 명확합니다.
— Now I get it. : 이제 이해했어요.

2 2 3

관찰/제안

- a heck of a (sth): 굉장한 (sth)
- succinct summary: 간결한 요약
- intuitive: 직관적인
- work go into (sth): (sth)에 수고가 필요하다
- challenge (sb): (sb)에게 도전하다
- lean towards (sb/sth): (sb/sth) 쪽으로 기울다
- be respectful: 존중하다, 존중하는 태도를 보이다
- (sth) I've heard so far: 지금까지 들었던 중에
- ~ like you do: 당신이 하는 것처럼
- What I noticed is (sth): 제가 (sth)를 알아챘어요.
- Why don't you ~: ~를 하시겠어요?
- 10:05. Listen carefully. This is the best part. : 10:05. 잘 들어보세요. 여기가 제일 좋은 부분이예요.
- Pay attention to the answers! : 답변에 주의를 기울이세요.
- Wake up, people. : 여러분, 정신 차리세요.
- I would like (sb) to talk more about (sth): (sb)가 (sth)에 대해서 더 이야기를 했으면 좋겠어요.

질문하기

- Where can I buy (sth): (sth)를 어디서 살 수 있나요?
- I agree on her point, but I have a slightly different opinion on (sth): 그녀의 주장에 동의하지만, ~에 대해서는 살짝 의견이 달라요.
- Did you ever think ~: ~를 생각해 본 적 있어요?
- When did you come up with this? : 이걸 언제 생각해내신 거예요?
- So what would you do if ~? : 그렇다면 ~는 어떻게 하시겠어요?

부정적 반응

- (sth) for what? : (sth)이 무엇을 위한 걸까요?
- outdated: 오래된
- Embarrassing…: 부끄럽네요…
- Could you possibly be more vague with every answer? :

모든 답을 그렇게 모호하게 할 수 있나요?

— I'm sorry Evan, I can't do that. : Evan, 죄송하지만 전 그렇게 못 할 것 같아요.

— Wait a second, John. But ~: John, 잠시만요. 그런데 (반박할 내용)

— dodge questions: 질문을 피해가다

— answer like a politician: 정치인처럼 대답하다

— Easier said than done. :말이야 쉽죠.

— I understand ~, but how are ~? : ~를 이해하지만, ~는 어떻게 보시나요? (반박을 하거나 다른 관점을 제시할 때)

— I used to respect this guy and his views. : 이분과 이분의 관점을 존경할 때가 있었네요. (실망을 표시할 때)

— I'm clearly in the wrong place. : 제가 엉뚱한 곳에 와 있는 것 같아요. (영상이나 댓글의 내용들에 동의할 수 없거나 분위기가 안 좋은 경우)

다른 사람들과 공감/유머

— Anyone? : 아시는 분 있나요?/누구 있나요?

— Am I the only one in the comments that ~: 댓글란 중에 저만 ~한 건가요?

— Don't you think? : 그렇지 않나요?

— Who is watching this after (sth)? : (sth) 다음에 이 영상 보고 있는 사람? (어떤 영상을 본 후에 타고 들어와서 보고 있는 경우)

— Who else is ~? : ~인 사람? (나랑 같은 생각/감정/행동/상태인 사람)

— Her facial expression at 6:30: 6분 30초에서 그녀 표정 좀 보세요.

— He seems so uncomfortable. : 진짜 불편해보이네요.

— He can't keep a straight face. That's hilarious! : 표정 관리를 하질 못하네요. 너무 웃겨요!

기타 리액션, 코멘트
- I've never felt richer. : 제가 이 이상 부자로 느껴진 적이 없네요.
- in the minority: 소수(의견)에 속하다
- entertain the thought of (sth): (sth)를 고려하다, 생각해보다
- the definition of (sth): (sth)의 대명사, (sth)의 정의
- Interesting though. : 흥미롭긴 하네요.
- Challenge accepted! : 도전 접수합니다!

전환
- that being said: 어쨌든
- I guess ~: ~인가 봅니다
- more than anything: 무엇보다도
- seriously though: 그치만 정말이지
- at times: 때로는

기타
- camera work: 촬영
- conversationalist: 대화론자(*대화를 잘 하는 사람)
- back up (sth): (sth)를 뒷받침하다
- meme: 밈; 짤, 움짤
- premise of your argument: 당신이 주장하는 전제
- build from scratch: 완전히 새로 만들다
- hear of (sth/sb): (sth/sb)에 대해 들어보다
- tech guy on YouTube: 유튜브 테크 크리에이터
- fast-paced edits: 빠른 속도의 편집
- footage: (촬영된) 장면
- drool: 침흘리다

앞서 배운 다양한 표현들로 영상의 댓글을 단다고 생각하고 다음 예시 문장들을 작문해봅시다.

1. 제가 칸트의 순수이성비판을 인용할 수 없다고 생각하세요? 그렇다면, **도전을 받겠습니다**!

You don't believe I can quote Kant's Account of Reason? Well then, **challenge accepted**!

2. 저는 Yuki에 **동의하지 않아도** 여전히 그녀의 시각을 존중합니다.

I still respect Yuki's views much as **I don't agree with** her.

3. **무엇보다도**, 저는 경험적 증거에 의해 **뒷받침되고** 자극이 되는 토론을 소중히 여깁니다.

More than anything, I value a stimulating debate **backed up** by empirical evidence.

4.   저는 실존적 위기가 나이에 상관 없이 누구에게나 영향을
미칠 수 있다는 당신의 의견에 **전적으로 동의합니다**.

I **totally agree with you** that an existential crisis can affect anyone at any age.

5.   Thomas Sowell은 매우 **명쾌한** 연설을 하는 재주가
있습니다.

Thomas Sowell has a knack for giving very well **articulated** speeches.

6.   요즘 주류 언론에서 말하는 대부분이 **진실**같지 않아요. 마치
병적인 거짓말쟁이인 것 같아요.

Almost nothing the mainstream media says these days **rings true** to me. It's almost as if they are pathological liars.

7.   한식은 한국이 세상 사람들에게 건네는 선물이라고 할 수
있습니다. 적어도 여기에는 **동의할 수** 있지 않을까요?

Korean food is Korea's gift to the world. **Can we agree on** that, at least?

8. 당신이 **정말 옳아요**. 팬데믹으로 수백만 명의 사람들이 극심한
    빈곤으로 내몰린 바로 그때 부자들은 훨씬 더 부유해졌어요.

You are **absolutely correct**. The pandemic has made rich people
even richer, even as millions descend to abject poverty.

9. YouTube가 아이와 어른 모두에게 필수적 교육 수단이란
    당신의 분석 평가에 **전적으로 동의합니다.**

I couldn't agree more with your analysis about YouTube's place
as a vital educational tool for children and adults alike.

10. 온라인 교육을 추진해야 한다는 제 의견에 동의해 주셔서
    감사합니다. **제가 이 얘기를 몇 달째 하고 있어요!**

Thank you for agreeing with me about the drive towards online
education. **I've been saying this for months!**

11. (전기, 가스, 수도 등의) 공공설비를 사용하지 않고 사는
    것은 쉽지 않은 결정이지만 **저한테는 잘 맞아요. 이렇게 이미
    하고 있는** 사람들의 유튜브 영상을 많이 찾았어요.

Living off the grid is not an easy decision to make, but **it worked
for me**. I found a lot of YouTube videos about people who are
doing it already.

12. 제 정신 건강을 위해 소셜 미디어를 끊었어요. **벌써 2년 정도 되었어요.**

I swore off social media for my mental health. It's **going on two years for me.**

13. James가 자신이 옳다고 생각할 때에는 **절대 같이 논쟁하지 마세요.** 모든 수단을 동원해 가며 당신을 공격할 거예요.

You **can't argue with** James when he gets it in his head that he's right. He'll come after you with all he's got.

14. YouTube에 새로운 부류의 백만장자 콘텐츠 크리에이터들이 속속 등장하고 있습니다. 요전 날 Richard와 **그 얘기를 하고 있었죠.**

Youtube has ushered in a new class of millionaire content creators. **I was just talking about this with** Richard the other day.

15. Jordan Peterson은 표현의 자유를 법으로 제한하면 전체주의적 폭정을 낳을 수 있다는 얘기를 아주 설득력 있게 하네요. 제 평생 들은 강의 중 **최고일 겁니다.**

Jordan Peterson has a very compelling monologue about why limiting freedom of speech by law can lead to totalitarian tyranny. **This is one of the best lectures** I heard in my life.

16. **이번 에피소드는** 성공적인 주식 투자 방법에 대한 내부자의 조언과 요령으로 **가득했습니다. 눈을 뜨게 해주셔서 감사합니다.**

This episode was packed with insider tips and tricks on how to successfully invest in the stock market. **Thank you for opening my eyes.**

17. YouTube 팟캐스트 라이브로 Patrick Bet-David가 또 한번 **환상적인 에피소드**를 선보였습니다. **타이밍도 완벽했죠!** 미쳐 돌아가고 있는 일들에 대해 그의 통찰력 가득한 이야기를 많은 사람들이 들으려 접속했습니다.

Patrick Bet-David hosted another **fantastic episode** of his podcast live on YouTube. **Perfect timing**, too! So many people tuned in for his insight on the crazy events happening.

18. Elon Musk가 Pewdiepie 채널에서 "Meme Review"를 한 거예요? Pewdiepie, **정말 대단하네요**. 이걸 1년이 지나서야 보다니, **저도 미쳤죠**.

Elon Musk hosting "Meme Review" on Pewdiepie's channel? Pewdiepie **is a legend. So crazy watching this** a year later.

19. 우리가 올린 최신 동영상에 댓글이 273개나 달렸어요. **전혀 기대하지 않았는데 말이죠. 그게 가장 좋은 부분이긴 하지만요.**

We got two hundred and seventy-three comments on our latest video. **And I wasn't even expecting them. That's the best part.**

20. 쉿! **잘 들으세요. 이 부분이 제일 좋습니다.** 지금 Robert Kiyosaki가 베스트셀러 《부자 아빠, 가난한 아빠》 얘기를 하고 있습니다. 저는 이 책에서 많은 **영감을 받는답니다.**

Shh! **Listen carefully. This is the best part.** Robert Kiyosaki is now talking about his bestseller Rich Dad Poor Dad. This book **resonates** a lot with me.

웨비나(Webinar)에
나도 참여해보자

웨 비 나 (W e b i n a r) 에
나 도 참 여 해 보 자

웨비나는 web과 seminar의 합성어로, 웹 콘퍼런스(web conference)의 일종으로 보면 됩니다. 오프라인에서 하는 강의나 세미나를 온라인으로 옮겨온 것으로, 정해진 형식이 따로 있지는 않습니다.

영미권 국가들은 팬데믹 이전부터 한국보다 웨비나에 이미 익숙해져 있었습니다. 그 이유는 오프라인으로 모여서 세미나를 하기에 지리적인 어려움이 크기도 하고 소프트웨어나 콘텐츠 회사의 경우 영어권 국가를 모두 타겟으로 하기 때문에 서비스 홍보를 위한 세미나나 이용자 교육 또한 오프라인보다는 온라인으로 훨씬 자주 해왔던 탓도 있죠.

전 세계적으로 팬데믹을 거치면서 오프라인으로 했을 법한 콘퍼런스도 온라인으로 옮겨오다보니 많게는 수천 달러를 지불해야 참석할 수 있었던 콘퍼런스를 무료로 혹은 2~300달러 선에서 참여할 수 있게 되었습니다.

물론, 오프라인 콘퍼런스는 각 세션의 내용 이상으로 네트워킹 효과, 혹은 자사 서비스 홍보 등의 효과가 있기도 하지만, 이러한 콘퍼런스나 세미나가 온라인화되는 것의 장점이라고 한다면 이전에는 쉽게 접하기 어려웠던 사람들도 그 접근성을 높일 수 있다는 것입니다.

약간은 어색하더라도 함께 샴페인 잔을 들고 서로 어울리며 네트워킹하는 재미는 누릴 수 없어도, 인사이트를 가진 사람들의 생각을 접할 수 있고, 직접 질문도 할 수 있으니 이 또한 절호의 기회입니다. 한껏 차려입고 명함과 브로슈어를 챙기고 PR할 준비를 하지 않아도 되는 것은 덤이겠죠!

리얼 비즈니스 영어 듣기 최적의 도구

웨비나는 영어 학습의 측면에서는 '듣기 연습'을 하기에 더할 나위 없이 좋은 도구입니다. 내가 속한 섹터나 관심 있는 분야에 대해서 현장 일선에 있는 실무자나 기업가들이 사용하는 언어를 들어볼 수 있기 때문이죠. 또한 웨비나 주제나 주최 측에 따라 전 세계 영어를 한자리에서 들어볼 기회이기도 합니다. 겁먹을 것 없습니다!

실시간 참여보다 발표 위주로 하는 대규모 행사의 경우 실수가 없도록 미리 녹화해서 올리거나, 대본을 철저하게 준비하여 웨비나를 진행하기도 합니다. 이 경우 영어가 익숙하지 않은 사람도 알아듣기가 훨씬 수월합니다.

듣기 방법

웨비나는 보통 실시간으로 진행하지만, 동일한 콘텐츠를 유튜브나 비메오(Vimeo)에도 게시합니다. 유튜브와 비메오는 속도 조절이 가능하니, 정상 속도로 알아듣기 어려울 때는 멈추고 다시 돌리거나, 속도 조절 기능을 통해 더 천천히 들어볼 수도 있습니다.

Topic: The impact of automation and the pandemic in the global education industry

(Opening words)

Good afternoon and welcome, everyone! I'm Jennifer Chen, managing director at EduPlus, and your **moderator** for today's webinar.

My team was so surprised that more than 500 people **signed up** to participate in this webinar when we had very **limited time and resources** to **promote** the live event. I think it's such a hot issue in the education sector nowadays, especially with the pandemic accelerating digitalization and automation faster than we expected.

웨비나를 겁내지 마세요

내가 얻고 싶은 핵심 정보, 혹은 인사이트를 얻는 것이 웨비나
수강의 목표입니다. 웨비나의 통상적인 진행 순서에 사용하는
표현을 이번 예시를 통해 익혀보겠습니다. 웨비나는 보통 1~2시간
동안 진행되기 때문에, 실제 웨비나 진행 전체 예시를 보기보다,
사회자(moderator)가 쓰는 진행 멘트나 주제와 관계없이 웨비나에서
참가자들이 사용하는 일반적인 표현을 배워보겠습니다.

웨비나 열기: 주제 및 연사/패널 소개

우선 진행자 중심의 대화를 살펴보겠습니다. 답변은 주제에 따라서
무궁무진하며 일반적인 발표나 대화와 크게 다를 것이 없는데요,
웨비나의 경우 사회자 역할에 있어서는 특별히 자주 사용하는 표현들이
있습니다. 아래 사례를 통해 웨비나에서 자주 사용되는 표현을 미리
알면 웨비나를 들을 때도 보다 구조적으로 쉽게 알아들을 수 있으며,
직접 웨비나를 진행할 때도 참고할 수 있습니다.

주제: 세계 교육 산업에서 자동화와 팬데믹이 미치는 영향

(여는 말)

안녕하세요, 여러분! 저는 에듀플러스의 Jennifer Chen 이며, 오늘
웨비나의 **진행자**로 참여하게 되었습니다.
　　라이브 행사를 **홍보할 시간과 자원**이 부족했는데 500분
이상이 이 웨비나에 참가 **등록해주셔서** 정말 놀랐습니다. 특히
팬데믹으로 인해 디지털화와 자동화가 예상보다 빠르게 가속화되고
있어 현재 교육 분야에서 뜨거운 감자가 되고 있다고 생각합니다.

(Panel introduction)

I'd like to introduce our **speakers** and **panel** for today. They have **come together** from all over the continent. John Kim is the CEO and founder of EduPlus, which I'm also **a part of**. EduPlus provides consultancy to corporations all over East and Southeast Asia with over 500 employees on curriculum design for human resource development.

We also have Zach Zhou from YouLearn, a skill-sharing & learning platform with various topics from K-12 to adult learners.

Then we'll be **joined by** two more panelists. **As for our panel, first, we have** Sarah White. She is the head of talent development at Z-Mart, one of the top 10 retailers in the world, with a wide generational **range of** employees. We also have Joey Lee, an education influencer on multiple social media platforms, most prominently YouTube, and I'm sure he'll provide a **unique perspective**.

We're **delighted to have** all of **you** here.

사회자는 행사에 대한 소개와 스피커/패널의 역할을 간단히 언급하면서 웨비나를 열게 되며, 일반적인 세미나 컨퍼런스에서 참여자 역할은 다음과 같이 나눕니다.

참여자 역할
— moderator: 토론의 사회자
— host: 사회자, 주최자; 토론이나 대화를 원활하게 하는 중재자적인 역할보다는 프로그램이나 행사가 진행되도록 사회를 보는 역할

(패널 소개)

오늘의 **발표자**와 **패널분**들을 소개하겠습니다. 전 대륙에서 **와주셨는데요**. John Kim 님은 **저도 몸담고 있는** EduPlus의 대표이사이자 창업자입니다. EduPlus는 동아시아와 동남아시아에 위치한 임직원 500명 이상의 기업을 대상으로 인적 자원 개발의 커리큘럼 설계를 위한 컨설팅을 제공하고 있습니다.

기술 공유 및 기술 학습 플랫폼인 YouLearn의 Zach Zhou 님도 함께 자리하셨는데요, 해당 플랫폼에서는 K-12(유치원~고등학생)부터 성인학습자까지를 대상으로 다양한 주제를 다루고 있습니다.

그리고 두 분이 더 함께 하십니다. **첫 번째 패널 분으로** Sarah White 님을 **모십니다**. Sarah 님은 Z-Mart의 인재 개발 책임자로 근무하고 있으며 Z-Mart는 전 세계10위 안에 드는 소매업체 중 하나로 다양한 세대의 직원이 포진되어 있는 회사입니다. Joey Lee님도 함께합니다. 여러 소셜 미디어 플랫폼에서 활동 중이시고 특별히 유튜브에서 왕성한 활동을 보이고 있는 교육 인플루언서인데요, 오늘 Joey 님만의 **독특한 시각**을 보여주실 것이라 생각합니다.

여러분 모두 함께 **모시게 되어 대단히 기쁩니다.**

— speaker: 연설 혹은 발표자
— key-note speaker: 기조 연설자로, 행사 전체에서 가장 중요하거나 핵심이 되는 주제로 발표를 하는 사람
— panel: 토론 참석자; speaker와는 다르게 별도의 발표나 강연을 하지 않고 토의하는 시간에 참여하는 사람
— judge: 심사위원; 대회와 같이 평가의 성격이 있는 행사의 경우
— audience: 시청자, 참관자
— participants, attendees: 참여자

시작 전 공지사항

웨비나에 본격적으로 돌입하기 전에 참여자들에게 원활한 진행을 위한 공지를 하게 됩니다. 온라인으로 진행되는 경우 오프라인에서처럼 여러 가지 장치로 분위기를 세팅하거나 서로의 움직임을 확인하며

Before we get started, there are a few points about the webinar. First of all, this whole session is being recorded and will later be shared only with viewers that have paid membership.

Second, everyone is **free to** share their thoughts as much as they like in the **live chat**. We **are all for** an **open dialogue**. However, we will **take down** comments with **vulgar or explicit language**. Letting you know that beforehand.

Third, as for **audience questions** - I'll ask some of the questions **submitted in advance**. For any additional questions that **come to your mind** throughout the session, we'll **open the floor** and try to answer them as much as **time allows us to**. Leave them in the **comment section** below and not the **live chat**. **Be sure to** put your name and country so we can **give a shout out**!

웨비나 열기

웨비나 진행과 관련된 표현

— sign up: 등록하다
— limited time and resources: 제한된 시간과 자원
— promote (sth): (sth)을 홍보하다
— open dialogue: 열린 대화
— take down (sth): (sth)를 내리다, (게시글 등을) 삭제하다

진행하는 것이 아니기 때문에 참여자들의 규칙을 잘 세팅해주는 것이 중요합니다.

시작하기 전에 본 웨비나에 대해서 몇 가지를 알려드리겠습니다. 우선, 전체 세션은 녹화될 것이며 이후 유료 회원인 시청자들에게만 공유될 예정입니다.

둘째로는, 라이브 채팅에서 여러분 모두 원하시는 만큼 생각을 자유롭게 공유하실 수 있습니다. 저희는 **열린 대화를 굳게 믿습니다.** 그렇지만 **저속하거나 성적으로 노골적인 언어 사용**은 삭제할 것입니다. 이 부분은 미리 말씀드립니다.

셋째, **청중 질문**에 대해서는 **미리 제출된** 내용 중에서 질문하겠습니다. 세션 중간에 추가 질문이 **생길 경우 시간이 허락하는 한 질문을 받고** 답변을 드리도록 하겠습니다. 이 질문들은 라이브 채팅창이 아닌 아래 **댓글란**에 남겨주세요. 저희가 **인사할 수 있도록** 이름과 국가명을 **꼭** 적어주세요!

— vulgar or explicit language: 저속하거나 성적으로 노골적인 언어
— submitted in advance: 미리 제출한
— audience questions: 청중 질문
— the majority of our audience: 청중의 대부분
— comment section: 댓글란
— livechat: 실시간 채팅창
— open the floor: 플로어를 개방하다, 질문을 받다

발언자를 소개할 때
— joined by (sb/sth): (sb/sth)이 함께하게 되다
— as for our panel: 저희 패널로는
— first we have (sb/sth): 먼저, (sb/sth)이 있습니다
— come together: 모이다
— a part of (sth): (sth)에 몸담다
— range of (sth): (sth)의 폭
— unique perspective: 독특한 시각

웨비나의 분위기를 세팅할 때
— time allows us to ~: 시간이 허락되면 ~ 하겠다
— be sure to ~: ~하도록 하세요
— free to ~: ~를 할 자유가 있는, 자유롭게 ~ 하다
— are all for (sth): (sth)에 열려 있다
— come to your mind: 생각이 떠오르다
— warm up (sb/sth): (sb/sth)에 활기를 띄우다

Thank you, John and Zach, for a very **informative and insightful** presentation. I think these two talks **warmed up** our panel and audience for a fruitful discussion. Isn't this exciting?

We'll **kick off the discussion** with Sarah and Joey. We'd like to hear about the **changes occurring** in each of your **respective fields** and your predictions of how it will be in the next three to five years. **Over to you**, Sarah.

(Sarah's response)
Thank you, Sarah. You just mentioned some points that we will **dig into** later. Before getting into more of that, let's **hear from** Joey.

— give a shout out: 인사하다
— delighted to have you: 모시게 되어 대단히 기쁘다

스피커들의 발표
좋은 웨비나의 조건은 일차적으로는 주제와 연사의 퀄리티가
결정적이지만 웨비나의 풍성함을 더하는 것은 진행자의 진행능력이라
할 수 있습니다. 진행자의 진행능력은 특히 매끄러운 전환에 있습니다.
순서나 패널 간 전환이 필요한 경우 뚝 끊어지게 다음 순서만
진행하는 것이 아니라, 물 흐르듯이 매끄럽게 이어주는 것은 온전히
진행자의 몫입니다.
　　매끄럽게 전환하기 위해서는 단순히 멘트를 잘 치는 것
이상으로 사회자가 연사나 패널들이 어떤 이야기를 하는지 소화하여
그 다음 질문이나 대화들을 잘 던지고, 들어온 질문들 중에서도
양질의 질문을 잘 고를 수 있어야 할 것입니다. 다음은 그와 같은
상황에서 접할 수 있는 전환에 관련한 표현들을 배워보겠습니다.

John 님과 Zach 님, 두 분 모두 **유익하고 통찰력 있는 발표**를 해주셔서
감사합니다. 두 분께서 저희 패널분들과 청중들이 **유익한 토의**를 할 수
있도록 **열기를 더해주신** 것 같습니다. 정말 신나지 않나요?

Sarah 님, 그리고 Joey 님과 함께 **논의를 시작해보죠. 각 분야**에서
일어나고 있는 변화, 그리고 향후 3~5년 동안 해당 변화는 어떻게
전개될지와 관련해 여러분이 예측하시는 바를 듣고 싶습니다.
Sarah 님에게 **차례를 넘기겠습니다.**

　　(Sarah 답변)
Sarah 님 감사합니다. 나중에 저희가 **다뤄볼** 몇 가지 사안을
말씀하셨습니다. 더 깊이 이야기를 하기 전에, Joey 님의 **의견을
들어보도록** 하죠.

2 4 5

(Joey's response)

Wow, Joey just shared some details that I think **the majority of our audience** wasn't **aware of, including myself. Was it just me? Based on** the live chat reaction, I don't think it was just me.

(Change of topic)

Alright, now **let's take a deep dive** into the role of teachers or instructors.

Zach, we'd like to hear from you on this topic. **Share with us how you see** the role of teachers and instructors are changing and will change.

Can you start with **walking us through** how your platform facilitated those classes and **what inspired you to** start this platform **in the first place**? I think that will organically lead to your view on this topic.

(Zach's response)

Now, we'll **transition into** the subject of the effectiveness of e-learning.

My **initial reaction to** hearing about children having lessons online was that they need to get back to school as soon as they can. But when I heard that some schools that focused on small group discussion rather than having the teacher deliver knowledge one way had **significantly better** learning outcomes, I wanted to **explore more about** this topic.

Zach, can you share some of the cases you have seen on your platform and **how you view** this issue?

(Zach's response)

(Joey 답변)
와, Joey 님이 **저를 포함해 대부분의 청중들이 몰랐을** 몇 가지
구체적인 이야기들을 나눠주셨어요. **저만 그랬나요?** 라이브 채팅창
반응을 보니 저만 그랬던 것은 아닌 것 같네요.

(주제 전환)
자, 이제 교사나 강사의 역할에 대해 **심도깊게 다뤄보도록 하겠습니다.**

Zach 님에게 이 주제에 대해서 듣고 싶습니다. (교사와 강사의)
역할이 어떻게 변화하고 있는지, 그리고 앞으로 어떻게 변화할
것이라 보시는지 대해 말씀해주세요.
　　먼저 Zach 님의 플랫폼이 이런 수업을 어떻게 활성화했는지,
그리고 **처음부터** 이 플랫폼을 시작**하게 된 계기**가 무엇인지에 대해
자세히 설명해주시겠어요? 이 이야기를 해주시는 것이 Zach 님이 이
주제에 대해 갖는 관점과 자연스럽게 연결이 될 것 같네요.

(Zach 답변)
이제 e-러닝의 효과성 주제로 **전환하겠습니다.**

아이들이 온라인으로 수업을 받는 것에 대한 저의 **우선적인 반응**은
가능한 한 빨리 학교로 돌아가야 한다는 것이었습니다. 하지만
선생님이 일방적인 지식을 전달할 때보다 소규모 그룹 토론에 초점을
맞춘 몇몇 학교들이 학업 성취도가 **훨씬 높았다는** 이야기를 듣고 이
주제에 대해서 더 알아보고 싶었습니다.
　　Zach 님이 운영하는 플랫폼에서 보신 몇 가지 사례와 함께 **이
이슈를 어떻게 바라보시는지** 공유해주실 수 있을까요?

(Zach 답변)

John, would you like to **weigh in on** Zach's opinion? I'm sure you have plenty of examples yourself.

(John's response)
Now, let's **turn over to** corporate training with John and Sarah. Let's start with the **do's and don'ts** of online live classes as an instructor or teacher. Sarah, **let's start with you**.

(Sarah's response)
Is there anything you would like to **add on,** John?

(John's response)
I'd like to **touch on the topic of** engagement. Now, learner engagement is **commonly perceived as** the biggest obstacle in transitioning learning from in-person to online.

Let's **get into the topic of** technology. There is definitely a discrepancy between generations **when it comes to** utilizing software. In K-12, parents and teachers may struggle to the software provided fully, and in companies, middle managers or senior executives may also **struggle in this area**. Are there any **cases** where they have **successfully overcome** this problem?

(Response)
(Topic transition)
Let's **take a step back now. What I got from** all of our speakers and panel is that the current change in education of **adapting to** technology was **bound to come,** but the pandemic certainly accelerated it. I think that is a **general consensus. We know for a fact that** learning online is something that people will now be comfortable with more than before.
      Having said that, whether or not this will be permanent

John 님, Zach 님의 생각에 대한 **의견을 말씀해주시겠어요?** John 님께서도 충분히 많은 예시를 알고 계실 것 같아요.

(답변)
자, 이제 기업 교육으로 **넘어가서** John, Sarah 님과 함께 그 곳의 상황을 분석해보죠. 강사 또는 교사로서 온라인 라이브 강의에서 **해야할 것과 하지 말아야 할 것**부터 살펴보겠습니다. Sarah **님부터 시작할게요.**

(Sarah 답변)
John 님, **덧붙이고** 싶은 말씀 있으실까요?

(John 답변)
참여(관여)에 **대한 주제를 다루고자 합니다.** 현재 학습자 참여는 대면 방식 학습에서 온라인으로 전환하는 데 있어 가장 큰 장애물로 **흔히 인식되고** 있습니다.

기술에 대해서 이야기해보겠습니다. 소프트웨어 활용**에 관한 한** 분명히 세대 간에 차이가 있습니다. K-12에서는 학부모와 교사들이 제공된 소프트웨어를 온전히 활용하는 데 어려움을 겪을 수 있고, 기업에서는 중간 관리자나 고위 임원들이 **이 영역에서 어려움을 겪을 수 있습니다.** 이 문제를 **성공적으로 극복**한 **사례**가 있을까요?

(답변)
(다음 주제로의 전환)
이제 **한 걸음 물러서서 숲을 봅시다.** 제가 강연자들과 토론자들에게서 **이해한 것은** 현재 기술에 **적응하는** 교육의 변화는 **반드시 올 수순**이었지만 팬데믹이 이를 가속화시켰다는 것입니다. 이건 지금 모든 분들이 **대체로 일치하는 견해**인 것 같네요. 우리는 사람들이 온라인 학습을 이전보다 훨씬 편하게 느낀다는 점을 **분명히 알고 있습니다.**
　　그렇긴 하지만, 이것이 영구적인 변화가 될 것인지 여부는

change is still **a topic of debate**. There are some predictions that the demand for education or training offline may even **surge more than ever**.

Joey, you have **made this claim** in one of your Medium posts recently. Do you care to **elaborate** on this today and **make your case?**

(Joey's Response)

Sure. I was **burning to have a discussion** on this topic with our speakers and panel today. Now, after I read some material on this topic, I started to **see things differently**. I'll **lead with** some research done about online and offline interaction.

(rest is omitted)

(Questions to all speakers/panel)

That's a very **interesting point. Personally, I hadn't thought of it that way before**, and probably many others haven't as well. Let's **see by a show of hands how many of you would agree** on Zach's **premise?**

주제를 열거나 전환을 할 때

주제 열기

— before we get started: 시작하기 전에

— kick off the discussion: 논의를 시작하다

— dig into (sth): (sth)에 더 깊이 들어가서 대화하다

— share with us how you see (sth): (sth)에 대한 관점을 공유하다

— walk us through (sth): (sth)를 자세히 보여주다

— initial reaction to (sth): (sth)에 대한 즉각적인 반응, ~를 접하고서 처음 든 생각

아직 **논쟁거리입니다**. 오프라인 교육이나 훈련에 대한 수요가 그
어느 때보다 급증할 것이라는 예측도 있습니다.

    Joey 님은 최근에 Medium 포스트에 **이 주장을 하셨어요**.
오늘 이에 대해 **자세히 자세한 설명과 함께 입장을 밝혀주시겠어요?**

    (Joey의 답변)
물론이죠. 오늘 강연자 및 패널과 이 주제에 대해 **가열차게 논의하고
싶습니다**. 해당 주제에 대해 자료를 살펴본 후, 제 **관점은 달라지기
시작했습니다**. 온라인 및 오프라인 상호 작용에 대한 연구로
시작하겠습니다.

    (이하 답변 생략)
    (연사/패널 모두에게 질문하기)
정말 **흥미로운 점**이네요. 개인적으로 저는 **이전에 그렇게 생각해본
적이 없는데**, 아마 다른 많은 분들도 그럴 것이라 봅니다. 여러분 중
얼마나 Zach 님의 **전제**에 동의하실지 **손을 들어 표시해 주시겠어요?**

— explore more about (sth): (sth)에 대해 더 알아보다
— what inspires you to ~: ~를 하게 된 계기
— when it comes to (sth): (sth)에 관해서는
— how you view (sth): 당신이 (sth)를 보는 관점
— take a deep dive into (sth): (대화가) (sth)에 대해 깊이 들어가다
— lead with (sth): (sth)로 (대화를) 시작하다

주제 전환하기
— transition into (sth): (sth)로 (주제를) 전환하다

— turn over to (sth): (sth)로 넘어가다
— touch on the topic of (sth): (sth)의 주제를 다루고자 하다
— get into the topic of (sth): (sth)의 주제에 대해 이야기하다
— take a step back: 한 걸음 물러서다
— having said that: 그렇긴 하지만

특정인에게 발표 또는 발언을 요청하는 표현
— Over to you, (sb): (sb)에게 차례를 넘기겠습니다.
— hear from (sb): (sb)에게 듣다
— Let's start with you. : 당신부터 시작할게요.

의견을 묻는 표현
— weigh in on (sth): (sth)에 대해 의견을 말하다
— add on: 덧붙이다
— make this claim: 이 주장을 하다
— elaborate: 구체적으로 설명하다
— make your case: 설득하다, 주장을 펼치다
— see a show of hands: 거수를 통해 알아보다
— how many of you would agree on (sth): (sth)에 대해 여러분 몇 분이나 동의하실까요?
— Was it just me? : 저만 그랬나요?

발언에 대한 코멘트를 하는 표현
— informative and insightful: 유익하고 통찰력 있는
— fruitful discussion: 유익한 토의
— interesting point: 흥미로운 점, 흥미로운 주장
— I haven't thought of it that way before. 이전에 그렇게 생각해본 적이 없어요.

의견을 말하면서 사용할 만한 표현

의견을 표현할 때
— what I got from (sth): (sth)로부터 얻은 것
— Based on (sth): (sth)을 봤을 때
— see things differently: 시각이 달라지다, 문제를 다르게 바라보다
— premise: 전제

논의에 관한 표현
— do's and don'ts: 해야할 것과 하지 말아야할 것
— a topic of debate: 논쟁거리
— burn to have a discussion: 매우 논의하고 싶다

상황, 현황을 표현할 때
— we know for a fact that (sth): (sth)에 대해 사실로 알고 있다
— commonly perceived as (sth): (sth)로 흔히 인식되다
— surge more than ever: 어느 때보다 급증하다
— general consensus: 대체로 일치하는 견해
— bound to come: 반드시 올 (수순)
— cases: 사례
— in the first place: 애초에
— significantly better: 훨씬, 월등히 나은
— respective fields: 각 분야

상황에 대한 태도를 표현할 때
— aware of (sth/sb): (sth/sb)에 대해 알다, 인지하다
— struggle in this area: 이 영역에 어려움을 겪다
— successfully overcome (sth): (sth)를 성공적으로 극복하다
— adapt to (sth): (sth)에 적응하다
— including myself: 나를 포함해

마무리 발언 및 공지사항

연사와 패널 간 가열찬 논의가 이어지다 보면 예정된 일정보다
길어지기 마련이죠. 토의하는 분들의 대화가 열정적일 뿐 아니라
참여하시는 분들의 질문 또한 쏟아집니다. 예정에는 없었지만 시간을
연장해서 대화를 이어가거나, 웨비나를 마무리할 때, 또는 제한된
시간에 발언을 요청할 때 사용할 수 있는 표현들을 활용해보세요.

(Closing remarks from speakers/panel)

We are **running out of time**, but our panels have **agreed to**
give us about ten more minutes to cover at least a few more of
the **questions coming in**. We'll **wrap up** with **final words** from
each of our speakers and panels. Quickly, **let's keep it under**
30 seconds. Sarah?

Joey, any **quick comments?**

John, some **closing thoughts?**

(Closing remarks from moderator)

I think **it's safe to say** that the **theme that runs through** all of
today's discussions is openness to change. The main **takeaway**
for me was that learners all over the world are open to change
because we all have experimented and experienced different
means of learning, and learned that online learning can be
more convenient and effective.

I hope all of our attendees have something to **take away**
from today's webinar. I certainly have. I am excited to see how
things will play out in the next few years.

I want to thank our speakers and panel for the **lively
discussion** and for staying longer than you planned. Let's
show some appreciation in the live chat!

We'll **let** you all **go** now. Have a great day!

전체 웨비나를 마무리할 때 사회자는 전체 논의에 대한 본인의 총평과 내용 요약, 추후 컨텐츠를 이용할 사용자를 위한 공지사항이나 주최측의 서비스 홍보를 할 수 있습니다.

(연사/패널의 마무리 발언)

시간이 다 되어가지만, 추가 질문 중 최소한 몇 가지는 답변드릴 수 있도록 패널들께서 10분 정도 더 시간을 주기로 **합의하셨습니다.** 마지막으로 각 연사와 패널의 **마지막 발언**으로 **마무리하겠습니다.** 빠르게, 30초 **이하로 합시다.** Sarah 님?

Joey 님, **간단히 말씀하실 것** 있을까요?

John 님, **마지막으로 말씀하실 것** 있으신가요?

(사회자의 웨비나 마무리 발언 및 인사)

제가 생각하기에 오늘 논의**를 관통하는 주제**는 변화에 대한 개방성이라고 해도 **과언이 아니라고 봅니다.** 제가 가장 **중요하다고 느낀 점**은 전 세계의 학습자들이 변화에 열려있다는 것입니다. 왜냐하면 우리 모두는 여러 가지 학습 방법을 실험하고 경험했고, 이런 방법들이 실제로 더 편리하고 효과적일 수 있다는 것을 배웠기 때문입니다.

오늘 웨비나에 참석하신 모든 분들께서 **배워가실 것**이 있길 바랍니다. 저는 확실히 생겼네요. 앞으로 몇 년 안에 **상황이 어떻게 전개될지** 기대가 됩니다.

오늘 **활발한 토론**에 참여해주시고 예정보다 길어진 일정에 함께 해주신 연사와 패널 여러분께 감사드립니다. 라이브 채팅에도 **감사한 마음을 전합니다!**

이제 모두 **가셔도 좋겠습니다.** 좋은 하루 되세요!

(Announcements on after the webinar)
To those who would like to **go back** and watch the webinar again, which I definitely will do, only paid members will **be given access**. If you are not a paid member of our platform, you can sign up anytime at edtechisthefuture.com for $12.99 per month, $9.99 per month for an annual subscription. You'll have **unlimited access** to more than 1,000 webinars and training **material** for educators on leveraging technology.

웨비나 마무리를 위한 표현
토의를 마무리할 때
— agreed to (sth): (sth)를 하기로 하다
— questions coming in: 더 들어오고 있는 질문, 질문이 계속 들어오고 있는데요
— run out of time: 시간이 다 되어가다
— let's keep it under 30 minutes: 30분 이하로 합시다
— wrap up: 마무리하다
— final words: 마지막 발언
— quick comments: 간단한 발언
— closing thoughts: 마무리 발언
— takeaway: 중요하다고 느낀 점, 배운 점

웨비나 종료 및 공지사항
— show some appreciation: 감사를 표시하다
— let (sb/sth) go: (sb/sth)을 보내주다, 놓아주다
— it's safe to say (sth): (sth)라고 해도 과언이 아니다
— theme that runs through (sth): (sth)를 관통하는 주제
— things will play out: 상황이 전개되다
— lively discussion: 활발한 토론
— go back: 돌아가다
— be given access: 접속 권한이 주어지다

(웨비나 이후에 대한 공지사항)
저를 포함해서 웨비나를 **돌려서** 다시 시청하시고 싶으신 분들에게 말씀드리자면 유료 회원들만 **접속 권한이 주어집니다.** 저희 플랫폼의 유료 회원이 아니시면 edtechisthefuture.com에서 언제든지 월 구독은 매월 9.99달러에, 월별 구독은 매월 12.99달러에 가입하실 수 있습니다. 교육현장에서 교육자들이 기술을 활용하는 방법에 대한 1,000개 이상의 웨비나와 훈련 **자료를 무제한으로 이용하실 수 있는 권한**을 부여받게 됩니다.

— unlimited access: 무제한 접속 권한
— material: 자료

클럽하우스에 참여하기

오디오 콘텐츠 플랫폼 '클럽하우스'가 2021년 초, 실리콘밸리의 영향력 있는 기업가들이 참여하면서 화제가 되었고 전 세계적으로 폭발적인 인기를 얻으면서 기업 가치는 10억 달러(한화로 1조원)를 훌쩍 넘었습니다. 일론 머스크, 마크 주커버그와 같은 기업가들과 오프라 윈프리, 카네이 웨스트, 케빈 하트와 같은 대형 스타들이 참여하면서 더욱 화제가 되었습니다.

클럽하우스 운영 방식은 스피커들의 음성 대화로 진행이 되며 관객의 경우에는 '손들기'를 통해 모더레이터가 지정하면 발언권을 얻어 참여할 수 있습니다. 마치 팟캐스트를 듣고 있는 도중에 청자들이 손을 들고 실시간으로 대화에 참여를 하는 식이라고 이해해도 좋을 것 같습니다. 무엇보다 대화를 바로 개시할 수 있기에 기타 플랫폼과 비교해 컨텐츠를 만드는 시간이 상대적으로 낮습니다. 다양한 주제의 대화들이 오가지만, 일반적으로는 컨퍼런스에서의 패널토론이나 Q&A 세션과 비슷하게 생각하면 됩니다.

영어 학습의 측면에서는 영어 듣기와 말하기를 연습해볼 수 있는 최적의 플랫폼입니다. 얼굴을 보지 않기에 표정, 몸짓과 같은 데서 힌트를 얻는 것이 아니라 오직 해당 언어의 소리에만 의존할 수 밖에 없기에 고난이도의 영어 듣기 연습을 할 수 있습니다. 직접 발언을 하는 경우에는 웨비나와 달리 내 얼굴, 배경, 시각자료에 신경쓰지 않고 온전히 말하기에 집중할 수 있습니다. 클럽하우스를 통해 영어 듣기에 더 친숙해진 뒤, 내가 좋아하는 인플루언서의 대화방에 참여해 영어로 질문을 하는 것을 목표로 해보면 어떨까요?

Q. **You famously said**, "Supply and demand are undefeated". I put this quote everywhere to get me into an entrepreneurial mindset. **Where is one area where** you see a discrepancy between supply and demand lately?

Q. Give us an **inside scoop** on your branding strategy. **Tell us one thing** you **haven't talked about yet** that you are implementing to build a better brand.

Q. **With** all the censorship **going on,** I'm curious how you see the future of social media **in the course of the next 5~10 years.**

Q. Hi Gary, love your IG account. I am really interested in the **ins and outs** of your business. **Walk us through** how you run your office. What does your team's typical day **look like**?

Q. I'm a parent myself, and my kids are 12 and 14. I have two questions as a parent. They are starting to get prepped for university at school, but they don't seem academic. What's the best way to think about college **in today's world**? Should I still send my kids to college, or no? And the next one is, **what advice do you have** for parents that want to raise entrepreneurs?

Q. **As you know,** Gary, there's a huge amount of **hype** on **crypto** these days, **to put it mildly. What's your take on** crypto and a safe way to invest?

클럽하우스를 통해 평소에 팔로잉하던 비즈니스 인플루언서 Gary Vee에게 질문을 해보겠습니다. (*Gary Vee: 소셜 미디어를 활용한 마케팅 분야의 비즈니스 전문가이자 인플루언서)

Q. **"공급과 수요는 불패한다"라는 유명한 말을 하셨어요.** 기업가 마인드셋을 갖으려고 이 말을 여기저기에 다 붙여놨어요. 최근에 수요와 공급의 간극이 보이는 **영역이 있다면 어디일까요?**

Q. 회사의 브랜드 전략에 대한 **내부 소식** 좀 들려주세요. 브랜드 개선을 위해 실행 중인 사례 중에서 **아직 나누지 않은 사례가** 있다면 **하나 말씀해 주세요.**

Q. **검열이 진행되고 있는** 상황에서, **향후 5~10년 사이에** SNS의 미래를 어떻게 보고 계신지 궁금합니다.

Q. Gary 님, 안녕하세요, Gary 님의 인스타그램 계정 진짜 좋아해요. Gary 님 사업에 대해 **구체적으로도** 관심이 많은데요. 사무실(회사)을 어떻게 운영하는지 **알려주세요.** 팀의 일과는 대략 어떻게 되나요?

Q. 저도 12살과 14살의 자녀를 두고 있는데요, 두 가지 질문이 있습니다. 애들 학교에서 이제 대학 입시를 준비 중인데 아이들이 그다지 학구적인 타입은 아닌 것 같아요. **요즘 같은 세상에서** 대학은 어떻게 생각해야 하는 것일까요? 아이들을 그래도 대학에 보내야 할까요, 보내지 말까요? 그리고 질문이 하나 더 있는데, 자녀를 기업가로 양육하고 싶어하는 부모들에게 **어떤 조언을 해주실 수 있나요?**

Q. Gary **님도 아시다시피, 좋게 말해서** 요즘 암호화폐가 **엄청나게 뜨고 있는데요,** 암호화폐에 대해 **어떻게 생각하시는지 알고 싶고, 또** 어떻게 해야 안전하게 투자할 수 있을까요?

Q. **In your own words**, what are **NFTs, why should I care**, and what do we possibly stand to gain from it?

Q. **Switching the topic** to something a bit **light-hearted**, what is one **guilty pleasure** that you can't let go of?

Q. So, you're **not exactly known for** your **laid-back** lifestyle. **How do you handle** stress, especially pressure that comes from business partners and investors?

웨비나, 컨퍼런스나 클럽하우스와 같은 곳에서 시간이 아주 부족한 경우에는 질문만 단도직입적으로 할 수도 있습니다. 그러나 일반적으로는 분위기를 조금 더 부드럽고 자연스럽게 하거나 질문의 맥락을 설명하기 위해 윤활유 역할을 하는 코멘트를 다음 예시들처럼 활용합니다.

클럽하우스나 웨비나에서 질문하기
질문 전 코멘트하기
— you famously said (sth): (sth)라는 유명한 말을 하셨어요
— with (sth) going on: (sth)이 되고 있는 상황에서
— as you know: 아시다시피
— to put it mildly: 순화시켜 말하자면, 부드럽게 말하자면
— switch the topic: 주제를 바꾸다
— not exactly known for (sth): (sth)으로 알려진 건 아니다

질문하기
— Where is one area where ~: ~인 부분이 있다면 어디일까요?
— Tell us one thing: 한 가지를 말씀해 주십시오.
— in the course of the next 5~10 years: 향후 5~10년 간
— walk us through (sth): (sth)를 보여주세요(묘사해주세요).
— (sth) look like: (sth)가 어떻게 되는지
— the best way to think about (sth): (sth)을 이해하는 가장 좋은 방법

Q. NFT란 무엇이며, **왜 제가 관심을 가져야 하는지**, 그리고 NFT로 무엇을 할 수 있는지 **Gary 님의 말로** 이야기해주시겠어요?

Q. **주제를 약간 가벼운 것으로 바꾸면, 나쁜 줄 알면서도 놓지** 못할 정도로 **좋아하는** 것이 있다면 무엇인가요?

Q. 음, 당신이 **느긋한 생활방식으로 알려진** 사람은 **아니죠.** 스트레스, 특히 비즈니스 파트너나 투자자로부터 받는 압박감은 **어떻게 감당하시나요?**

— the next one is: 다음 질문은
— what advice do you have on (sth): (sth)에 대해 어떤 조언을 해주실 수 있나요?
— what's your take on (sth)? : (sth)에 대해 어떻게 생각하시나요?
— in your own words: 자신의 말로
— why should I care: 왜 제가 관심을 가져야 하는지
— How do you handle (sth)? : (sth)를 어떻게 감당하시나요?

기타

— inside scoop: 내부 정보
— ins and outs: 상세한 내용
— in today's world: 요즘 세상에서
— light-hearted: 편한 마음으로, 마음이 가벼운
— hype: 엄청나게 뜨다, 미디어과 대중적으로 많은 관심을 받고 있다
— guilty pleasure: 나쁜 줄 알면서도 좋아하는 것
— laid back: 느긋한, 태평스러운
— crypto (currency): 암호화폐
— NFT: non-fungible token; 블록체인의 토큰으로 다른 토큰으로 대체하는 것이 불가능한 암호 화폐

이번 챕터에서 배운 표현들은 내가 웨비나를 진행하는 사회자가 되지 않더라도, 비즈니스 미팅이나 고객과의 인터뷰 등 대화를 원활하게 진행해야 하는 상황에서도 필요한 표현들이 많이 있습니다. 전체적인 대화를 리드해가는 차원에서 필요한 표현들에 유념해 한번 문장을 만들어봅시다.

1. 소셜 미디어 인플루언서로 구성된 저희 소규모 팀은 행사를 **홍보하는 데** 필요한 **시간과 자원이 부족했지만**, 그들은 결국 멋지게 해냈습니다.

Our small team of social media influencers had **limited time and resources** to **promote** the event, but they managed to pull it off in style.

2. **패널** 토론을 위해 각계각층의 **연사분**들을 모셨습니다. **시작하기 전에**, 최고의 연사 최정민 박사를 소개해 드리겠습니다.

The **speakers** came together from different walks of life for the **panel** discussion. **Before we get started**, I would like to introduce our most esteemed guest, Dr. Jeongmin Choi.

3. **열린 대화**를 위해 라이브 채팅에 **자유롭게** 참여하실 수 있습니다. 우리는 플랫폼이 다양한 견해에 열려있어야 **한다고 믿습니다.** 단, 내장형 AI가 **저속하거나 성적으로 노골적인 언어는** 자동으로 **차단한다는** 점을 기억해주세요.

Please **feel free to** join the live chat for an **open dialogue.** We **are all for** giving a platform to divergent views. Remember that our built-in AI will automatically **take down vulgar or explicit language.**

4. 패널 토론 중에 **청중 질문은** 대개 **사전에** 제출됩니다. 패널에게 답변 준비 시간을 충분히 드리기 위해 이런 방식으로 진행합니다.

During panel discussions, **audience questions** are usually submitted **in advance**. It's done this way to give the panel ample time to prepare their responses.

5. 어떤 질문도 환영하니 **생각나시면 말씀해주세요. 시간이 허락하는 대로** 댓글창의 질문을 받을 거예요. 또한, 여러분이 좋아하는 패널리스트들의 **이름을 꼭 외쳐주세요**!

We welcome any questions that **come to mind**. We will open the floor to questions in the comment section **as time allows**. Also, **be sure to give a shout out** to your favorite panelists!

6. **저를 포함해 대다수의 청중이 몰랐을 텐데요**, Oracle에서 기조 연설을 해주실 깜짝 게스트가 오셨습니다.

What the **majority of our audience** wasn't **aware of, including myself**, is that we have a surprise keynote speaker from Oracle.

7. 당신이 어떤 생각을 했고, **애초에 어떤 영감을 받아** 불과 스물세 살이라는 나이에 창업을 하게 됐는지 **자세히 알려주시면** 감사하겠습니다.

I would appreciate it if you **walked us through** your thought process and **what inspired you to** start your company in the first place at only 23 years old.

8. 온라인 수업에서 아이들이 조는 걸 본 저의 **첫 반응**은 안타까움이었습니다. 매우 활동적인 십대들에게는 대면 방식이 **훨씬 낫습니다.**

My **initial reaction to** children dozing off in online classrooms was sympathy. Face-to-face interaction is **significantly better** for hyperactive teenagers.

9. 이러한 도전 과제에 대해 **좀 더 자세히 살펴**보면서, 보편적 소득에 대해 **어떤 관점을 갖고 계신지** 알고 싶습니다. 박 박사님, 토론에 **참여하시겠어요?**

As we **explore more about** these challenges, I would like to know **how you view** the idea of universal income. Dr. Park, would you like to **weigh in on** the debate?

10. 자, 이제 슬라이드 3으로 넘어가겠습니다. YouTube 콘텐츠 제작에서 **해야 할 것과 하지 말아야 할 것**을 소개하고 있죠. Michael**부터 시작해 볼게요.**

Now let's turn to slide three, which introduces the **do's and don'ts** of creating YouTube content. Let's **start with you**, Michael, if you don't mind.

11. 토론자분께서는 VR 기술에 관한 주제를 아주 잠깐 **언급하기만 했는데** 적절한 시기에 제가 더 내용을 **보태고자 합니다.**

Our discussant has only slightly **touched on the topic of** VR technology. I would like to **add on** in due time.

12. 집중력 유지 시간**에 대한 주제로 들어가기 전에**, ADHD가 있는 것으로 **통상 여겨지는** 높은 지능지수의 학생들을 살펴보도록 해요.

Before we get into the topic of attention span, let us look into students with a high IQ **commonly perceived** as having ADHD.

13. 토론이 끝난 후, 저는 **한 걸음 뒤로 물러나** 토론을 회고하였습니다. 그리고 제가 이 모든 **발표를 통해 얻은 것**이 있다면 변하고 있는 환경에 신속하게 적응해야 한다는 절박함이었습니다.

After the discussion, **I took a step back** to reflect on the debate. And **what I got from** all those presentations was the state of urgency to adapt to a changing environment quickly.

14.   노련한 교사들이 자신의 스킬을 디지털 환경에 맞춰 **적응하는** 문제는 곧 **합의에 이를 수밖에 없습니다.**

The issue of seasoned teachers **adapting** their skills **to** the digital environment is **bound to come** to a **general consensus**.

15.   우리 헤드헌터가 제가 당신을 고용해야한다고 **강력하게 주장**하더군요.

The headhunter has been **making** quite a **strong case** for why I should hire you.

16.   참가자 다수가 **시각이 다른** 지식인들과 토론하고 싶은 **열의에 불타고 있습니다.**

Many of those in attendance have been **burning to have a discussion** with intellectuals who **see things differently**.

17.   진행자가 **질문을** 계속 **받는 것에 동의했습니다만**, 아쉽게도, **시간이 모자라** 오늘 다 답변해 드릴 수는 없을 것 같습니다.

The moderator has **agreed to** keep the **questions coming in**. Unfortunately, as we are **running out of time**, not all of them will be answered today.

18. 패널 여러분께 **마지막 한마디**나 **간략한 총평**을 부탁드리면서
토론을 마무리할까 합니다. 시간 제약이 있으니 2분 **이내로**
해주시면 고맙겠습니다.

I would like to invite our panelists to share with us any **final words** or **quick comments** as we **wrap up** our discussion. Due to time constraints, let's **keep it under** two minutes, please.

19. 요즘 대다수 토론을 **관통하는 주제**는 미래의 희망이라고
얘기해야 할 겁니다. 좋은 쪽이든 나쁜 쪽이든, 사태가 **어떻게
전개될지** 기다리면서 눈여겨보아야 하겠죠.

It's safe to say that the **theme that runs through** most discussions these days is hope for the future. For better or worse, we will have to wait and see how **things will play out**.

20. 방문객들은 구내에 **접근 권한이 주어질** 것이지만, **무제한
출입 권한**은 아닙니다. 일부 지역은 여전히 출입이 금지되어
있습니다.

Visitors will **be given access** to the grounds, but not **unlimited access**. Some areas are still off-limits.

유 데 미 ,
코 세 라

**유데미,
코세라**

Coursera, EdX가 기존 대학의 커리큘럼을 온라인화, 상업화한
것이라면 유데미(Udemy)는 실무 전선에 있는 각 영역의 전문가들이
강좌를 창작하고 판매하는 마켓플레이스에 가깝습니다.
이런 플랫폼을 통해서 한국어로 아직은 접할 수 없거나, 혹은 너무
니치한 영역이라 한국어로 만나기 어려운 강의들을 들을 수 있습니다.
또한, 일방적으로 수업을 듣는 데서 그치지 않고 포럼을 통해 직접
강사나 같은 수강생들에게 질문을 던질 수 있고, 코스에 따라서는
과제를 제출해 피드백을 받거나 시험을 치를 수 있으며, 수료증이나
학위 취득도 가능합니다. 이제는 기업들이 실무 능력을
확인하기 위해 대학 학위보다 어떤 코스를 수료했는지를 더
눈여겨보는 시대가 되었습니다.
　　　영어로 강의를 듣는다는 것에서 지레 겁먹을 수 있지만 웨비나
참여도 한번 해봤다면 MOOC 코스 역시 그리 부담스러운 것만은
아닙니다. 학습을 위해 최적화된 플랫폼이기 때문에 속도 조절,
영어(다국어) 자막 등 다양한 기능을 활용할 수 있기 때문입니다.
웨비나는 호흡이 길어 영어 리스닝이 부담스러울 수도 있는 반면,
실무형 온라인 강의들은 짧게는 5분 미만, 보통 10~20분 내외로
1강이 구성되어 있어서 한 번에 소화하기도 쉽습니다. 강사들도
대본을 어느 정도 갖춰서 촬영하기에 filler word를 쓰거나
중언부언하는 경우가 훨씬 적습니다. 자막이나 시각 자료를 잘
준비해서 촬영하기 때문에 모국어가 아닌 사람이 알아듣기도 훨씬
수월합니다.

또한, 영상 자료뿐 아니라 인쇄 가능한 PDF 자료, 그리고 대화를 나눌 수 있는 수많은 수강생과 조교, 강사님이 있습니다. 영어 공부를 별도로 하기보다, 관심 분야의 강의를 들으면서 영어 능력을 개발해보는 것은 어떨까요?

Udemy
The Ultimate Guide to Facebook Ads 2020
Facebook Ads 2020: How our clients have made a complete transformation in their sales! + Facebook Ads certification (Best Seller) 4.8 (50,235 stars) 182,055 students

Creator: David Montana
Last update in November 2019
English
CC: English, German, Japanese, French

Do you want to become a Facebook Ads expert? Do you wish to utilize Facebook/Instagram ads to **bring success to your** business/product/service/brand? **Join** the 180,000+ students in the most **comprehensive** digital marketing course on Udemy.
     This is a **step-by-step guide** teaching you from creating your first Facebook ad ever to mastering the art. I have designed this course so that everyone from beginners to intermediate learners can build a better **presence** online utilizing Facebook Ads. **Drive your brand to new heights** by **delving deep into** the abundant knowledge, skills, and insight I have gained

유데미 수강하기

유데미에서는 자신의 전문 영역이 있다면 누구나 강의를 개설하여
판매할 수 있습니다. 아래와 같이 강좌들이 개설되는데, 교육 과정을
잘 홍보하고 설명하기 위해 주로 사용되는 표현을 익혀보겠습니다.
유데미에서 강좌를 수강해보고 싶다면 아래와 같은 표현들이 자주
쓰이기 때문에 조금 더 쉽게 이해할 수 있겠고, 향후 강좌를 개설할
때에도 참고할 수 있겠습니다.

유데미
2020 Facebook 광고의 궁극적인 가이드
Facebook 광고 2020: 우리 고객은 어떻게 혁신적인 매출의 변화를
이루었을까요! + Facebook 광고 인증
(최고 판매자) 4.8명(50,235개의 평점) 182,055명의 학생.

크리에이터: David Montana
마지막 업데이트: 2019년 11월
영어
자막: 영어, 독일어, 일본어, 프랑스어

Facebook 광고 전문가가 되고 싶나요? Facebook/Instagram
광고를 활용해 비즈니스/제품/서비스/브랜드**를 성공시키고
싶으신가요?** Udemy에서 가장 **종합적인** 디지털 마케팅 과정에 18만
명 이상의 수강생과 함께 **수강하세요**.
　　　이 가이드는 첫 번째 Facebook 광고를 만드는 것부터 기술을
마스터하기 위해 참여해볼 수 있는 종합적인 **단계별 가이드**입니다.
저는 이 과정을 초보자부터 중급 학습자까지 모든 사람이 Facebook
광고를 활용하여 온라인에서 더 나은 **인지도**를 구축할 수 있도록
설계하였습니다. 제가 지금까지 700개 이상의 회사를 도우면서
쌓아온 풍부한 지식, 기술 그리고 인사이트를 **깊이 파고들어**

throughout my career of helping 700+ companies. There are no **required skills** to **enroll in this course** other than knowing how to use a computer and the internet.

You're going to get access to more than **30 hours of** video lectures, as well as our student **discussion forum**, where you can directly ask me questions. You also will get three hours of lectures from fellow **industry experts**.

On top of all that, you will also get **lifetime access** to the course with continuous updates and a 30-day, 100% **money-back guarantee**!

(Customer reviews)

WHY THIS COURSE IS DIFFERENT

This Facebook Ads course is **exceptional** for three reasons.

One is that we teach **what actually works**. Our goal is to **deliver** the value you have paid for. We provide numerous industry examples of results we actually achieved.

The second reason is we update monthly content based on the **most frequently asked questions**. You can **take advantage of** the student question forum and give us **frequent feedback**.

Third, we provide material and access to the test account **featured in** the video lectures so that you can have an **interactive learning experience**.

You will learn how to:
— MASTER Facebook Ads all in one course
— Create high ROAS Facebook Ads campaigns step by step
— Set up the best **bidding strategy** with limited resources
— Understand the **terminology** used on Facebook Ads

여러분의 **브랜드를 한 단계 더 끌어올려보세요**. 이 **과정을 수강**하기 위해서는 컴퓨터와 인터넷 사용법을 아는 것 외의 **사전 기술은 필요하지 않습니다.**

　　30시간 분량 이상의 영상 강의와 학생 **토론 포럼(게시판)**에 접근 권한을 얻으시면 제게 직접 질문하실 수 있습니다. 또한 **업계 전문가**들로부터 3시간 분량의 강의를 시청할 수 있습니다.

　　이에 더해서 지속적으로 업데이트되는 강의의 **평생 소장권**을 갖게 되며, 30일 간 100% **환불 보증** 또한 제공합니다!

(고객 후기)

이 과정이 특별한 이유

이 Facebook 광고 과정은 세 가지 이유로 **특별합니다.**

　　첫째는 **실제로 효과가 있는 것**을 가르친다는 것입니다. 저희의 목표는 여러분이 지불하신 비용에 합당한 유용성을 **제공해드리는** 것입니다. 실제로 저희가 직접 성과를 냈던 수많은 업계 사례를 제공합니다.

　　둘째, **가장 자주 묻는 질문**에 따라 월별로 콘텐츠를 업데이트한다는 점입니다. 학생 질문 포럼을 **기회로 활용**하여 **자주 피드백**을 주세요.

　　셋째, **인터렉티브한 학습 경험**을 하실 수 있도록 영상 강의**에 나오는** 테스트 계정에 대한 자료와 접근 권한을 제공합니다.

다음은 학습 내용입니다.

— 하나의 과정으로 Facebook 광고를 모두 마스터하게 됩니다.
— 단계별로 Facebook 광고 캠페인의 ROAS(return on ad spend; 광고비 대비 매출액)를 높이는 방법을 배웁니다.
— 제한된 자원으로 최고의 **입찰 전략**을 수립합니다.
— Facebook 광고에서 사용되는 **용어**를 이해합니다.

- Understand Facebook Ads **sales funnel** and analytics
- Create professional text, images, and responsive ads to achieve maximum **outreach, engagement**, and **conversion**
- Target the **right audiences** for your company based on keywords, interest, events on Facebook, and Instagram and Facebook ad network
- Implement the Facebook Pixel, Google Tag Manager, and other advanced tracking strategies
- Increase engagement with ads
- Utilize CRM tools to generate **leads** from **traffic driven to your website**
- MASTER your sales funnel. **awareness, retargeting**, and **conversion**!

Requirements:
- **Zero knowledge** about Facebook ads required
- No experience required
- A laptop/PC, smartphone, or tablet with an internet connection is all you need (laptop/PC is the most convenient).
- You need to have a landing page, website, and social media page that you want to send traffic to.
- If you don't have it yet, enroll first and build an **experimental** landing page (we'll guide you).

Who this course is for:
- Someone who wants to master one of the most powerful advertising platforms in the world
- SME business owners/Entrepreneurs who want to **leverage** the Facebook Ads platform **to their advantage**
- Entrepreneurs that never have done online marketing or need a change in strategy

- Facebook 광고 **판매 퍼널** 및 애널리틱스를 이해합니다.
- 전문적인 텍스트, 이미지 및 반응형 광고를 제작하여 **도달,
  참여** 및 **전환**을 최대치로 달성합니다.
- 키워드, 관심사, Facebook 이벤트, Instagram 및 Facebook
  광고 네트워크를 기반으로 **적정 고객**을 타겟합니다.
- Facebook 픽셀, 구글 태그 매니저 및 고급 추적 전략을
  적용합니다.
- 광고를 통해 참여를 높입니다.
- CRM(customer relationship management의 약자; 고객
  관계 관리) 도구를 사용하여 **웹 사이트로 유입된 트래픽을
  잠재 고객**으로 전환합니다.
- 판매 퍼널을 마스터하세요. **인지, 리타게팅, 전환**이
  가능합니다!

요구 사항:
- Facebook 광고에 대한 **지식이 전혀 없이도 가능합니다.**
- 사전 경험 없어도 됩니다.
- 인터넷이 연결된 노트북/PC, 스마트폰 또는 태블릿만 있으면
  됩니다(노트북/PC가 가장 편리함).
- 트래픽을 유도할 랜딩 페이지, 웹사이트 또는 소셜 미디어
  페이지가 있어야 합니다.
- 아직 랜딩 페이지가 없다면 우선 수강 등록을 하시고 **실험용**
  랜딩 페이지를 만드세요. (해당 방법은 저희가 안내해
  드릴게요.)

대상층:
- 세계에서 가장 강력한 광고 플랫폼 중 하나를 마스터하고자
  하는 분
- Facebook 광고 플랫폼을 **자신의 필요에 맞게 활용**하고자
  하는 중소기업 오너/기업가
- 온라인 마케팅을 해본 적이 없거나 전략에 변화가 필요한
  기업가

- Marketing professionals who need to better understand the dynamics of the Facebook Ads platform
- Students/job seekers who want to develop professional marketing skills for **future career prospects**
- This course **is NOT for you** if you are not ready to take online marketing seriously
- This course has the best tools for you to succeed if you have ANY product or service that you want to sell, advertise, or promote online

Curriculum:

Section 1: Introduction to Facebook Ads

    a. Welcome to Facebook Ads Masterclass

    b. How to **make the most of** this course

    c. What is Facebook Ads?

    d. Where do Facebook Ads show up?

    e. Formula calculator for Facebook Ads

Section 2: Creating and setting up a Facebook Ads account

Section 3: Set your campaign/group structure **like a pro**

Section 4: Writing **killer ads** and keywords

Section 5: **Expanding**, **revising**, and **refining** campaigns

Section 6: **Tracking** ad performance - tips on **automating** tracking

Section 7: Winning bidding strategies

Section 8: Bonus material!

Instructor: David Montana

Certified Facebook Ad Pro | Co-founder and CEO of AdZilla

I founded AdZilla, a digital advertising agency **based in** Boulder, Colorado, in 2009. Since then, my team and I have worked with over 700 companies in more than 50 industries in

— Facebook 광고 플랫폼의 역학을 더 잘 이해해야 하는 마케팅 전문가
— **미래의 커리어 전망**을 위해 전문 마케팅 역량을 개발하고자 하는 학생/취업 준비생
— 온라인 마케팅을 진지하게 받아들일 준비가 되지 않았다면 이 과정은 필요없을 겁니다.
— 이 과정은 온라인에서 판매, 광고, 홍보를 하고 싶은 제품 또는 서비스가 있다면 최고의 도구를 제공합니다.

커리큘럼:

섹션 1: Facebook 광고 소개

    a. Facebook 광고 마스터 클래스에 오신 것을 환영합니다.

    b. 이 과정**을 최대한 활용**하는 방법

    c. Facebook 광고란?

    d. Facebook 광고는 어디에 보이는 건가요?

    e. Facebook 광고를 위한 공식 계산기

섹션 2: Facebook 광고 계정 만들고 설정하기

섹션 3: 캠페인/그룹 구조를 **프로처럼** 설정하기

섹션 4: **킬러 광고** 및 키워드 작성하기

섹션 5: 캠페인 **확장**, **수정**, **조정**하기

섹션 6: 광고 성과 **추적** - 추적 **자동화**에 대한 팁

섹션 7: 매력적인 입찰 전략

섹션 8: 보너스 자료!

강사: David Montana

공인 Facebook 광고 프로 | AdZilla의 공동 설립자이자 대표

저는 2009년 콜로라도 주 볼더**에 본사를 둔** 디지털 광고 대행사 AdZilla를 설립했습니다. 이후 저희 팀과 저는 미국과 전 세계 50개 이상의 산업군에 속한 700개 이상의 회사와 협력하여 총 5억 달러

the US and worldwide the world to **generate** more than $500 million dollars **in revenue**.

I first **took an interest** in online ads when I was a **co-owner** of a restaurant. My restaurant was located a bit far from the **central commercial district, and** people didn't know it existed. I turned to online ads and **taught myself** how to use them. **With the power of** social media ads, I was able to make my restaurant the most popular in town and even in neighboring counties.

With this experience, I earned clients in the F&B industry within my state who hired me to **run ads** for them, and that's the start of AdZilla.

Although **we had and still have many offers** from big businesses to work with their larger budgets, instead, we focus on **SME**s to compete with those big businesses with the power of online advertising. We are confident in our ability to **utilize ads** and show fast results. We work with a budget from $3 thousand a month up to $10 million dollars annually.

You can **become as successful as I am** in the digital advertising **space**. More than one million students have watched my lessons since 2015, and many of them have **testified** that they have achieved **significant growth** after taking this course.

MOOC 플랫폼상에서 자주 볼 수 있는 표현들
교육 플랫폼에서 자주 사용되는 표현들
— what to learn next: 다음으로 학습할 내용
— topics recommended for you: 추천하는 주제
— newest courses: 신규 강좌

이상의 **매출을 창출**했습니다.

저는 레스토랑의 **공동 소유주**였을 때 처음으로 온라인 광고에 **관심을 갖게 되었습니다**. 제 레스토랑은 **중심 상업지구**에서 조금 떨어진 곳, 사람들이 잘 알지 못했던 곳에 위치해 있었습니다. 저는 온라인 광고로 눈을 돌려 사용법을 **독학했습니다**. 소셜 미디어 광고**의 힘으로**, 저는 제가 운영하던 레스토랑을 저희 지역과 심지어 인근 카운티에서 가장 인기 있는 레스토랑으로 만들 수 있었습니다.

이 경험을 통해, 저는 같은 주에 있는 F&B 업계의 클라이언트를 얻게 되어 이들을 대신해 **광고를 운영하였습니다**. 이것이 바로 AdZilla의 시작입니다.

우리는 대기업으로부터 풍족한 예산을 써가며 일해보자는 **많은 제안을 받았고 지금도 받고 있지만**, 그보다 중소기업에 초점을 맞추어 온라인 광고의 힘으로 대기업과 경쟁할 수 있도록 돕고 있습니다. 저희는 **광고를 활용하여** 빠른 결과를 낼 수 있는 역량이 있고 이에 자부심을 느낍니다. 또한 월 3000달러에서 연간 1000만 달러에 이르는 예산을 집행하고 있습니다.

여러분도 디지털 광고 **영역**에서 **저만큼 성공할 수 있습니다**. 2015년 이후로 제 컨텐츠를 시청한 학생이 백만 명이 넘었는데, 그 중 많은 학생들이 이 과정을 통해 **괄목할만한 성장**을 이루었다고 **증언했습니다**.

— top courses: 인기 강좌
— featured courses: 기획 강좌
— our top pick for you: 당신을 위한 최고의 추천 (강좌)
— ratings: (고객) 평점
— video duration: 영상 길이

- money-back guarantee: 환불 보장
- hands-on training: 실습 교육
- complete bootcamp: 완성 부트캠프
- complete course: 완성 강좌
- A to Z: 처음부터 끝까지
- (sth) in one course: (sth)를 한 강좌에서
- crash course: 집중 훈련 강좌
- beginner to pro: 초보에서 프로까지
- become a (sb): (sb)가 되세요
- fundamentals: 기초
- master the art of (sth): (sth)를 마스터하세요.
- detailed walk through (sth): (sth)에 대한 자세한 안내
- step-by-step guide: 단계별 가이드
- tips and tricks: 조언과 요령
- skills you will gain: 습득하게 될 기술
- you will learn how to ~ : ~를 학습하게 되다
- learner career outcomes: 수강생의 커리어 결과
- Start learning today! : 오늘부터 학습을 시작하세요!
- certificates: 수료증
- required skills/requirements: 필요한 기술
- lifetime access: 평생 접근 권한, 평생 소장권
- 30 hours of (sth): (sth)에 대한 30시간 분량
- discussion forum: 토론 포럼(게시판)
- interactive learning experience: 인터렉티브한/상호작용하는 학습 경험

교육 과정을 설명하는 본문 표현
- join (sth): (sth)에 동참하다, 가입하다
- comprehensive: 종합적인
- the science of (sth): (sth)의 과학
- delve deep into (sth): (sth)를 깊이있게 연구하다
- structured approach: 체계적인 접근 방식

— problems faced by (sb): (sb)가 직면한 문제
— competitive business environment: 경쟁적인 비즈니스 환경
— on top of all that: 이에 더해, 게다가
— with the power of (sth): (sth)의 힘으로
— exceptional: 특별한
— what actually works: 실제로 효과가 있는 것
— deliver (sth): (sth)를 전달하다, 내놓다
— course of action: 수행 과정
— employ (sth): (sth)을 도입하다
— data-driven: 데이터 중심의, 데이터 기반의
— decision making: 의사 결정
— practical: 실용적인
— take advantage of (sth): (sth)을 기회로 활용하다
— most frequently asked questions: 가장 자주 묻는 질문
— frequent feedback: 빈번한 피드백
— featured in (sth): (sth)에 나온, 출연한
— prior experience: 사전 경험
— experimental: 실험용의, 실험적
— not for you: 당신을 위한 것이 아닙니다.
— testify: 증언하다
— utilize (sth): (sth)를 활용하다
— space: (시장, 산업) 영역
— decision maker: 의사 결정자
— industry experts: 업계 전문가들
— business professional: 비즈니스 전문가
— experienced practitioner: 숙련된 실무자

얻을 수 있는 역량에 대한 표현
— expand (sth): (sth)을 확장하다
— revise (sth): (sth)을 수정하다
— refine (sth): (sth)을 조정하다
— track (sth): (sth)을 추적하다

- automate (sth): (sth)을 자동화하다
- extract (sth): (sth)을 추출하다
- manipulate (sth): (sth)을 조작하다
- evaluate (sth): (sth)을 평가하다
- (data) literacy: (데이터) 문해력
- analytical mindset: 분석적인 사고 방식
- strategic decision: 전략적 결정
- signifcant growth: 괄목할 만한 성장

얻을 수 있는 결과에 대한 표현
- upon completion: 완료/수료 후
- shareable certificate: 공유 가능한 수료증
- leverage (sth): (sth)를 활용하다
- to one's advantage: 자신의 이익을 위해
- make the most of (sth): (sth)을 최대한 활용하다
- future career prospects: 미래 커리어 전망
- career outcomes: 커리어 성과
- competitive advantage: 경쟁 우위
- pay increase: 급여 인상
- promotion: 승진
- presence: 인지도
- bring success to your business/product/service/brand: 비즈니스/제품/서비스/브랜드를 성공시키다
- drive your brand to new heights: 브랜드를 한 단계 더 끌어올리다
- become as successful as I am: 저만큼 성공하다
- generate ~ in revenue: ~의 매출을 창출하다

마케팅 관련 용어
- bidding strategy: 입찰 전략
- terminology: 용어
- sales funnel: 판매 유입 경로, 매출 퍼널

- outreach: 도달
- engagement: 참여
- conversion: 전환
- right audiences: 적정 고객
- leads: 잠재 고객
- traffic driven to your website: 웹사이트로 유입된 트래픽
- awareness: 인지
- retargeting: 리타게팅(*한 차례 타게팅한 고객들에게 다시 한번 마케팅을 하는 것)
- conversion: 전환
- like a pro: 프로처럼
- killer ads: 킬러 광고
- run ads: 광고를 돌리다, 광고를 운영하다

기타
- based in (지역): (지역)에 본사를 둔
- take interest in (sth): (sth)에 관심을 갖다
- co-owner: 공동 소유주
- central commercial district: 중심 상업지구
- teach myself: 독학하다
- we had and still have many offers: 많은 제안을 받았고 지금도 받고 있다
- SMEs: small and meduim-sized enterprises의 약자로 중소기업을 뜻함

코세라(Coursera)와 에드엑스(EdX) 수강하기

코세라(Coursera)와 에드엑스(EdX)는 기존 대학들이 제공하는 과정들을 온라인에서 무료로 배포하는 플랫폼입니다. 기본적인 콘텐츠는 무료로 제공하고 있으며, 유료로 수강할 경우 과제를 제출하고 시험도 치르면서 피드백을 실제로 받고, 성공적으로 과정을 수료했다는 증명서도 얻을 수 있습니다. 또한 전문 자격증이나 학위 취득을 위한 유료 서비스도 제공합니다.

Business Analytics **Specialization**: Communicating with Data

You Will Learn How To:
— Explain how data is used for business decision making
— Solve business problems and questions with **data-driven decision making**
— Use SQL to solve your business problems and questions
— Understand tools used to predict customer behavior

Skills you will gain:
Analytics/Business Analytics/Regression Analysis/Data Science/ Decision Tree/Marketing Performance Measurement and Management/Data Visualization/Simulation/A-B Testing/SQL

LEARNER CAREER OUTCOMES
39% Started a new career after completing this specialization.
22% Got a **pay increase** or **promotion**.

Shareable Certificate: Earn a certificate **upon completion**.
100% online courses: Start instantly and learn at your own schedule.

코세라 및 에드엑스에서 볼 수 있는 강좌는 유데미에 비해 상업적인 느낌은 강하지 않습니다. 실무와 관계 있는 과정들이 많이 개설되어 있지만, 유데미는 아주 디테일한 실무 역량에 초점이 맞춰져 있다면 코세라는 학문적/이론적 기초를 기반으로 한 대학 과정이라는 차이점을 느낄 수 있습니다.

비즈니스 분석 **전문과정**: 데이터로 의사소통하기

학습 내용:
— 모든 비즈니스 의사 결정에 데이터가 어떻게 사용되는지 설명합니다.
— **데이터 중심의 의사 결정**을 통해 비즈니스 문제와 질문을 해결합니다.
— SQL을 사용하여 비즈니스 문제 및 질문을 해결합니다.
— 고객 행동 예측에 사용하는 도구를 이해합니다.

습득 스킬:
분석/비즈니스 분석/회귀 분석/데이터 과학/의사 결정 트리/마케팅 성과 측정 및 관리/데이터 시각화/시뮬레이션/A-B 테스트/SQL

수강생 커리어 성과:
수강생의 39%는 이 전문과정을 마친 후 새로운 커리어를 시작했습니다.
수강생의 22%는 **급여 인상** 또는 **승진**을 했습니다.

공유 가능한 수료증: 완료 후 수료증을 받습니다.
100% 온라인 과정: 즉시 시작하고 내 일정에 따라 학습하세요.

Flexible Schedule: Set and maintain flexible deadlines.

Beginner Level: No **prior experience** required.

Approx. 6 months to complete: Suggested 3 hours/week

Subtitles: English, Arabic, French, Portuguese (European), Chinese (Simplified), Italian, Vietnamese, Korean, German, Russian, Turkish, Spanish, Mongolian

This specialization is an introduction to **the science of** business analytics for all **business professionals**.

The **problems faced** by **decision-makers** today in the ever-changing **competitive business environment** are complex. Gain a clear **competitive advantage** by developing basic **data literacy**, as well as an **analytical mindset** and **practical** data analytics skills to make the best **strategic decisions** possible. You will be able to **extract** and **manipulate** data using SQL code.

You'll learn from **experienced practitioners** and academic professionals based on real-life examples of how they describe a business's performance, **evaluate** different **courses of action**, and **employ** a **structured approach**.

Course 1: Data Analytics for Business & Business Metrics

Course 2: Customer Analytics

Course 3: Operations Analytics

Course 4: Analytics Techniques

Start Learning Today!

— Shareable Specialization and Course **Certificates**

— Self-Paced Learning Option

— Course Videos & Readings

— Practice Quizzes

— Graded Assignments with Peer Feedback

— Graded Quizzes with Feedback

— Graded Programming Assignments

유연한 스케줄: 유연하게 마감일을 설정하고 조정 가능합니다.

초보 수준: **사전 경험**이 필요하지 않습니다.

완료하는 데 약 6개월 소요: 주당 평균 3시간 학습을 권장합니다.

자막: 영어, 아랍어, 프랑스어, 포르투갈어(유럽), 중국어(간체),
    이탈리아어, 베트남어, 한국어, 독일어, 러시아어, 터키어,
    스페인어, 몽골어

이 전문과정은 모든 **비즈니스 전문가**를 위한 비즈니스 분석**학 입문**
과정입니다.

오늘날 끊임없이 변화하는 **경쟁적인 비즈니스 환경**에서
의사결정자들이 **직면한 문제들은** 복잡합니다. 기본 **데이터 문해력,
분석적인 사고 방식** 및 **실용적인** 데이터 분석 기술을 개발하여
최상의 **전략적 결정**을 내리고 분명한 **경쟁 우위**를 확보하세요. SQL
코드를 사용하여 데이터를 **추출하고 조작할 수** 있습니다.

실제 사례를 기반으로 **숙련된 실무자**와 학계 전문가는 어떻게
비즈니스 성과를 설명하고 다양한 비즈니스 **수행 과정을 평가**하고
체계적인 접근 방식을 도입했는지 배워볼 수 있습니다.

과정 1: 비즈니스를 위한 데이터 분석 & 비즈니스 지표

과정 2: 고객 분석

과정 3: 운영 분석

코스 4: 분석 기법

오늘 학습을 시작하세요!

— 공유 가능한 전문과정 및 강좌 **수료증**

— 본인 페이스에 맞추어 학습 선택 가능

— 강좌 영상 & 독서 목록 제공

— 연습 퀴즈 제공

— 과제 평가 및 동료 수강생 피드백 제공

— 퀴즈 평가 및 피드백 제공

— 프로그래밍 과제 평가 제공

Shareable on LinkedIn: You can share your **Course certificates** in the certifications section of your LinkedIn profile and on printed resumes, CVs, or other documents.

108,323 already enrolled

코세라, EdX에서 제공되는 강좌의 종류(등급)

코세라의 교육 분류

Guided project (지침이 있는 프로젝트)
2시간 이내로 지침에 따라 바로 특정 기술을 익힐 수 있는 실무 역량 과정입니다.

Course (코스)
코세라 강좌의 기본 단위로, 코스를 완료하고 비용을 내면 과정 인증서를 받을 수 있습니다

Specialization (전문과정)
특정 기술/역량을 마스터하는 전문 과정입니다. 여러 코스가 합쳐진 과정입니다.

Professional certificate (전문 자격증)
코세라 전문 자격증을 취득할 수 있는 과정들로, 취업하거나 새로운 커리어를 시작할 때 활용할 수 있습니다.

MasterTrack™ certificate (마스터트랙 인증서)
마스터 트랙(MasterTrack) 인증서는 석사 과정을 모듈화한 과정으로 대학에서 발급하는 석사 학위를 취득할 수 있습니다.

Degree (학위)
온라인으로 학습자의 스케줄에 따라서 과제 제출을 하면서 모듈형 학위를 취득할 수 있습니다.

LinkedIn에 공유 가능: LinkedIn 프로필의 자격증 섹션, 이력서 출력본, CV 또는 기타 문서에서 본 **과정 수료증**을 공유할 수 있습니다.

108,323명이 이미 수강하였습니다

EdX의 교육 분류

MicroBachelors Program (마이크로 학사 프로그램)
경력 향상 또는 학위 과정을 위한 학부 수준입니다.
MicroMasters Program (마이크로 석사 프로그램)
경력 향상 또는 학위 과정을 위한 대학원 수준입니다.
Professional Certificate (프로페셔널 인증서)
고용주 또는 대학에서 오늘날의 온디맨드 스킬을 구축합니다.
XSeries (X시리즈)
주제에 대한 깊은 이해를 위한 일련의 과정입니다.
Online Master's Degree (온라인 석사 학위)
합리적인 가격으로 완벽한 온라인 프로그램을 제공합니다.
Executive Education Courses (경영자 교육 과정)
전략적 기술을 개발하고자 하는 비즈니스 리더를 위해 설계되었습니다.

강사에게 질문하기

MOOC 플랫폼에는 수강생이 질문을 할 수 있는 forum이 있습니다. 우리나라의 인터넷 및 게시판과는 조금 다른 형태인데, 텍스트만 작성 가능하고 거기에 댓글을 달 수 있으며, 해당 게시글에 upvoting(투표)를 할 수 있습니다. 투표수 기준으로 정렬해서 조회도 가능합니다. 레딧(Reddit)이라는 플랫폼이 대표적으로 이런 포럼 형태를 띠고 있습니다. 페이스북의 댓글 기능에서 좋아요 수대로 정렬해서 다시 볼 수 있는 기능 정도로 생각하면 됩니다.

보통 유명 강의는 누적 수강생이 수십만 명에 달하다 보니, 강사가 1:1로 모든 질문에 답을 하기 어려워 조교(teaching assistant)를 두고 답변 제공을 하고 있습니다. 또한 학생들끼리도 참여가 활발하여 서로 답을 달기도 합니다.

우리나라에서 흔히 이용하는 인터넷 강의의 경우 강의마다

Questions on course content

Q: Is section 11 **still relevant today with respect to** the machine learning algorithm changing?

Q: Hi, **earlier in the course,** you said that if I have a $50 daily campaign budget, then I should have between 5-10 keywords. In this lecture, though, you've suggested 20-30 keywords. So **what is best**? Less or more? Thanks.

Asking for advice

Q: **Is it okay to** create four different ad accounts? I've read somewhere that I would get **suspended** if I do that; **is it true**?

Q: **How would I know** which products I should run ads on from my store if the store is completely new? Lesson 14 says to pick bestsellers, biggest margin, etc., but I've only had 12 sales so far, **so I can't say** which are the best.

Q: I set up ads for my e-commerce store I launched in April. Two months later, here I am, having spent over $2500 in ads yet only made $1700 in sales.

질문을 달고 답을 받거나 학생들끼리도 대화가 가능한 구조는 아니다
보니 어색할 수 있습니다. 특별히 질문이 없다면 굳이 사용하지 않아도
되는 기능일 겁니다. 그러나 반대로 익명의 공간이고 많은 사람이
대화를 하는 곳인 만큼 이런 포럼도 내 영어 실력 향상의 장으로
사용해 볼 수도 있습니다. 질문하는 연습도 해보고, 다른 사람들의
질문에 내가 답도 하다 보면 또 다른 자신감도 얻을 수 있을 테니까요.

내용에 대한 질문

Q: 섹션 11의 기계 학습 알고리즘의 변경**에 대한 내용**이
아직도 유효한가요?

Q: 안녕하세요, **강좌 초반에** 제 캠페인 예산이 일일
50달러라면 키워드를 5-10개 설정하라고 하셨습니다.
그런데 이 강의에서는 키워드 20-30개를 추천하셨습니다.
어떻게 하는 게 좋을까요? 더 적게 할까요, 더 많이
할까요? 감사합니다.

조언 구하기

Q: 4개의 다른 광고 계정을 생성해도 **괜찮나요?** 그렇게 하면
활동 정지를 당할 수 있다는 이야기를 어디선가 읽은 적이
있는데, **사실인가요?**

Q: 제 (온라인) 상점이 새 상점이라면 어떤 상품에 광고를
붙여야 하는지 **어떻게 알 수 있을까요?** 14과에서
베스트셀러 상품, 마진이 가장 큰 상품 등을 고르라고
하는데… 지금까지 12개 밖에 못 팔아서 어떤 상품이
가장 좋은지 **말할 수가 없네요.**

Q: 제가 4월에 이커머스 상점을 런칭해 광고를 세팅했습니다.
2개월이 지난 지금, 광고비로 2500달러 이상 지출했지만
매출은 1700달러밖에 되지 않습니다. 뭔가 **효과가 없는**

Something is obviously **not working**. Should I **start again from scratch** following this course? Or should I just revise some of my strategies? I can give access to my account for feedback. **Your advice is highly appreciated. Anyone?**

Asking about resources

Q: Hi! **Where is** the formula sheet **referenced in this video?**

Q: **Where can I find** the links and resources **mentioned in the course?** **Is there a place where** I can download the slides and links for the tools?

When an error occurs

Q: You're **missing a video**. Parts 3 and 4 have the same video uploaded. **Please check this.**

Q: I think you **uploaded the wrong file** for Part 10.

Other course recommendations

Q: Google Ad **Course Suggestions AS GOOD AS THIS.** Does anybody know of a Google Ad course as detailed as this Facebook one? If David made one I would 100% buy it, but it seems like he doesn't have any course on Google. Please help, **looking for recommendations!**

게 분명하네요. 이 강좌에 따라 **처음부터 다시 시작해야** 할까요? 아니면 제 전략을 일부 수정해야 할까요? 피드백을 주실 수 있다면 제 계정에 접근권한을 드릴 수 있습니다. **조언을 해주신다면 대단히 감사하겠습니다. 조언해주실 분 계실까요?**

자료가 어디 있는지 묻기

Q: 안녕하세요! 이 **영상에서 언급한** 공식 시트는 **어디에 있나요?**

Q: **강좌에서 언급된** 링크와 자료는 **어디에서 찾을 수 있나요?** 슬라이드와 도구들을 다운로드할 수 **있는 곳이 있나요?**

오류가 있는 경우

Q: **영상 하나가 없습니다.** Part 3과 4에 업로드된 동영상이 같은 것이네요. **확인해 주세요.**

Q: Part 10 **파일을 잘못 올려주신** 것 같아요.

다른 과정 추천받기

Q: **이 과정같이 좋은 구글 광고 강좌 추천해주세요.** 이 페이스북 광고 강좌처럼 상세한 구글 광고 강좌에 대해 아시는 분 있으신가요? David가 만든 게 있다면 100% 살텐데, 구글에 대한 강좌는 아직 없으신 것 같네요. **추천을 받고 있으니** 도와주세요!

Q&A에서 사용할 표현들

질문이나 도움을 요청할 때 주로 쓰는 질문 패턴

— What is best? : 무엇이 최선일까요?

— Is it okay to ~? : ~를 해도 괜찮나요?

— Is it true? : 사실인가요?

— How would I know ~: 제가 ~를 어떻게 알 수 있을까요?

— Where can I find ~: ~를 어디에서 찾을 수 있나요?

— Is there a place where ~: ~를 할 수 있는 곳이 있나요?

— Where is (sth) referenced? : (sth)이 언급된 곳이 어딘가요?

— Your advice is highly appreciated: 조언을 해주신다면 대단히 감사하겠습니다.

— Anyone? : 누구 계시나요?

— Please check this: 이것을 확인해주세요.

질문의 내용

— (sth) still relevant today with respect to (sth): 에 대한 내용이 현재도 유효하다

— earlier in the course: 강좌 초반에

— suspended: (활동, 계정) 정지됨

— not working: 작동하지 않음

— start again from scratch: 처음부터 다시 시작하다

— I can't say ~: ~라고 말할 수가 없다 (불확실하다는 의미)

— mentioned in the course: 강좌에서 언급된

— missing a video: 영상이 빠져있다

— upload the wrong file: 파일을 잘못 올리다

— course suggestions: 강좌 추천

— as good as this: 이것만큼 좋은

— look for recommendations: 추천을 받고 있다

이 챕터에서 나온 표현들은 교육 과정 시 사용하는 표현 뿐 아니라, 비즈니스 관련 과정을 통해 해당 표현도 익힐 수 있었습니다. 다음을 통해 MOOC 플랫폼에서 사용할 수 있는 표현들을 응용해 보세요.

1. 온라인 단기 교육 과정들은 **경쟁이 치열한 비즈니스 환경**에서 **그 다음 배울 것**을 찾는 사람들에게 인기 있는 옵션입니다.

Short online courses are a popular option for people looking **for the next thing to learn** in a **highly competitive business environment.**

2. Current Events는 Tella의 상급 학생들을 위한 **기획 강좌** 중 **당신에게 저희가 가장 추천하는** 프로그램입니다.

Current Events is **our top pick for you** among the **featured courses** in Tella for advanced students.

3. 연구에 따르면 **영상 길이**가 13세에서 18세에 이르는 십대들의 집중력 유지 시간에 직접적인 영향을 미칩니다.

Research shows that **video duration** directly affects the attention span among teenagers aged between 13 and 18.

4. 제품에 만족하지 못할 경우, 당사는 **환불 보증**을 약속합니다.

The company offers a **money-back guarantee** in the event that the customer doesn't like their products.

5. 신입 사원들은 **실습 교육**이 포함된 **부트캠프**에 참여해야, 이후 고객과의 신뢰를 구축할 수 있습니다.

New employees are required to undergo a thorough **bootcamp** with **hands-on training** before they can be trusted with clients.

6. 지난 주에 기자 회견이 있었는데, 그 신입 홍보 담당자에겐 좋은 **집중 훈련 수업**이 됐을 겁니다. 위기 관리 기술 특강을 받았다고나 할까요.

The rookie PR manager was given a **crash course** in crisis management last week during the press conference.

7. 광고 홍보 분야의 **초보자가 전문가가 되려면** 최소 3년이 필요합니다.

It takes a minimum of three years to go from **beginner to professional** in advertising and PR.

8. 스토리텔링 광고**의 기술을 마스터**하려면, **기초**부터 차근차근 배워야 합니다.

In order to **master the art of** storytelling through adverts, one has to learn the **fundamentals** step by step.

9. 이 광고 마스터클래스는 **업계 전문가의 조언과 요령**이 포함된 **상세한 안내**가 포함되어 있습니다.

The Ads Masterclass includes a **detailed walkthrough** with **tips and tricks** from **industry experts**.

10. 성공적인 **비즈니스 전문가**들은 거래 성사**의 과학**을 일찍이 터득합니다.

Successful **business professionals** master **the science of** closing the deal early on.

11. **의사 결정자들**은 경력 초기에 **직면했던 문제들**을 거치면서 경쟁자들에 비해 **경쟁 우위**를 갖게 됩니다.

The **problems faced by decision-makers** earlier on in their careers give them a **competitive advantage**.

12. 비즈니스의 **전략적 결정**에는 많은 사전 계획이 동원됩니다.

A lot of prior planning goes into making **strategic decisions** in business.

13. 제 알고리즘은 구체적인 목표를 달성하기 위해 방대한 양의 데이터를 **추출**하고 **조작**할 수 있습니다.

My algorithm can **extract** and **manipulate** vast amounts of data to achieve a specific goal.

14. **숙련된 실무자들**은 성공 공식에 집중하기 전에 여러 비즈니스 전략의 효과를 **검토합니다**.

Experienced practitioners evaluate the effectiveness of various business strategies before zeroing in on a winning formula.

15. 이들 온라인 비즈니스 강좌는 문제 해결에 있어 **체계적인 접근 방식을 도입합니다.** 사실과 쟁점과 해결책에 초점을 맞추는 것이죠.

These online business courses **employ a structured approach** to problem-solving, placing the focus on facts, issues, and solutions.

16. **강좌 초반에** 프로그래밍 언어를 많이 배웠는데, **오늘날도 앱 개발과 관련해 여전히 유용합니다.**

Earlier in the course, we learned about many programming languages which are **still relevant today with respect** to app development.

17. Geenio가 전세계적으로 영업을 **중단했다**고 들었어요. **그게 사실인가요?**

I heard that Geenio **suspended** their operations globally. **Is it true?**

18. Richard, 현재 제 비즈니스 모델이 **작동하지 않아요.** **처음부터 다시 시작해야 할까요?**

My current business model is **not working**, Richard. **Should I start again from scratch?**

MORE APPLICABLE, REAL LIFE EXAMPLES

19. 온라인 학습 플랫폼을 개발하는 사람이면 누구라도, 귀하의 전문성과 **조언이 소중하다**는 데 동의할 것입니다.

Anyone developing online learning platforms will agree that your expertise and **advice are highly appreciated**.

20. 이 비디오**에서 언급된** 기술의 자세한 적용 사례는 **어디서 찾을 수 있나요?**

Where is a detailed application of the technique **referenced in this video?**

외 주 를
맡 겨 보 자

외 주 를
맡 겨 보 자

디지털 노마드라는 말이 등장한 지도 꽤 많은 시간이 흘렀습니다.
온라인으로 어디서든 일을 할 수 있는 환경이 전 세계적으로
구축되고, 글로벌 경제 위기와 다양한 산업의 급격한 변화로 인해
일에 대한 개념이 바뀌고 있습니다. 회사에 소속감을 느끼고 정해진
시간 사무실에 출근하는 nine-to-five (한국의 경우, 주로 nine-
to-six)라는 표준에서 각 개인이 나만의 비즈니스를 갖춰야 한다는
인식으로 바뀌고 있습니다. 일하는 장소와 시간은 중요하지 않으며,
조직에 있든 개인으로든 비즈니스를 하거나 내가 스스로 가치 창출을
해서 수익을 벌어들여야 한다는 개념이 강해지고 있습니다.
　　많은 직장인이 미래를 대비해 '나의 비즈니스'를 갖춰나갈
준비를 하고 있습니다. 평일 저녁과 주말을 활용해 사이드
프로젝트(side hustle)를 진행하거나, 변화에 더 발 빠르게 대응하는
스타트업에 이직해 자신의 역량과 비즈니스 감각을 더 익혀나가기도
합니다.
　　이런 메가트렌드 속에서 프리랜서 시장 역시 전 세계적으로 그
수요와 공급이 날로 커지고 있습니다. 정식 채용이라는 과정 외에도
단기적으로 프로젝트를 함께할 사람을 구하기가 점점 쉬워지는
것입니다. 국내에서는 크몽, 위시캣, 숨고와 같은 서비스들이 부상하고
있고, 영어권 지역에는 Upwork, Freelancer.com, Fiverr, Guru
등의 서비스들이 있습니다.

구인공고 - 프리랜서 채용 공고 (웹디자이너)

국내에도 프리랜서가 많은데 굳이 영어권에서 프리랜서를 구할 일이 있을까 생각할 수도 있습니다. 하지만 거꾸로 생각하면 이는, 영어권 지역까지 내가 활용할 수 있는 '인재의 풀'이 넓어지는 것을 의미합니다. 동일한 결과물을 한국보다 10분의 1 가격에 납품받을 수도 있고, 한국에서 찾기 어려운 결과물을 내는 크리에이터를 찾을 수도 있습니다. 혹은, 나의 일이 해외의 특정 지역을 타겟팅할 때 해당 지역과 핵심 고객/청중에게 맞도록 도와줄 수 있는 사람을 국내에서 찾기 어려워 해외로 눈을 돌릴 수도 있습니다.

해외 아웃 소싱 관련 강의는 유데미(Udemy)나 유튜브 등에서 시청할 수 있습니다. 실제 사례들을 통해 아웃소싱을 저비용 고효율로 운영할 수 있는 방법론이 소개됩니다. (필자 또한 유데미에서 아웃소싱 관련 강의를 구매해 향후 필요할 아웃소싱에 대비하고 있습니다.)

또한, 지구 반대편에 있는 사람에게 일을 맡겼을 때 사기를 당할까봐 염려할 수 있습니다. 이런 플랫폼들이 많게는 15~20%의 수수료를 받는 이유는 이러한 문제를 방지해주는 시스템 때문입니다. 업무 시간 단위로 과금하는 경우, 해당 시간만큼 업무를 했는지 철저히 관리하는 시스템으로 원하는 결과물을 받기 전에는 정산이 되지 않습니다. 일종의 에이전시 역할을 해당 플랫폼들이 대신 해주는 셈입니다.

Freelancer.com, Upwork, Guru, Toptal은 프리랜서 또는 프로젝트 단위로 업무를 올리면 경쟁 입찰을 통해 업무를 따는 방식의 플랫폼들입니다. Toptal은 그 중에서도 상위 3%의 퀄리티를 내는 인재 풀만 갖추고 있는 곳입니다. 물론 개별 프리랜서에게 업무 제안도 가능합니다. Fiverr는 우리나라의 크몽처럼 정해진 규격의 업무를

Web Design (including graphic design)

You will design 10-15 pages of our website (5 sections per page) in a **responsive web design**. We are doing a design renewal to prepare for our new year marketing campaign.

상품화하여 판매하는 플랫폼입니다.

이번엔 내가 직장 내에서 맡고 있거나 또는 별도로 진행하고 있는 프로젝트에서 해외에 수출하기 위해 내 제품을 소개하는 랜딩 페이지(landing page)와 상품 소개 상세 페이지를 디자인해줄 디자이너를 찾는 시나리오를 생각하고, Guru에 프리랜서 job posting을 해봅시다.

일반 직원 채용 공고보다는 좀 더 구체적이고 명확하게 업무 범위와 원하는 결과물을 작성하는 것이 중요합니다. 회사나 프로젝트에 대한 내용을 추상적이고 멋있는 말로 포장하기보다, 담백하게 업무 범위를 설명하는 것이 좋습니다. 이때 목적은 내가 원하는 조건을 갖춘 사람들이 지원을 하거나 바로 대화로 이어지게 하는 것이므로 지원자 입장에서도 정보 파악이 수월하도록 작성하는 것이 좋습니다.

들어가야 하는 내용:

업무 명세: 해야할 일을 명확하게 설명해주세요. 업무 범위와 양은 정확하게 할수록 좋습니다.

필요한 스킬: 업무에 따라 다르지만, 세부적으로 작성하세요.

사용하는 소프트웨어 요구사항: 기입하는 란이 보통 있으나, 없다면 사용 가능하거나 희망하는 소프트웨어 또는 툴을 작성하는 것이 좋습니다.

지불 방식: 보통 기입하는 란이 있는데, 시간당 비용, 고정 비용 등 지불하는 방식을 필요에 맞게 기재할 수 있습니다.

웹 디자인 (그래픽 디자인 포함)

저희 웹사이트 10-15페이지(페이지당 5개 섹션)를 **반응형 웹으로 디자인**할 분을 찾습니다. 현재 새해 마케팅 캠페인을 준비하기 위해 디자인 리뉴얼을 하고 있습니다.

Graphic design **deliverables** will be around creating visual **assets** that will be **published** on all our platform, including our website, social media channels (Facebook, Instagram, YouTube, etc.), direct messages (emails, SMS/LMS, etc.), and offline print material.

We will provide a brand guideline (logo, brand color palette, fonts) to follow and a framework, for each page. We will provide examples that **have a similar feel to what we're aiming at, for the graphics.**

We are **looking for someone with** both website and graphic professional design experience.

Please show samples of your work. Share your Dribbble account if you have one, or send a portfolio link where we can **access** or download it.

For reference on the content you'll be designing around, check our current company channels.

We will **pay per** page and would like up to 2 **revisions** per page. We'll communicate **via email** and request virtual face-to-face meetings **when needed** for efficient communication.

Our website is: www.petapet.co
Our Instagram is: @petapet

Fixed-price: $2,000
Duration: ‹ 2 months
Expert level: expert

Project Type: **One-time project**

Skills and expertise

그래픽 디자인 **결과물**은 당사 웹 사이트, 소셜 미디어 채널(Facebook, Instagram, Youtube 등), 다이렉트 메시지(Email, SMS/LMS 등), 오프라인 인쇄물 등 저희 플랫폼 전반에 **게재되는** 시각 **자산**입니다.

브랜드 가이드라인(로고, 브랜드 색상 팔레트, 글꼴)과 각 페이지에 대한 프레임워크는 저희 쪽에서 제공해 드립니다. 그래픽은 **저희가 목표로 하는 것**과 **비슷한 느낌을 가진** 예시들을 제공하겠습니다.

웹사이트와 그래픽 전문 디자인 경험이 모두 **있는 분을 찾고 있습니다.**

이전에 작업했던 샘플을 보여주세요. Dribbble (전세계 디자이너들의 작업물을 확인할 수 있는 플랫폼) 계정이 있는 경우 계정을 공유해주시거나, **액세스** 또는 다운로드 받을 수 있는 포트폴리오 링크를 보내주세요.

디자인하게 될 내용**을 참고하고 싶으시다면** 당사의 현재 채널들을 확인하시면 됩니다.

페이지 **기준으로 지급**해드리며, **수정** 요청 **횟수**는 2회까지면 좋겠습니다. 이메일을 통해 의사소통하되 **필요하면** 효율적인 소통을 위해 화상 미팅을 요청하겠습니다.

웹사이트: www.petapet.co
인스타그램: @petapet

고정 가격: 2,000달러
기간: 2개월 미만
전문성 수준: 전문가

프로젝트 유형: 일회성 프로젝트

기술 및 전문 지식

Web Design Deliverables: Landing Page Jobs, Website Jobs,
User Flows Jobs
Web Design Skills: Interaction Design Jobs, Graphic Design
Jobs, Responsive Design Jobs
Business Size Experience: Very Small (1-9 employee) Jobs

Activity on this job

Proposals: 5 to 10

Last viewed by client: 3 hours ago

Interviewing: 3

Invites sent: 4

Unanswered invites: 2

About the client

South Korea
8:19 am

3 jobs posted
50% hire rate, 2 open jobs

Member since Nov 9, 2019

구직 공고 - 프리랜서 지원자의 스킬 공고 (개발자)
내가 가진 기술이나 역량을 판매하여 부가적인 수입을 얻거나, 아예
프리랜서로 뛰어들 수도 있습니다. 불확실한 미래와 산업의 급격한
변화 속에 이미 많은 이들이 풀타임 잡 외에도 다양한 일을 하고
있습니다.

웹 디자인 결과물: 랜딩 페이지 작업, 웹 사이트 작업, 사용자 흐름 작업

웹 디자인 기술: 인터랙션 디자인 작업, 그래픽 디자인 작업, 반응형 디자인 작업

비즈니스 규모에 대한 경험: 초소형 작업 (직원 1-9명)

이 작업에 대한 활동 내역

제안 받은 수: 5~10명

클라이언트가 마지막으로 조회한 시간: 3시간 전

인터뷰 중인 인원수: 3

초대 발송 건수: 4

무응답 초대 건수: 2

클라이언트 정보

대한민국 (클라이언트가 있는 지역)

오전 8시 19분 (해당 지역의 현지 시각)

3개의 일자리가 게시됨

고용률 50%, 구인 공고 2건

2019년 11월 9일자로 회원 등록한 분

첫 번째 사례에서 봤던 것처럼 프로젝트 단위의 구인 공고를 통해 긱(gig)을 해나갈 수 있겠고, 반대로 마켓플레이스에서 내가 가진 역량을 상품 형태로 판매할 수도 있습니다. 나의 역량을 상품화할 때는 내가 가진 역량을 모두 올려놓고 판매하기보다, 시장에서 수요가 있다고 판단되는 업무들을 개별적으로 상품화하여 판매하는 것을

추천합니다. 그렇게 할 때 위와 같은 결과가 서비스 판매 페이지로
나오게 됩니다.

먼저 산출물로 어떤 성과를 시장에서 제공할 수 있는지
작성하고, 그 결과물의 세부 내용을 작성해야 합니다. 아웃소싱
플랫폼에서 나와 비슷한 상품을 판매하는 사람들의 공고를 참고하여
작성하도록 해봅시다.

I will **convert** your website into a native app

About This **Gig**

I convert websites so that they are just like a native app on both
Android and iOS. With a native app, you can upgrade your
website's **accessibility** and **searchability**. All updates on your
website will **automatically be reflected** on your native apps.

I provide the following features:
— Swipe to **refresh** the app
— Offline and online check status
— Modern **progress bar** with your app logo
— App analytics
— Social media **integration**
— Google maps/MapKit
— Auto-sizing
— **Push notifications** (extra charge): You will get a control
panel to send lifetime unlimited push notifications.

들어가야 하는 내용:

업무 명세: 제공하는 서비스를 명확하게 설명해주세요. 업무 범위와 양을 정확하게 할수록 좋습니다.

역량을 증명할 자료: 포트폴리오를 시각적으로 보이도록 게시하거나, 외부 링크를 반드시 걸어주세요.

결과물 형태: 어떤 형태로 결과물을 전달할지 기재해주세요. 보통 온라인 작업인 경우 전달하는 파일 포맷을 함께 명시합니다.

가격 패키지 비교: 가격대별 상품 2-3가지를 설정해, 상품별로 어떤 혜택이 있는지 명확하게 기술합니다.

여러분의 웹사이트를 네이티브 앱으로 **변환**해드립니다

이 **작업**에 대하여

웹 사이트를 Android와 iOS상에서 네이티브 앱처럼 변환해 드립니다. 네이티브 앱이 있으면, 웹사이트의 **접근성**과 **검색 가능성**을 높일 수 있습니다. 웹 사이트의 모든 업데이트는 네이티브 앱에 **자동으로 반영**됩니다.

다음 기능을 제공합니다.
— 스와이프하여 앱 **새로고침** 지원
— 온라인/오프라인 상태 확인
— 앱 로고가 들어간 모던한 디자인의 **진행 표시줄**
— 앱 애널리틱스
— 소셜 미디어 **연동**
— 구글 맵/맵키트 연동
— 자동 사이즈 조절
— **푸시 알림** (추가 요금): 평생 무제한 푸시 알림을 보낼 수 있는 제어판 제공

Why should you choose me?

1. I have **7+ years of experience** and 500+ website-to-app conversion projects **done with excellence**.

2. Not competing on the **lowest price**, but with great quality and reasonable price. The **reviews prove it**.

I will send you .apk and .ipa files of your application, or **for an additional fee,** I can **publish** the app for you on both the Play Store and App Store.

Notice: Please **message me** before you order a gig to agree on the **scope of work** beforehand. **Feel free to** contact me anytime. I'll get back to you within 24 hours.

For more information, **check out** my portfolio at bit.ly/1a2b3c.

Compare Packages:

	Basic	Standard	Premium
Splash Screen	✓	✓	✓
App Icon		✓	✓
Ad Network Integration		✓	✓
App Submission		✓	✓
Provides Source Code			✓
Mobile Operating Systems	1	1	2
Revision	1	2	3
Delivery Time	2 days	3 days	5 days
Total	$50	$90	$150

저를 선택해야하는 이유

1. **7년 이상의 경력**으로, 웹사이트를 앱으로 전환하는 프로젝트를 500개 이상 **탁월하게 수행하였습니다.**

2. **최저가**로 경쟁하는 것이 아니라 우수한 품질과 합리적인 가격으로 경쟁합니다. **후기들이 이를 증명합니다.**

어플리케이션의 .apk와 .ipa 파일을 보내드립니다. **추가 비용을 내시면** 플레이스토어와 앱스토어에 앱을 **게시(퍼블리싱)**해 드립니다.

공지사항: 사전에 **작업 범위**를 합의하기 위해서, 의뢰 전에 **저에게 메시지를 보내 주세요. 부담갖지 말고** 언제든지 연락해주시면 24시간 이내에 다시 연락드리겠습니다.

보다 자세한 내용은 bit.ly/1a2b3c에서 포트폴리오로도 **확인하실 수 있습니다.**

패키지 간 비교:

	베이직 (기본)	스탠다드 (표준)	프리미엄 (고급)
스플래시 화면 (프로그램을 시작할 때, 로딩 중에 표시되는 대형 이미지)	✓	✓	✓
앱 아이콘		✓	✓
광고 네트워크와 연동		✓	✓
앱 제출/등록		✓	✓
소스 코드 제공			✓
모바일 운영 체제 갯수	1	1	2
수정 횟수	1	2	3
작업 소요 기간 (일)	2 일	3 일	5 일
합계	$50	$90	$150

프리랜서 구인/구직 공고에서 자주 사용되는 표현

업무 범위

— gig: (임시로 하는) 작업, 긱

— scope of work: 업무 범위

— complex project: 복잡한 프로젝트 (전문가 또는 에이전시로부터 도움)

— longer-term contract: 장기 계약

— short term: 단기(일회성) 계약

— one-time project: 일회성 계약

— project duration: 프로젝트(업무) 기간

— custom: 맞춤형

— source file: 원본 파일 (제공 여부를 표기)

— revision: 수정 가능 횟수

— delivery time: 산출물 전달까지 소요되는 시간

— file format: 파일 형식

— last delivery: 마지막으로 업무 완료한 날짜

— hours to be determined: 총 업무 시간은 추후 결정

— project type: 프로젝트 종류

— deliverables: (업무의) 산출물, 결과물

— for reference on (sth): (sth)을 참고로

전문성

— skills and expertise: 기술 및 전문지식

— expert level/level of experience: 전문성(경험)의 정도

— expert: 전문가

— intermediate: 중급

— entry: 초보자

— 7+ years of experience: 경력 7년 이상

— have a similar feel: 느낌이 비슷하다

— what we're aiming at: 우리가 목표로 하는 바

— look for (sb) with (sth): (sth)를 갖춘 (sb)를 찾다

— ~ with excellence: 탁월하게, 우수하게

— reviews prove it: 후기들이 이를 증명하다

비용 관련
- pay per (sth): (sth) 당 가격
- hourly rate: 시간당 급여
- loweset price: 최저가
- fixed-price: 고정 가격
- for an additional fee: 추가 비용을 지불하면

연락/확인
- message me: 저에게 메세지를 보내주세요.
- feel free to ~: 부담갖지 말고 ~하세요
- check out (sth): (sth)를 확인하다
- access: (웹사이트 등에) 접근하다

구직 프로필
- member since ~: ~부터 (해당 플랫폼에) 가입 후 활동 중
- proposals: 제안(의 수)
- interviewing: 인터뷰하는 중
- invite sent: 초대 발송 건수
- unanswered invites: 무응답 초대 건수

개발 관련 표현
- responsive web design: 반응형 웹디자인
- convert: 변환하다
- integration: 연동
- accessibility: 접근성
- searcheability: 검색 가능성
- refresh: 새로고침
- progress bar: 진행 바
- push notifications: 푸시 알림
- automatically be reflected: 자동으로 반영
- published: 게재됨

함께 일할 프리랜서를 구하거나 구직 공고를 올릴 때, 공고를 작성하는 데 있어서 특별히 새롭게 배울 표현이나 잘 쓰는 방법이 따로 있진 않습니다. 위에서 보여준 예시처럼 명료하고 구체적으로 쓰는 것이 가장 좋습니다.

그런데 이러한 프리랜서 구인·구직 플랫폼들에서 넘쳐나는 공고 중 나에게 딱 맞는 사람이나 일을 찾는 것이 어려울 수 있습니다. 각종 직무를 어떻게 영어로 표현하는지를 모르면 좋은 인재나 일에 대한 내비게이션을 하기 그만큼 어렵겠지요.

필자가 각종 플랫폼에서 취합한 프리랜서 직군 종류는 무려 200가지가 넘었습니다. 이 중에 직관적으로 알기 쉬운 직군들을 제외하고, 헷갈릴 수 있는 직군들을 모아서 설명해드리겠습니다.

Accounting & Consulting
— business analysis(경영 분석): 경영 전반에 걸친 분석으로, 비즈니스 니즈를 파악하고 이에 대한 해결책을 도출하는 업무.

Admin Support
— data entry(데이터 입력): 시스템 상에 필요한 데이터를 입력
— order processing(주문처리): 주문이 들어온 제품을 선택, 포장, 배송까지 처리하는 일련의 모든 과정
— virtual/administrative assistance(가상 조수/비서): 나의 업무 수행을 도와주는 조수나 비서 업무

Customer Service
— customer service(서비스 센터) vs. tech support(기술 지원): 일반적인 고객 응대는 customer service에 해당하며, 기술을 활용하는 데 어려움을 느끼는 이용자나 고객을 위한 기술 지원 인력은 tech support에 해당합니다.

IT & Networking
— IT compliance(IT 컴플라이언스) vs. IT support(IT 지원): 기업 내부의 IT 관련 규정이 준수되도록 하는 역할이 IT 컴플라이언스의 업무이며, IT지원은 IT 기술을 기업 내에서 활용할 수 있도록 설치, 설정 등을 돕는 업무입니다.

Sales & Marketing

— display advertising(디스플레이 광고): 온라인상 특정 웹사이트나 플랫폼상의 지면에 게재하는 이미지/텍스트/영상 광고로, 우리 식으로 표현하면 '배너 광고'와 비슷한 개념.

— lead generation(리드 생성): lead는 마케팅 용어로 잠재 고객을 의미하며, 해당 업무는 그러한 잠재 고객을 더 많이 확보하는 작업입니다. 수많은 사람들 중 구매할 가능성이 높은 해당 잠재 고객에게 추가적인 마케팅이나 영업 활동을 할 수 있는 연락처 또는 기타 개인 정보를 획득합니다.

— market research(시장 조사) vs. marketing strategy(마케팅 전략): 진입 목표 시장이나 이미 진입한 시장의 데이터를 모으고 분석하는 작업이 시장 조사이며, 이에 대해 해결책을 도출하는 것이 마케팅 전략입니다. 시장 조사를 바탕으로 마케팅 전략을 세우는 것이 일반적이죠.

— search engine marketing(검색엔진 마케팅) vs. search engine optimization(검색엔진 최적화): 검색엔진 마케팅은 보통 광고비를 집행하여 검색엔진상에서 마케팅 활동을 하는 것을 의미하며, 검색엔진 최적화는 각 검색엔진에서 알리고자 하는 브랜드/제품/서비스가 연관 키워드로 검색할 때 발견성을 높일 수 있도록 여러 전략을 수립하는 것입니다.

Video & Animation

— whiteboard & animated explainers vs. live action explainers: 화이트보드나 애니메이션 형태를 활용한 제품/서비스 설명 영상과 실사 촬영을 한 제품/서비스 설명 영상의 차이.

— animated GIFs: 여러 장의 이미지를 엮은 GIF파일 형태의 영상을 실사 촬영이 아닌 애니메이션 기법으로 제작한 것.

— product photography vs. local photography: 제품 사진 촬영 vs. 지역 실사 촬영

Writing & Translation

— UX writing: 웹사이트, 앱, 소프트웨어를 이용할 때 사용자

경험을 최적화하기 위한 글쓰기. 플랫폼상에서 사용되는 단어, 표현, 텍스트를 이용자 편의를 높이기 위해 최적화합니다.

— resume writing(이력서) vs. cover letters(커버 레터): 이력서는 경력에 대한 팩트, 언제 어떤 회사에서 어떤 일을 어떻게 했는지를 기술하는 문서라면, 커버 레터는 지원자 본인이 해당 포지션에 왜 적합한지를 설명하며 설득하는 간단한 소개글입니다.

— white papers(백서) vs. case studies(사례 연구): 백서가 어떤 주제에 대해 종합적이고 구체적으로 분석하여 해결책을 내는 문서라면, 사례 연구는 구체적인 기업, 프로젝트, 사건 등에 대해 연구하여 작성한 문서입니다.

— social media copy(소셜 미디어 카피) vs. ad copy(광고 카피) vs. sales copy(영업 카피): 어떤 매체로 메세지를 전달하냐에 따라서 카피를 작성해주는 데 차이가 있습니다. 소셜 미디어 카피는 주로 인스타그램, 페이스북 등의 페이지나 계정에 올리는 컨텐츠를 작성하는 것이며, 광고 카피는 그보다 더 명확한 목적의 온오프라인 광고 카피를 작성하는 것입니다. 또한, 세일즈 카피는 직접 사람을 만나서 영업을 할 때 사용할 카피를 작성합니다.

— scriptwriting(대본작성) vs. speechwriting(스피치작성): scriptwriting은 주로 영화나 방송극에서의 시나리오 대본 또는 극본이라고 볼 수 있고, speechwriting은 연설이나 발표문 원고를 사전에 작성한 것입니다.

— beta reading: 아직 출판이나 발행이 되지 않은 글을 먼저 읽고 피드백을 주는 업무. 타겟하는 평균적인 독자의 관점에서 피드백을 줘야 하겠죠. (소프트웨어에서 '베타 테스팅'과 비슷한 개념이라고 보면 됩니다.)

— grant writing: 정부 또는 재단의 지원금을 획득하기 위한 글쓰기.

— translation(번역) vs. language localization(언어 현지화): 일반적으로 번역은 translation이라고 표현합니다. 반면 언어 현지화는 특정 지역의 언어 사용과 문화적 특성에 맞게

텍스트를 현지화하는 것이며, 일반 번역보다 더 구체적인 니즈가 있는 업무입니다. 실제 한 언어에서 다른 언어로의 번역이 아닌 같은 언어를 사용하면서도 타겟 지역에 맞는 수정 작업 또한 language localization에 해당하는 작업일 수 있습니다.

Lifestyle

— family & genealogy: 의뢰인의 친인척과 조상을 연구하여 가족 계보와 족보를 만들어주는 업무.

— collectibles: 수집 가치가 있는 물건들을 의뢰인 대신 수집해주는 업무.

이번 챕터에서는 주로 업무 범위나 결과물을 표현하는 표현들을 살펴보았습니다. 해당 표현들은 온라인 공고나 상품 페이지뿐 아니라 비즈니스 커뮤니케이션 시에도 사용할 수 있습니다. 다음과 같은 구체적인 상황을 상상하며 앞서 배운 표현을 활용해봅시다.

1.   당사의 웹사이트 개발자들은 HTML과 CSS를 사용해, **반응형 웹 디자인**을 제공하여 다양한 크기의 기기에 맞게 웹사이트의 크기를 자동으로 조정합니다.

Our website developers will use HTML and CSS to create a **responsive web design** that can automatically resize a website to fit on all devices, big and small.

2.   웹 디자인 **결과물**은 대게 웹사이트 콘텐츠, 브랜딩 **자산** 및 도메인 이름 등록으로 구성됩니다.

Web design **deliverables** often comprise website content, branding **assets,** and domain name registration.

3.   합의된 대로 브랜드 **자산**은 최종 대금 지급이 완료되면 **발행될 것입니다.**

The branding **assets** will be **published** as agreed upon once the final payments have been made.

4. 클라이언트는 앱과 웹사이트가 WhatsApp과 **비슷한 느낌**이 나기를 원했습니다.

The client wanted the app and website to have a **similar feel** to WhatsApp.

5. **우리의 목표는** 시각적으로 즐거운 UI입니다. 내부에서는 잘 굴러가는 UX 지원이 필수겠고요.

What we're aiming at is a visually pleasing UI supported by a functional UX under the hood.

6. 저희 스타트업은 React Native, Python, Javascript 경험이 있는 **사람을** Upwork에서 **찾고 있습니다.**

Our startup is **looking for someone** on Upwork with experience in React Native, Python, and Javascript.

7.   이 단계에서는 웹 개발자만 로컬 호스트에 **접근할** 수 있습니다. 승인되지 않은 코드 변경을 막아야 하니까요. 그러나 귀하께서 제공하신 내용**을 참조하실 수 있도록** 저희가 데모 사이트를 만들었습니다.

At this stage, only the web developer has **access** to the localhost to limit unsanctioned changes to the code. However, we have created a demo site **for reference on** the content you provided.

8.   **이메일을 통해** 합의한 바에 따라, 납품한 품목**별로 지불**하셔야 합니다. 기타 변경 사항은 **필요 시** 연락드릴 것입니다.

As per our agreement **via email**, you are obliged to **pay per** deliverable. Any other changes will be communicated **when needed.**

9.   웹사이트 **접근성을** 적절하게 구현하면 웹사이트가 작동할 때 장애인도 웹사이트에 편하게 접속할 수 있습니다.

Implementing proper website **accessibility** ensures that people with disabilities are also comfortable accessing the website once it's up and running.

10. 그래프가 과거의 모든 거래를 **자동으로 반영합니다**.

The graph will **automatically reflect** all past transactions.

11. 아무리 페이지를 **새로고침 해도 진행 표시줄**이 99%에 멈춰있어요.

The **progress bar** is stuck at 99% no matter how many times I **refresh** the page.

12. Seoul Train은 추가 비용을 전혀 받지 않고 **통합 푸시 알림**을 제공했습니다.

Seoul Train offered **integration** of **push notifications** at no extra cost.

13. 결국은 진주 씨가 **7년 이상의 경력**을 보유한 것이 웹디자인 프로젝트를 따내는 데 있어 결정적인 요인이 되었습니다.

At the end of the day, it was Jinju's **7+ years of experience** which were the deciding factor in who got the web design project.

MORE APPLICABLE,
REAL LIFE EXAMPLES

14. 프로젝트를 **탁월하게 진행하면**, 입소문만으로도 더 큰 프로젝트를 끌어들이게 될 것입니다.

A project **done with excellence** will attract bigger projects through word of mouth alone.

15. 사람들이 흔히 하는 오해가 있는데요, 고객이 항상 **최저가**를 선택할 거라는 믿음입니다. 하지만 **후기가 증명하는 것은**, 고객들이 더 관심을 갖는 건 가격이 아니라 작업 품질입니다.

A popular misconception is that clients will always choose the **lowest price**. The **reviews prove** it is the quality of the work done rather than the price that clients are more concerned about.

16. **추가 비용**을 지불하시면, 회사 프로필을 꼼꼼히 편집해 귀사 웹사이트에 **게시**해 드립니다.

We can also compile and **publish** an exhaustive company profile on your website for an **additional fee.**

17. 당사 Wisely의 **사업 범위를 편하게 둘러봐 주세요.** 더 자세한 정보를 원하시면, Kakao나 Teams로 **제게 메시지를 남겨주셔도** 됩니다.

Please **feel free to check out** the **scope of work** we do here at Wisely. You can **message me** on Kakao or Teams for more information.

18. 복잡한 프로젝트였고 **작업 범위**가 당초 예상치를 크게 웃돌았기 때문에 **장기 계약** 협상에 성공했습니다.

We successfully negotiated a **longer-term contract** because it was a complex project and the **scope of work** far exceeded our initial expectations.

19. 직급은 요구되는 **경험의 수준**에 따라 분류할 수 있습니다: **초보, 중급, 전문가.**

Jobs can be categorized by the **level of experience** required: **entry**-level, **intermediate, and expert.**

20. 팀원들의 **역량과 전문성**이 의심스러운 것은 말할 것도 없고, 초기 **결과물**을 지속적으로 **수정**하면서 **프로젝트 기간**이 길어졌습니다.

The **project duration** has been prolonged by constant **revisions** to the initial **deliverables**, not to mention the questionable **skills and expertise** of the crew.

채용광고를
작성해보자

채 용 광 고 를
작 성 해 보 자

어떠한 산업이나 포지션이든, 채용 광고에서 달성해야 할 것은 다음 2가지일 것입니다.

1. 정확한 정보/의도 전달: 사전 공고와 채용 프로세스 진행 시 정보의 불일치 점검
2. 메리트 어필하기: 해당 포지션이나 회사가 이미 갖고 있는 메리트를 워딩, 사진, 영상 등으로 잘 어필하는 것

영어로 된 채용광고라면 외국인이나 영어 원어민을 채용하기 위해서인데, 그때 위의 두 가지 목적을 달성하기 위해서는 경쟁이 될 만한 기업의 채용 공고를 참고하는 것을 추천합니다. 한국에서 주로 봤거나 작성해왔던 채용 공고와 문화적 맥락이 다를 수 있기에 반드시 서칭을 해보고 참고하세요.

레퍼런스로 삼을 수 있는 해외 채용 웹사이트

— 링크드인(LinkedIn): 전세계에서 가장 규모가 크고 많이 알려진 인적 네트워크 플랫폼
— 글래스도어(Glassdoor): 잡플래닛의 영어권 버전; 회사에 대한 직원들의 후기와 평가를 확인할 수 있는 플랫폼
— 집리크루터(ZipRecruiter): 구인 회사와 구직자 간 추천 알고리즘이 발달한 플랫폼
— 인디드(Indeed): 월 접속자가 가장 많은 채용 플랫폼; 전통적인 채용 공고 게시판에 가까운 형태의 웹사이트

필자가 지금까지 참고했던 채용 광고들은 동종 업계, 동일 포지션의 채용 공고, 그리고 평소 좋아하는 글로벌 기업/스타트업의 채용광고입니다.

채용 공고를 작성하기 가장 쉬운 방법은 같은 지역에서 동종업계의 비슷한 포지션 채용 공고를 찾아 따라서 작성해보는 것입니다. 구직자들 사이 인기가 많은 기업일 경우 참고에 유용한 부분도 있습니다. 해당 기업의 전문 리크루터들이 작성한 채용 공고를 참고하여 우리 회사나 포지션에 해당하는 내용으로 바꿔서 쓰는 연습을 해봐도 좋겠습니다.

채용공고는 한국어로 된 채용 공고와 큰 차이 없이 다음과 같은 구성을 띄고 있습니다. 공고에 따라 다음 중 한두 가지는 생략되거나, 함께 기재가 될 수 있겠죠.

— 회사 소개
— 직무 개요
— 주요 업무
— 자격 요건
— 우대 사항
— 혜택/복지

채용 공고를 쓸 때 기본적으로 애매하지 않도록 명확하게, 구체적인 표현을 사용하는 것이 중요합니다.

회사 소개나 직무 개요는 줄글로 작성하고, 주요 업무,

퍼포먼스 마케터

Performance Marketer
The performance marketer is **responsible for** smooth communication between the customers and **must be able to fully understand** Tella's strengths and communicate them **accurately** and **effectively** to potential customers, **resulting in** the target behavior. The marketer should be able to convince that Tella can help, and to subsequently manage a **frictionless**

자격 요건, 우대사항, 혜택/복지는 bullet point로 작성하는 것이 일반적입니다. Bullet point로 공고 내용을 쓸 때는 주어까지 포함한 완전한 문장으로 쓰지 않고 동사, 형용사 또는 명사로 시작하는 '구문 형식'으로 작성하게 됩니다.

업무 내용은 동사로, 자격 요건은 동사 또는 형용사로, 복지/ 혜택은 명사로 시작하는 것이 일반적입니다. 업무 내용은 해야하는 일, 즉 '행동'을 설명하며, 자격 요건은 '역량이나 자질'을 주로 표현하고, 복지/ 혜택은 회사가 채용된 직원에게 '주는 무언가'를 표현하기 때문입니다.

채용 공고 예시

세 가지 채용 공고 예시를 보겠습니다.

퍼포먼스 마케터 채용 공고나 UI/UX 디자이너 채용 공고는 일반적으로 자주 볼 수 있는 채용 공고입니다. 반드시 기재되어야 할 요소들이 들어가 있으며, 특별할 것이 없는 문체나 어투입니다. UI/UX 디자이너 공고는 회사나 직무 개요, 복지/혜택에 대한 내용 없이 그야말로 주요 업무와 필수 조건, 우대 조건만 담백하게 작성되어 있습니다.

이와 달리, 미디어 회사 수석 편집장 채용 공고에서는 조금은 더 캐릭터가 느껴지는 문체를 사용하고 있습니다. 특별히 회사 소개와 포지션에 대한 소개를 하는 공고 도입부에서 유머러스함이나 친근함마저 느껴집니다.

채용 공고

퍼포먼스 마케터

고객과 가장 가까운 곳에서, 텔라와 학습자간의 원활한 소통을 **책임집니다.** 텔라의 강점을 **완전하게 파악할 수 있고,** 이를 **정확하면서도 효과적으로** 전달하여, **결과적으로** 목표한 행동을 이끌어 낼 수 있어야 합니다. 정말 텔라를 필요로 할 만한 분들께, 텔라가 도움이 될 수 있음을 설득시키고, 실제로 도움이 될 수 있도록 고객 여정을 **완벽하게** 관리하게 됩니다.

customer journey that actually provides the help we have promised to those who need Tella's services.

Job description
— **Identify** people who might be interested in chat-based English conversation learning services
— **Accurately understand** the service and the value each service creates and effectively communicate them to potential customers
— **Manage** customer journey and behavior patterns on Tella's platform and lead them to purchase
— Consistently **develop** new marketing channels in line with Tella's new services and global expansion
— **Establish** and **implement** digital marketing strategies throughout various online advertising channels
— **Oversee** growth hacking, which includes customer journey design, step-by-step action measurements, and increased conversion rates
— **Discover** new online and offline marketing channels, tools, and strategies
— **Produce** marketing assets (images, videos, copies)

Minimum qualifications
— **Experience** running Facebook/Instagram and Google Adwords
— **Proficient in** Google Analytics, Facebook Pixel, and Google Tag Manager
— **3+ years experience in** data-based marketing strategies (growth-hacking, performance marketing, etc.)
— **Quick learner** of new tools for practical use
— Likes to measure and analyze data and plan strategies
— **Able to** do simple image editing on Photoshop/Illustrator

주요 업무

— 채팅 기반 영어회화 학습 서비스에 관심을 가질 만한
  사람의 **특징을 파악합니다.**
— 서비스 개요와 장점을 **정확히 이해하여** 잠재고객에게
  효과적으로 전달합니다.
— 웹사이트에서 고객의 이동경로 및 행동패턴을 **관리하며**
  이를 구매로 이어질 수 있도록 유도합니다.
— 텔라의 신서비스 및 글로벌 진출에 발맞춰 지속적으로
  마케팅 경로를 **발굴합니다.**
— 다양한 온라인 광고 채널에서 디지털 마케팅 전략을 **수립**
  및 **실행합니다.**
— 고객여정 설계, 단계별 액션 측정 및 전환율 증대를
  포함하여 그로스 해킹을 **감독합니다.**
— 새로운 온/오프라인 마케팅 채널, 툴, 전략을 **발굴합니다.**
— 마케팅 자산 (이미지, 영상, 카피)을 **제작합니다.**

최소 자격요건

— 페이스북/인스타그램, 구글 애드워즈 광고 운영 **경력이**
  있으신 분
— 구글 애널리틱스, 페이스북 픽셀, 구글 태그매니저 활용이
  능숙하신 분
— 데이터 기반 마케팅 전략 **3년 이상 유경험자**(그로스 해킹,
  퍼포먼스 마케팅 등)
— 새로운 툴을 **빠르게 학습**하여 실무 투입이 용이한 분
— 데이터 측정, 분석 및 전략 수립에 흥미가 있으신 분
— 포토샵/일러스트레이터를 활용하여 간단한 이미지 수정이
  가능하신 분

Preferred qualifications
  — **Fluent in** oral and written English communication
  — **Interested in** studying and improving their English
    (has learned or taught for a long time)
  — **Familiar with** image/video editing tools

Benefits
  — Target annual salary increase of 5-20%
  — **Incentive system** for achieving quarterly company
    performance targets (10 to 200 percent of monthly
    salary)
  — **Telecommuting** twice a month
  — **Free** Tella Service

UI/UX designer

Responsibilities
  — App/Web UI design and prototyping
  — **Define** and **resolve** issues through Usability Test
  — Design and expand brand and app design systems
  — Design sources related to service content/marketing

Required qualifications
  — **Proficient in** UI design tools (Sketch/Photoshop/
    Illustrator)
  — 2+ years of UI/UX design experience

우대사항

— 영어 회화 및 작문 **능통한** 분
— 영어 공부에 **관심있으신** 분 (오래 배우거나 가르쳐보신 분)
— 이미지 및 영상 편집 툴에 **익숙한** 분

혜택

— 매년 5~20% 연봉 인상 목표
— 분기별 회사 성과 달성에 따른 **인센티브 제도** (월 급여의
  10~200%)
— 월 2회 **재택 근무**
— 텔라 서비스 **무료 이용**

채용 공고

UI/UX 디자이너

업무내용

— App/Web UI 디자인 및 프로토타이핑
— 사용성 테스트를 통한 문제 **정의** 및 **해결**
— 브랜드 및 앱 디자인 시스템 설계 및 확장
— 서비스 콘텐츠/마케팅 관련 소스 디자인

자격조건

— UI 디자인 툴(Sketch/Photoshop/Illustrator)**의 능숙한
  사용 역량**
— UI/UX 디자인 2년 이상 경력

- **Advanced understanding** and experience of mobile services
- **Excellent** communication skills
- **Basic knowledge in** Mark-up (HTML, CSS)

Preferred qualifications
- **Launched** one or more project in collaboration with non-designers
- Experienced reactive web design
- Experience in **in-house** design
- Abundant experience in or strong desire to study English
- **Interest in** defining problems and deriving solutions based on customer needs and data

Editor in Chief, Lifestyle

About us

We're Daily Beans, a startup of 100+ uber-talented people dedicated to redefining how people read the news. We're serving more than 500,000 readers worldwide. We have intelligent and savvy people that motivate each other to grow. Don't worry though - we don't bite!

Just so you're wondering, we're not a food or coffee company. Don't be disappointed - we will become as essential as baked & coffee beans to our readers.

Daily Beans' HQ is in Miami, Florida.

— 모바일 서비스에 대한 **높은 이해도와 경력**
— **뛰어난** 커뮤니케이션 역량
— Mark-up(HTML, CSS)에 대한 기본 지식

우대사항
— 타 직군과의 협업으로 하나 이상의 프로젝트를 **런칭한**
  경험이 있는 분
— 반응형 웹 디자인 작업 경험이 있는 분
— **인하우스** 디자인 실무 경험이 있는 분
— 영어(어학) 공부 경험이 많거나, 니즈가 강한 분
— 고객 니즈 및 데이터를 바탕으로 문제를 정의하고 솔루션을
  도출하는 데 **관심 있는 분**

수석 편집장

수석 편집장 - 라이프스타일 부문

저희는 Daily Beans라는 스타트업으로 100명 이상의 우수한
인재들이 뉴스를 읽는 방식을 재정의하는 데 전념하고
있습니다. 저희는 전 세계적으로 50만 명 이상의 독자들을 보유하고
있습니다. 서로의 성장을 견인하는 똑똑하고 명민한 동료들이
함께 하고요. 그렇다고 걱정 마세요 - 물지 않아요!

혹시 궁금해하실까 봐 말씀드리면, 저희는 음식이나
커피 회사가 아닙니다. 실망하지 마세요. 독자들에게 베이크드
빈이나 커피 콩처럼 필수적인 존재가 될 것입니다.

Daily Beans 본사는 플로리다 마이애미에 있습니다.

Overview

We are looking for an Editor in Chief to lead the team of 20+ writers, 5+ editors, and 20+ content creators focused on lifestyle content.

It's our goal to make the business world more engaging for the modern young professional. How are we doing this? By delivering a daily dose of business & lifestyle content curated to the individual subscriber. We distribute this content through our website, podcast, newsletters, social media, and soon in print.

Are you excited and do you want in? Scroll down!

Here's what you'll be working on:
- **Lead** content creation strategy and oversee all operations for Daily Beans' lifestyle-related products and content
- **Hire, manage, develop and motivate** a first-class team of writers, editors, and content creators
- **Drive** content planning and editorial calendaring for all franchises **in conjunction with** the Head of Content
- **Ideate** and launch paid or membership products, leading the team to take ideas from conception to launch and beyond
- **Have a deep understanding of** target audience, ensuring that content is engaging for both existing and new audiences
- **Optimize and grow** existing social account performance and engagement
- **Ensure** that all content fits the tone and brand of Daily Beans' and adheres to our strong editorial standards
- **Create a culture of** constant learning and testing within the team

개요

저희는 라이프스타일 콘텐츠에 초점을 맞춘 20명 이상의 필진, 5명 이상의 에디터, 20명 이상의 콘텐츠 크리에이터들로 구성된 팀을 이끌 편집장을 찾고 있습니다.

현대 젊은 프로페셔널들을 위해 비즈니스 세계를 더욱 매력적으로 만드는 것이 저희의 목표입니다. 저희가 어떻게 그걸 하고 있냐구요? 개인 구독자에게 매일 큐레이션된 비즈니스 및 라이프스타일 콘텐츠를 전달합니다. 당사는 웹 사이트, 팟캐스트, 뉴스레터, 소셜 미디어 등을 통해 이 콘텐츠를 유통하고 있으며, 조만간 인쇄물로도 선보일 예정입니다.

신나서 합류하고 싶으시다면 아래로 스크롤하세요!

업무 내용은 다음과 같습니다.

— Daily Beans의 라이프스타일 관련 제품 및 컨텐츠에 대한 모든 운영을 총괄하고 컨텐츠 작성 전략을 **주도합니다.**

— 일류 필진, 에디터, 콘텐츠 제작자를 **채용, 관리, 개발 및 동기 부여**합니다.

— 콘텐츠 팀장과 **연계하여** 모든 프랜차이즈의 콘텐츠 기획 및 편집 일정관리를 **추진합니다.**

— 유료 또는 멤버십 제품을 **구상**하고 출시하며, 팀을 이끌어 구상부터 출시, 그 이후까지 활용할 수 있도록 아이디어를 유도합니다.

— 타겟 독자층을 **깊이 이해하고,** 기존 독자층과 신규 독자층 모두에게 매력적인 콘텐츠가 될 수 있도록 합니다.

— 기존 소셜 계정의 성과 및 참여도를 **최적화하고 성장시킵니다.**

— 모든 콘텐츠를 Daily Beans의 톤과 브랜드에 최적화시키고 편집 표준을 철저히 준수할 것을 **보장합니다.**

— 팀 내에서 지속적인 학습 및 실험 **문화를 조성합니다.**

- **Take a data-focused approach** by using relevant data to inform smart decisions resulting in engagement and readership growth
- **Coordinate with** growth, design, tech, and merchandise teams on cross-functional projects

What makes you qualified?
- At least a 7-year track record in managing content teams and building successful content products that grow audiences and drive engagement
- **Verifiable expertise** and knowledge in lifestyle editorial content; experience in business/trend related content **a plus**
- **Strong intuition** for what content **resonates** with target audiences
- **Keen understanding of** building optimal content for different platforms (social, email, web, video, etc.)
- **Entrepreneurial spirit/coupled with** solid decision-making skills
- **User-first mindset** with an orientation towards constant testing and iteration
- Experience in building and leading a highly functional content team
- **Exceptionally outstanding** communication and **interpersonal skills**, particularly in building relationships with cross-functional teams

Perks
- Challenging and fast-paced environment, a perk if you're hungry for growth
- **Competitive salary** and quarterly performance-based bonuses

— 관련 데이터를 사용한 **데이터 중심으로 접근하여** 스마트한
의사결정에 대한 정보를 제공하고 참여 및 독자층을
증대시킵니다.
— 교차 기능 프로젝트에서 그로스팀, 디자인팀, 기술팀,
상품팀과 **협력합니다.**

자격 요건은 어떻게 되나요

— 7년 이상의 경력자로 콘텐츠 팀을 관리하고 독자 증대 및
참여 유도가 가능한 성공적인 컨텐츠 상품을 만들 수 있는 분
— 라이프스타일 편집 컨텐츠에 대한 **검증 가능한 전문성** 및
지식, 비즈니스/트렌드 관련 컨텐츠 경험이 있는 분 **우대**
— 대상 고객에게 울림을 줄 수 있는 콘텐츠 선정에 대한
직관이 뛰어나신 분
— 다양한 플랫폼(소셜, 이메일, 웹, 비디오 등)상에서 최적의
컨텐츠 구축에 대한 **이해도가 높은 분**
— **기업가 정신**과 확실한 의사 결정 능력을 고루 갖춘 분
— 지속적인 테스트 및 반복 지향으로 **사용자 기준 마인드셋**을
갖춘 분
— 고도로 기능적인 컨텐츠 팀을 구성하고 이끈 경험이 있는
분
— 특별히 교차기능팀과 관계를 구축하는 데 있어 **특별히
탁월한** 커뮤니케이션 및 **대인 관계 역량**이 있는 분

혜택

— 도전적이고 빠른 업무 환경, 성장에 목마르신 분이라면
이것이 바로 특전입니다.
— **경쟁력 있는 급여** 및 분기별 성과급

- Annual learning **credit**: Want to upgrade yourself? We'll pay for it (up to $2,000 worth of credit).
- Unlimited **leave**: Unlimited vacation, regardless of the reason for it. Trust us, unlimited means unlimited.
- **Remote work** option: Work from the office, from home, from a park, from Mars - it's up to you! (The leadership will gather at the office once a month.)
- Remote work **stipends**: Upgrade your remote work environment at the company's expense!
- Employer **pension matching**: Helping you to get ready for the future.
- Annual **medical checkups**: The most premium option you can get. Your health matters to us.

채용 공고를 구성하는 각 파트별 표현

채용 공고 각 파트 타이틀
- about us: 회사 소개
- job description/about the job : 포지션 소개
- responsibilities: 책임 업무
- minimum/required qualifications: 최소 자격 요건
- preferred qualifications: 우대 조건
- tech stack: 테크 스택
- benefits/perks: 복지/혜택
- culture: 사내 문화

회사 관련 정보
- size: 회사 규모

— 연간 학습 크레딧: 스스로를 업그레이드시키고 싶나요?
비용은 저희가 책임질게요. (최대 2,000달러 상당의 크레딧)
— 무제한 **휴가**: 이유 불문하고 무제한 휴가입니다. 믿으셔도
되어요, 무제한은 무제한을 의미합니다.
— **원격 근무** 옵션: 사무실에서, 집에서, 공원에서, 화성에서,
어디서든 일하세요 - 여러분이 하기 나름입니다! (리더십은
한 달에 한 번 사무실 미팅을 갖습니다.)
— 원격 근무 **지원금**: 회사 비용으로 원격 근무 환경을
업그레이드하세요!
— **사업주 연금 가입**: 여러분의 미래를 준비하는 데 도움을
드립니다.
— 연간 **건강 검진**: 프리미엄급 옵션을 받으실 수 있습니다.
여러분의 건강은 우리에게 소중하니까요.

— founded: 창업 연도
— type: 회사 종류 (개인, 주식회사, 비영리 등)
— industry: 산업
— sector: 섹터
— revenue: 매출 규모
— headquarters: 본사 위치/location: 회사 위치

주요 업무 내용을 기술하는 경우
해당 업무 소개 시 사용할 수 있는 동사들입니다. 보통 주어 없이 다음과
같은 동사로 문장을 시작합니다.
— responsible for (sth): (sth)에 대한 책임이 있다
— must be able to ~: ~를 할 능력이 있어야 함

— manage (sth): (sth)를 관리하다
— ensure (sth): (sth)를 보장하다, 보증하다
— oversee (sth): (sth)를 감독하다
— discover (sth): (sth)를 발굴하다
— produce (sth): (sth)를 제작하다, 만들어내다
— coordinate (sth): (sth)를 조직화하다
— assist with (sth): (sth)를 돕다, 보조하다
— support (sth): (sth)를 지지하다, 돕다
— validate (sth): (sth)를 승인하다, 입증하다
— collaborate with (sb): (sb)와 협력하다
— coordinate with (sb): (sb)와 조정하다
— pioneer (sth): (sth)를 개척하다
— build (sth): (sth)를 짓다
— scale (sth): (sth)를 확장하다
— create (sth): (sth)를 창조하다
— establish (sth): (sth)를 설립하다, 창립하다
— implement (sth)/carry out (sth): (sth)를 시행하다
— enhance (sth): (sth)를 향상시키다
— add (sth): (sth)를 더하다
— identify (sth): (sth)를 식별하다
— respond to (sth): (sth)에 응답하다
— maintain documents reflecting (sth): (sth)을 반영하는 문서를 유지하다
— update as required: 요구되는 대로 업데이트하다
— provide regular (project status) updates: (프로젝트 진행) 상황을 정기적으로 보고하다
— define (sth): (sth)를 정의하다
— resolve (sth): (sth)를 해결하다
— launch (sth): (sth)을 출시하다
— in-house (sth): (sth)를 인하우스로 한 경험

근무 조건에 따른 표현

출장이 필요한 경우 다음과 같은 표현을 사용해 조건을 달 수 있습니다.

— able to travel when required: 필요 시 출장이 가능하신 분
— up to 50% travel time (contigent on travel restrictions):
  근무일의 50%까지 출장 (여행 제한에 따라 결정)

경력/경험을 나타내는 표현

이전 경력에 대한 요구사항들을 기재할 때 사용할 표현들입니다.

— equivalent work experience: 상응하는 업무 경험
— relevant work experiences: 관련된 업무 경험
— hands-on experience: 실무 경험
— 10+ year track record in (sth): (sth)에 대한 10년 이상의 경력

전문 분야의 기술적 역량을 나타내는 표현

지원자의 기술적 역량을 표현할 때, 다음 표현들이 문장 맨 앞에서
사용됩니다.

— verifiable expertise: 검증 가능한 전문성
— fully understand (sth): (sth)를 완전하게 이해하다
— advanced/deep/keen understanding/knowledge in (sth):
  (sth)에 대해 이해도가 높은/(sth)에 대한 깊은 지식
— basic knowledge in (sth): (sth)에 대한 기초적인 지식
— must have demonstrated ability to ~: ~에 대한 능력을
  증명할 만한 경험이 있어야 한다
— proficient in (sth): (주로 소프트웨어, 프로그래밍 언어,
  외국어)에 능통
— experience in (sth): (sth)에 대한 유경험자 (주로 소프트웨어;
  잘하지 않아도 해본 경험 있어야 함)
— exceptional at (sth): 예외적인, 예외의, 탁월한
— familiarity/familiar with (sth): (sth)에 대해 친숙함
— been actively involved in (sth): (sth)에 적극적으로 관여했음
— excelled at (sth)/excellent at (sth): (sth)에 뛰어남
— consistently ~: ~ 일관되게 하다

- demonstrated ~ skills: ~에 대한 능력을 보였다
- effectively ~: ~를 효과적으로 하다
- frictionless: 문제없이, 완벽하게, 마찰없이
- strong (sth) skills: (sth)에 뛰어난 역량을 보이다
- fluent in (language): (언어를) 유창하게 구사하다
- interested in (sth): (sth)에 관심이 있다
- validated/proved (sth): (sth)이 검증되다/증명되다
- ~ orientation at(or towards): ~에 대한 경향성
- exceptionally outstanding (sth) skills: (sth)에 대한 예외적으로 탁월한 역량

리더십과 같은 소프트 스킬 역량에 관한 표현
일할 때 보이는 태도나 사람의 성향에 대한 부분을 기재할 때 사용할 수 있습니다.
- must be (detail oriented, able to provide solution to complex problems, and able to meet tight deadlines): ~이어야 한다(세부 사항을 꼼꼼하게 다루어야 함, 복잡한 문제를 해결할 수 있어야 함, 빡빡한 마감 스케줄을 맞출 수 있어야 함)
- strong intuition in (sth): (sth)에 강한 직관
- entrepreneurial spirit: 기업가 정신
- customer/user-first mindset: 사용자 우선 사고방식
- works well in ~ situations: ~와 같은 상황에서 역량을 발휘하다
- proven (leadership) experience: 증명된 (리더십) 경험
- effective prioritization skills: 효과적인 우선순위 결정 역량
- strong mindset for (sth): (sth)에 대한 강한 사고방식/태도
- interpersonal skills: 대인관계 역량

복지/혜택 관련 표현
회사 복지와 혜택을 기재할 때 사용할 수 있는 표현들입니다.
- competitive salary/competitive compensation: 경쟁력 있는(높은) 급여/보상

- credit: 크레딧 (현금 대신 사용 가능)
- stock option: 스톡 옵션, 주식 매입 선택권
- quarterly performance incentives: 분기별 성과 연계 인센티브
- incentive system: 인센티브 체계
- annual bonus: 연간 보너스
- paid time off/leave/vacation: 유급 휴가
- medical insurance: 의료 보험
- medical checkups: 건강 검진
- flexible working: 유연 근무제
- remote work/telecommuting: 원격 근무
- stipends: 수당, 급여, 지원금
- pension matching: 회사가 종업원이 적립하는 연금의 일정 비율을 지원하는 것
- commuter subsidies: 통근 지원금
- company sponsored (sth): 회사가 지원하는 (sth)

채용 공고 SNS 포스팅

채용 공고 SNS 포스팅은 일단 많은 사람이 이 포스팅을 보고, 조건에 맞는 사람들이 지원하도록 유도하는 것에 목적을 둡니다. 단순히 많이 알려지기보다는 회사가 정확히 필요로 하는 인재들이 많이 유입될 수 있어야 하겠죠?

일반적으로 생각하는 full-time 직원의 경우에는 홍보용 SNS 포스팅 자체에 구구절절하게 채용 공고사항을 그대로 넣기보다, 각 포지션에 몇 명의 인재를 언제까지 채용하고자 하는지에 대한 간단한 정보와 함께 회사의 매력을 어필하는 임팩트 있는 문장과 이미지를 삽입합니다. 구체적인 채용 공고는 링크를 타고 들어와서 보게 합니다.

그러나 회사가 채용하려는 지역에서 잘 알려지지 않은 경우, 혹은 텔라의 원어민 튜터처럼 프리랜서와 같은 개념의 업무인 경우, 업무 조건을 직접적으로 드러내면서 어필하는 방법도 있습니다.

텔라의 포스팅에서는 어떤 일을 하는 포지션인지 정확하게 보여주고, 필수적인 조건이 무엇인지 기재하고자 하였습니다. 수년간 채용을 하면서 지원자들이 주로 하는 질문, 눈길이 갈 만한 설명이나

조건들을 압축하여 포스팅하였습니다. 이때, 이미지가 한 눈에 보이기 때문에, 텍스트에는 업무 조건에 대한 내용을 주로 담았습니다.

Tella, an emerging online English education company in Korea, is **urgently looking for** an experienced/Skype English tutor who can start work **right away**. (AUDIO classes only)

Hourly rate: $$$ plus **monthly incentives**
Teaching materials are provided.
Working schedule: Monday - Friday 7:00pm - 11:00pm Philippine Standard Time.

Requirements:
— must have at least one-year English tutoring experience
— must be an excellent English speaker with **flawless** grammar, good accent, and pronunciation
— good attitude towards work
— must have own laptop and **wired internet connection** (DSL/Fiber)
— quiet teaching environment

If interested, feel free to send in a **cover letter** about yourself and why we should hire you, your resume, and your one-minute audio introduction on the subject "Why I want to be a Tella Call Tutor" to joan@tella.co.kr.

Full job posting at the link below:
bit.ly/123abc

한국의 신흥 온라인 영어교육회사 텔라가 **바로** 일을 시작할 수 있는 경험 많은 폰/스카이프 영어강사를 **긴급 모집합**니다. (음성 수업만 제공)

시급: **$$$ + 월별 인센티브**
교육 자료는 제공됩니다
업무 일정: 월요일 - 금요일 7:00 - 11:00 필리핀 표준시

필요 요건:
— 최소 1년 이상의 영어 튜터링 경력
— **완벽한** 문법, 좋은 억양, 발음을 가진 훌륭한 영어 스피커
— 성실한 근무 태도
— 개인 노트북 및 **유선 인터넷**(DSL/Fiber) 필요
— 조용한 수업 환경

관심 있으시면, 우리가 왜 당신을 고용해야 하는지와 자신을 소개하는 설명하는 커버 레터, 이력서, 그리고 "Tella Call Tutor가 되고 싶은 이유"를 주제로 제작한 1분짜리 음성 소개서를 joan@tella.co.kr로 자유롭게 보내 주십시오.

아래 링크에서 **채용 공고 전문**을 확인할 수 있습니다:
bit.ly/123abc

채용 지원자의 이메일/지원서

한국도 마찬가지지만, 영어권 국가에서도 지원서를 (이메일로) 제출하는 방식에서 대략적으로 최소한의 자질을 파악할 수 있습니다. 비문이나 철자/문법/구두점이 틀리면 튜터로서 영어를 가르치고 첨삭해줄 자질이 없다고 바로 파악할 수 있습니다. 이메일 안에서 형식을 너무 갖추지 않은 경우 (극단적인 예로는, 본문의 모든 문장에서 폰트가 다르거나 크기가 다른 경우)에는 (언택트) 커뮤니케이션에서 상대방을 배려하지 않는 성향을 볼 수 있기 때문입니다.

영어를 가르치는 업무를 하는 사람이 아니더라도, 같이 일할 외국인 직원 혹은 파트너의 경우에도 그런 점을 엿볼 수 있겠죠. 이런 암묵적인 규칙은 한국이든 다른 나라든 마찬가지라고 볼 수 있습니다.

기본적인 업무 자질을 의심해도 되는 지원서/이메일:

— 이메일 제목이 없는 경우, 혹은 채용 지원서인지 알 수 없는 경우

Good day!

Thank you very much for **taking the time** to apply for our professional English tutor position. We **highly appreciate** your interest in our company and the job.

We are writing to announce that you have been selected to **proceed to** the **second round** of TELLA Tutor Recruitment 2020! Please **read** the following instructions **thoroughly**.

(Content of assignment to submit)

— 오탈자가 많은 경우

— 철자 또는 문법적 오류가 많은 경우: 영어가 모국어나 공용어인
경우 특히 더 주의깊게 볼 필요가 있습니다. 영어에서 철자와
문법은 한국어보다 훨씬 '기본 자질을 평가'하는 기준이 되기도
합니다.

— 지원서 양식에서 요구하는 최소한의 내용을 충족하지 않은 경우

채용 공고 이후 커뮤니케이션

채용 공고를 발행한 이후 채용 절차를 밟아갈 때 합격한 지원자와
불합격한 지원자에게 이메일을 보내게 됩니다. 합격과 불합격을
안내하는 이메일에서 쓰이는 통상적인 표현들을 다음 예시들을 통해
살펴봅시다.

다음 채용과 관련된 커뮤니케이션은 텔라의 원어민 튜터를
선발할 때 서류 합격 후 다음 단계를 안내하는 이메일입니다.

합격한 경우:

좋은 하루입니다!

시간 내어 저희 전문 영어 튜터 포지션을 위한 지원서를 작성해
주셔서 감사합니다. 저희 회사와 해당 직무에 관심을 가져 주셔서
대단히 감사합니다.

TELLA 튜터 채용 2020의 **2차 관문** 에 선발되신 소식을
전하고자 이메일을 드립니다! 다음 지침을 **꼼꼼히 읽어 주십시오.**

(제출해야할 과제 내용)

We have chosen a schedule for your grammar competency test, essay, and typing speed test below:

- Date: May 28th, 2020
- Time: 8:00 am – 9:00 am Philippine Standard Time
- **Duration of** grammar test: 30 minutes
- Duration of typing speed test: 30 minutes
- Total test time: 1 hour
- **Due date** of essay: Please submit your essay within the assessment day/on the date stated above.

  * **No show** without a **cogent reason** will lead to the cancellation of the application process.

For any inquiries, please **do not hesitate to** email me back at joan@tella.co.kr.

Joan Demaulo
Regional Manager, Philippines

Good day,

We appreciate that you took the time to apply for the position of an ESL Tutor at our company.

Unfortunately, your **assessment scores** (grammar proficiency test score 52/60) **did not qualify you to** participate in the next phase of the recruitment. Though your other

귀하의 문법 능력 시험, 에세이 및 타이핑 속도 시험 일정은 아래와 같습니다.

- 날짜: 2020년 5월 28일
- 시간: 오전 8:00 – 9:00(필리핀 표준 시간)
- 문법 시험 **소요 시간** : 30분
- 타자 속도 시험 소요 시간: 30분
- 총 시험 시간: 1시간
- 에세이 **마감일**: 평가일/위에 명시된 날짜까지 에세이를 제출하십시오.

   * **납득할 만한 사유** 없이 시험 당일 **나타나지 않는 경우** 채용 절차가 취소됩니다.

문의 사항이 있으시면 **주저하지 마시고** joan@tella.co.kr으로 이메일을 보내주십시오.

Joan Demaulo
필리핀 지역 관리자

불합격할 경우:

좋은 하루입니다.

시간을 내어 저희 회사의 ESL 튜터 자리에 지원해주셔서 감사합니다.

안타깝게도 귀하의 **평가 점수**(문법 숙련도 시험 점수 52/60)로는 다음 전형 단계에 응시하실 **수 없습니다.** 귀하의 다른 자격 요건은 인상적이었지만, 선발 과정 **경쟁률이 매우 높아**

qualifications are impressive, the selection process was **highly competitive**, and we have decided to **move forward with** a candidate whose qualifications **better meet our needs** at this time.

Thank you for your application. We wish you every personal and professional success in your **future endeavors**. Once again, thank you for your interest in working with us.

Regards,
Joan Calvara
Regional Manager, Philippines

화상으로 지원자 면접하기

업종을 불문하고 많은 회사들이 이제 비대면 채용에 더 익숙해지는 것 같습니다. 필자의 회사는 해외에 있는 분들을 비대면으로 리크루팅부터 채용까지 하고 있는데, 이 때 화상 면접을 꼭 진행합니다. 물론, 서류 전형과 온라인 시험, 시범 수업 등 면접에 앞선 과정들을 통해 필요한 역량은 모두 확인 가능합니다. 그럼에도 화상 면접을 해야하는 이유는 첫째로 재택 근무 환경(인터넷 연결 상태, 직무에 따라 주변 소음 등의

— Why did you choose this company or industry over others?
— What are some of your skills you can **contribute to** the company's growth?
— What would be your **unique selling points** to our customers?
— Do you have any **techniques** to (keep conversations

현재 당사의 **요구 사항에 더 적합한** 자격을 갖춘 지원자와 **함께 진행하기로** 결정했습니다.

지원해 주셔서 감사합니다. 개인적으로나 직업적으로 **앞으로 하시는 일**이 두루 잘 되기를 기원합니다. 다시 한 번 저희 모집 공고에 관심을 가져 주셔서 감사합니다.

감사합니다,
Joan Calvara
필리핀 지역 관리자

업무 환경)을 확인하고, 둘째로 신뢰할 수 있는 동료인지 확인하며, 셋째는 회사와 지원자가 서로 '얼굴 도장'을 찍어서 함께 잘해보겠다는 모종의 약속을 하기 위해서 입니다. 텍스트로 온전히 확인하기 어려운 부분을 화상 면접을 통해 확인합니다.

다음은 회사나 직무를 불문하고 사용할 수 있는 면접 질문들입니다.

— 타 업계 또는 회사를 선택하지 않고, 왜 본 회사에 지원하였나요?
— 우리 회사의 성장**에 기여할** 수 있는 능력은 어떤 것들이 있나요?
— 지원자께서 저희 고객들에게 제공할 수 있는 본인의 **고유한 특장점은** 무엇인가요?
— (대화를 계속 진행)할 수 있는 **기술**이 있나요?

engaging)?
— What are your **strengths and weaknesses**? How do you **overcome** your weaknesses?
— Could you tell me about a time when you **demonstrated** leadership **skills** in order to solve a problem?
— What makes you a better candidate than other applicants?
— How can you **deal with emergencies** (regarding the position)?
— **How long do you see yourself** working in this company?
— What's your **motivation** for our (profession)?
— Do you have any **professional growth plans**? What would you do to **stay up to par**?
— What would you identify as **top-notch qualities** to be a successful (profession)?
— What are the **advantages** of the company's services **as opposed to/in contrast** to competitors' services?
— What are the **major differences that you perceive between** Koreans and (your country's people) in terms of culture, language, etc.?
— What are your interests **outside of work**?
— Do you have any **questions for us**?

채용 공고 및 진행 과정 관련 표현
채용공고
— urgently look for (sb/sth): (sb/sth)를 긴급하게 구하다
— right away: 당장
— monthly incentives: 월별 인센티브
— flawless (sth): (sth)이 흠없는

— 지원자의 강**점과 약점**이 뭔가요? 그리고 약점은 어떻게 **극복하나요?**
— **리더십을 보여** 문제를 해결했던 적이 있나요?

— 다른 지원자 대비 후보자의 차별점은 무엇이 있을까요?
— (이 직무와 관계된) **비상사태에** 어떻게 **대처하실** 수 있나요?
— 이 회사에서 **얼마나 근무할** 것이라 **보시나요?**
— (직무)에 대한 당신의 **동기**는 무엇인가요?
— 어떤 **커리어 성장 계획**을 가지고 있나요? **일정 역량 이상을 유지**하기 위해 무엇을 하시겠어요?
— 지원자가 생각하기에 성공의 **최고 자질**은 무엇인가요?

— 경쟁사의 서비스와 **다른/대비되는** 당사 서비스의 **이점**은 무엇인가요?
— 한국인과 (지원자의 국민) 사이에 문화, 언어 등의 **측면에서 인식하는 주요한 차이점**은 무엇인가요?

— **업무 이외**의 관심사는 무엇인가요?
— **저희에게 하실 질문**이 있나요?

— wired internet connection: 유선 인터넷 연결
— cover letter: 커버 레터
— full job posting: 구인 공고 전문

합격/불합격 통지
— take the time to ~: ~하는데 시간을 쓰다

- highly appreciate (sth): (sth)에 대단히 감사하다
- read (sth) thoroughly: (sth)를 꼼꼼히 읽다
- proceed to (sth): (sth)에 진입하다
- second round: 2차 관문
- duration of (sth): (sth)의 소요 시간
- due date: 제출 기한, 마감일
- no show: 예약/예정된 일정에 예고없이 불참
- cogent reason: 납득할 만한 사유
- do not hesitate to ~: ~를 하는데 주저마시고
- assessment scores: 평가 점수
- did not qualify you to ~: ~하는데 자격을 되지 못하다
- highly competitive: 매우 경쟁적인
- move forward with (sth): (sth)와 함께 진행하다
- better meet our needs: 요구 사항에 더 적합한
- future endeavors: 앞으로 시도하는 일들

면접 질문에 관한 표현
- contribute to (sth): (sth)에 기여하다
- unique selling points: 고유한 판매 포인트
- techniques: 기술, 스킬
- strengths and weaknesses: 장점과 약점
- overcome: 극복하다
- demonstrate ~ skills: ~ 역량을 증명하다
- candidate: 후보자
- deal with emergencies: 비상사태에 대처하다
- How long do you see yourself ~: ~를 얼마나 오래할 것이라 생각하나요?
- motivation: 동기
- professional growth plan: 커리어 성장 계획
- stay up to par: 일정 수준 유지
- top-notch qualities: 최상급의 자질
- advantages: 이점, 유리한 점

— as opposed to/in contrast to (sth): (sth)와 아주 다른/대비되는
— major differences that you perceive between ~: ~사이에 인식하는 주요한 차이점
— outside of work: 업무 이외의
— questions for us: 저희에게 하실 질문

채용 과정에서 사용되는 표현들은 채용 공고 속에만 있는 것이 아니라 다양한 비즈니스 상황에서 사용될 수 있습니다. 채용 과정을 거쳐 결국 함께 일하는 일원이 되기 때문일 텐데요, 다시 한번 이 챕터에서 익힌 표현들을 사용해 다양한 상황이 담긴 다음 문장들을 영작해봅시다.

1. 오늘날 기업들은 **바로** 원격 근무를 시작할 수 있는 소프트 스킬을 갖춘 직원을 점점 더 많이 **찾고 있습니다**.

Nowadays, companies are increasingly **looking for** employees with soft skills who can start working remotely **right away.**

2. **월별 인센티브**는 직원들이 직장 내 근속년수를 높이도록 유인하는 몇 가지 특권 중 하나입니다.

Monthly incentives are one of the perks that entice employees to stick around longer at a job.

3. 유선 인터넷 연결은 일반적으로 끊김이 많은 무선 연결과 비교할 때 **문제없이** 작동합니다.

A wired internet connection usually works **flawlessly** compared to a wireless connection, which is often spotty.

4.   **자기 소개서**를 읽고 귀하를 채용하는 것이 현명하리라고 판단했습니다.

The way you wrote the **cover letter** demonstrates why hiring you is a smart decision.

5.   **시간을 내어** 회사에 지원해 주셔서 **대단히 감사드립니다**. 최고의 적임자에게 좋은 결과가 생기면 좋겠습니다

We **highly appreciate** you all **taking the time** to apply to the company. May the best man win.

6.   벨라는 신입 사원 **2차 평가**를 다름 아닌 MD 자신이 할 거라는 내부 메모를 방금 봤습니다.

Bella just read in an internal memo that the **second round** of recruits will be vetted by none other than the MD herself.

7.   우리 서울 지점을 폐쇄하면 고객들을 10% 잃을 것이라고 판단하시는 납득할 만한 이유를 **주저하지 말고** 말씀해 주십시오.

Do not **hesitate to** give a persuasive argument that makes you certain that closing our Seoul branch will **lead to** a 10% loss of our clientele.

8.   이 **평가 점수**를 바탕으로, 다음 단계에 오를 후보자를 정하게
        됩니다.

These **assessment scores** will determine the candidates who will progress to the next level.

9.   마감일까지 확실하게 이 일을 마치려면, **경쟁력 있는**
        후보자들과 함께 진행해야만 합니다.

It's imperative that we move forward with the more **highly competitive** candidates to conclude this business by close of day.

10.   우리는 그녀가 **앞으로 시도하는 모든 일**에 계속해서 성공을
        거두기를 바랄 뿐입니다.

We wish her nothing but continued success in her **future endeavors.**

11.   GameStop의 주가 급등에 Reddit**이 큰 역할을 했습니다.**

Reddit has **contributed** greatly to the surprise surge in GameStop's stock.

12. 고객들에게 당신의 **고유한 장점**을 포장하는 데 사용하는 몇 가지 **기술**을 알려주시겠어요?

Could you please divulge some of the **techniques** you use to package **your unique selling points** to your customers?

13. 헤드헌터들은 통상 **후보자의 강점과 약점**을 조사하여 회사와의 적합성을 확인합니다.

Headhunters usually ask about a **candidate's strengths and weaknesses** to ascertain their compatibility with the company.

14. 우리 회사는 회장님의 리더십 덕분에 어려움을 **극복하고** 더 큰 고지를 점할 수 있었습니다.

Our company has been able to **overcome** its hardships and scale greater heights thanks to the leadership of Chairman Lee.

15. 당사에 탁월한 리더십 **능력**을 **증명해 보인 후보자**는 한 명뿐입니다.

There's only one **candidate** who **demonstrated** exceptional leadership **skills** to this company.

16. **비상사태에 대처하기** 위해 사업장에 소화기와 구급상자를 두는 것은 표준적인 안전 조치입니다.

It's a standard safety measure to have a fire extinguisher and a first aid kit on business premises to **deal with emergencies.**

17. 이와 같은 커리어 성장 계획을 선택한 **동기**는 무엇인가요? 계속해서 **일정 수준 이상을 유지**하려면 어떻게 계획해야 할까요?

What is your **motivation** for choosing this particular **professional growth plan**? How do you plan to **stay up to par?**

18. 좋은 직원으로서 **최고의 자질** 중 하나는 압박감 속에서도 관리감독을 최소화해 일할 수 있는 능력입니다.

Some of the **top-notch qualities** of a good employee include the ability to work under pressure and minimal supervision.

19. 정규직 직원과 **반대로** 프리랜서를 고용하는 **이점**은 너무 많아 셀 수가 없습니다.

The **advantages** of hiring contractors **as opposed** to permanent employees are too many to count.

20.   우리 직원들은 일과 삶의 균형을 유지할 수 있는 한 자유롭게 **직장 밖에서** 자신의 이익을 추구할 수 있습니다.

Our employees are free to pursue their own interests **outside of work** as long as they are able to maintain a work-life balance.

하기 어려운
이야기를 해야 할 때
(이메일 / 문서)

하기 어려운
이야기를 해야 할 때
(이메일 / 문서)

함께 일하는 사람들과 늘 듣기 좋은 이야기만을 할 수는 없을
것입니다. 하기 어려운 이야기, 상대방이 듣고 싶어 하지 않는 이야기를
어떻게 하면 명확하게, 그러나 감정 상하지 않게 할 수 있을지는 상황과
사람에 따라 다를 것입니다. 영어는 한국어보다 더 직접적인 화법을
사용하지만, 그래도 감정이 상하지 않도록 사용할 수 있는 공손한
표현들, 혹은 상대방의 감정을 헤아리는 표현들이 많이 있습니다.
이런 표현을 활용해서 상대방을 배려하면서도 커뮤니케이션의 목적을
달성하는 방법을 알아보겠습니다.

(문서/이메일) - 실무에 대한 부정적 피드백

실무를 진행하다 보면 기획이나 결과물에 대해 부정적인, 혹은
건설적인 피드백을 줄수밖에 없습니다. 부정적인 이야기를 듣는 것은
달갑지 않기에, 전달하는 사람도 부담이 됩니다. 피드백의 궁극적인
목적이 잘못을 짚는 것이 아니라, 더 나은 방향을 제안하는 것이라는
점을 염두한다면, 마음의 부담이 조금은 줄어들 것입니다.

비대면으로 부정적인 피드백을 줄 때는 표정, 몸짓, 분위기와
같은 비언어적 요소가 빠져있기에 오해의 소지가 많습니다. 오해를 사지
않으면서 심도깊은 이야기를 해야할 경우는 화상 미팅을 추천합니다.
그 정도의 이야기가 아닌 일상적인 업무 수준이라면 이메일이나 문서로
충분히 전달할 수 있어야 합니다.

비즈니스 커뮤니케이션 전문가들에 따르면, 대면으로 부정적인 피드백을 줄 때는 잘한 점과 그렇지 못한 점을 같이 이야기하고, 비대면으로 피드백을 할 경우에는 먼저 잘한 점에 대한 칭찬을 곁들이는 것이 좋다고 합니다. 일단 상대방의 노력을 인정하는 것이 중요합니다. 개선해야 할 점을 말할 때는 내용이 구체적일수록 좋은데, 대안 또한 구체적으로 제시하는 것을 추천합니다.

Dear Josh,

How is your day going?

Thanks again for your proposal on the landing page for the 2021 spring marketing campaign. I **went over** the proposal **thoroughly**.

You and your team definitely **got the heart of** the concept that we agreed on during the last meeting. I can see it's **off to a great start**. I **particularly like** the feel of the key visuals. They have a futuristic vibe, as we have discussed.

I would like to ask for a change in the color scheme. Because this campaign launches in spring, **I think** a vibrant yet warm color tone **would be** more appealing. The color scheme proposed is, **in my eyes**, a bit more **fit for** fall. **For reference**, I recommend Pantone's Color of the Year 2021 palettes.

I request an **additional proposal** of two different color schemes. We will **discuss them** with the whole team during next week's **follow-up meeting**.

Please let me know if you have any questions!

All the best,
Esther

어투는 상황과 맥락, 그리고 관계에 따라 다르겠으나, 가급적 단정적이거나 명령조로 말하는 것을 피하고, 부드럽고 공손하게 표현하길 권합니다. 직설적으로 필요한 이야기를 짚더라도 어투는 완곡하게 할 수 있습니다.

Josh 님에게,

오늘 하루는 어떤가요?

2021년 봄 마케팅 캠페인 랜딩 페이지 제안에 다시 한번 감사드립니다. 제안서를 **꼼꼼히 검토했습니다.**

지난 번 회의에서 합의한 **핵심 컨셉을 잘 파악하신** 것 같습니다. **시작이 아주 좋아** 보입니다. 핵심 비주얼들의 느낌이 **특히 마음에 듭니다.** 저희가 논의한 것처럼 분위기가 미래 지향적입니다.

색상조합에 변화를 주셨으면 하는데요. 이 캠페인은 봄에 시작되기 때문에 활기차면서도 따뜻한 색조가 더 매력적**일 것 같습니다.** 제가 보기에는, 제안하신 색채 배합은 가을**에 좀 더 적합하다고 생각합니다.** 팬톤 2021년 올해의 색상 팔레트를 **참고하시기를** 추천합니다.

색상 조합을 달리 해서 두 가지 **추가 제안을** 해주시면 좋겠습니다. 다음 주 **후속 회의** 때 팀 전체와 **이를 놓고 논의하겠습니다.**

질문이 있으면 알려 주세요!

안녕히 계세요
Esther 드림

짧은 이메일이지만 피드백을 간단하게 줘야 할 때 들어가야 할 요소가 다 들어있습니다. 인사, 피드백 내용에 대한 검토 사실 확인, 잘한 점 언급, 수정해야 할 사항과 그 이유, 구체적인 지침이 있습니다.

완곡한 말투 또한 확인할 수 있습니다. 역으로 대안을 제시할 때 would라는 조동사를 사용하여 공손함을 표현할 수 있습니다. 상대방의 제안서에서 중요한 부분인 색상표 수정을 요청하는데, Change the color scheme. (색상표를 바꾸세요), You need to change the color scheme. (색상표를 바꾸셔야 합니다)와 같은 표현을 사용한다면 '변화를 반드시 줘야 한다'는 단정적인 느낌이 묻어납니다.

I would like to ask for change on the color scheme. (색상표에 변화를 주셨으면 합니다)로 would like to를 사용하면 상대방이 흔쾌히 응하도록 만들 수 있습니다.

~ is more appealing(~가 더 매력적입니다), ~ would be more appealing(~가 더 매력적일 것 같습니다)의 예시도

October 7th, 2020
CONFIDENTIAL
Title: **First Official Warning Notice**

Dear Mike Whatson,

This letter comes to you as your first official warning notice after you intentionally **misinformed** the time you started and ended work in your work reports on 27th August and then again on the 6th of October.

마찬가지입니다. 내가 주는 대안이 반박 불가능한 답이 아니기에 would를 사용해 '~일 것 같다'라는 보다 완곡한 표현을 할 수 있습니다.

(문서/이메일) - 정해진 룰을 어겨서 경고를 할 때

직원이 정해진 룰을 어겨서 경고를 해야 할 경우가 있습니다. 조직마다 방법이 다르겠지만, 필자는 감정 표현을 자제하고 명확하게 사실만을 전달하는 것이 좋다고 생각합니다. 이미 답이 정해져 있는 내용에 관해서는 내용 자체를 이해하지 못할 경우 질문을 받을 수야 있겠지만, 질문 외의 이야기를 나누게 되면 불필요한 감정 소모가 일어날 수 있습니다. 따라서 최대한 명확한 핵심을 담아 담백히 의사전달을 하는 것이 좋습니다.

경고 내용은 이메일보다는 PDF 파일 형태로 공식적으로 회사가 사인해서 전달하는 것을 추천합니다. 이메일도 문제가 없지만, 회사의 공식적인 결정이라는 느낌을 더해줄 수 있습니다.

2020년 10월 7일
기밀 사항
제목: **첫 번째 공식 경고**

Mike Watson 님께,

8월 27일, 그리고 10월 6일 업무 보고서에 업무 시작 및 종료 시간을 고의로 **다르게 기재하였기에**, 첫 번째 공식 경고 통지를 하고자 **이 레터를 송부합니다.**

According to your contract:

4. Duties of the INDEPENDENT SERVICE PROVIDER **states** that:

4.1. Up-to-date and Accurate Information

4.1.1. The INDEPENDENT SERVICE PROVIDER shall provide true, accurate, current, and complete information about himself/herself and his/her work to the COMPANY. *(the rest is omitted)*

4.10. Tardiness and Missed Work

4.10.1. The INDEPENDENT SERVICE PROVIDER must provide prior or immediate notice to the COMPANY of all instances of possible tardiness and missed work by contacting the Talent Management Team. *(the rest is omitted)*

In addition, if you are unable to do this, the contract states that there could be:

9.2. Cancellation of Service Agreement, which states that:

9.2.1 The COMPANY may immediately terminate this Agreement due to the following acts or omissions of the INDEPENDENT SERVICE PROVIDER

9.2.1.1. Violation of any provision of this Agreement;

9.2.1.2. Failure to meet the COMPANY's quality standards or the required punctuality standard set by the company for the certain period in accordance with "Talent Work Guide."

When you **forge** work reports before you upload them on the system, you not only **lose credibility** as a professional to your client but make the company lose **brand equity** as well.

계약에 따르면:

4. 개별 용역 제공자의 책무를 다음과 같이 **명시하고** 있습니다.

4.1. 최신 정보에 입각해 정확히 보고할 것

4.1.1. 개별 용역 제공자는 회사에 자신의 상황 및 업무를 거짓 없이 정확하게 현재 시점의 완전한 정보를 제공**합**니다. *(이하 생략)*

4.10. 업무 지연 및 업무 누락

4.10.1. 개별 용역 제공자는 업무 지연 및 누락이 발생할 경우 인재 관리팀에 연락하여, 사전에 혹은 발생 즉시 회사에 알려야 합니다. *(이하 생략)*

또한 이를 수행할 수 없는 경우, 계약에 다음과 같이 명시되어 있습니다.

9.2. 용역 제공 계약 해지에 관한 조항:

9.2.1 회사는 독립 서비스 제공자가 다음과 같은 행위 또는 누락을 할 경우 본 계약을 즉시 해지할 수 있습니다.

9.2.1.1. 본 계약의 조항 중 어느 하나라도 위반한 경우

9.2.1.2. 특정 기간 동안 "Talent Work Guide"에 따라 회사의 작업 품질 기준과 시간 엄수 기준을 충족하지 못한 경우

업무 보고서를 위조해 시스템에 업로드하면 고객으로부터 전문가로서의 **평판이 떨어질** 뿐만 아니라 당사의 **브랜드 가치** 또한 **떨어지게 됩니다.**

Seeing as you **presented false information** twice, you are to acknowledge receipt of this letter, and you will **be on suspension** for two weeks as a **disciplinary action** beginning October 8th, 2020. We will then be monitoring how you handle your work again beginning October 23rd, 2020.

Kindly work on seeing that **integrity** is key in your contribution to ZipJobs.

Evelyn White
Assistant Manager

피드백을 줄 때 사용할 표현

검토 확인 관련 표현
— go over (sth): (sth)를 검토하다
— thoroughly: 세세하게, 철저하게

긍정적 피드백
— get the heart of (sth): (sth)의 핵심을 파악하다
— off to a great start: 시작이 아주 좋은
— particularly like (sth): (sth)가 특히 좋다

수정/개선 요청
— I would like to ask for (sth): (sth)를 요청드립니다
— a change on (sth): (sth) 변경
— (sth) would be more appealing: (sth)이 더 매력적이다
— in my eyes: 제가 보기에는
— more fit for (sth): (sth)에 더 적합하다
— for reference: 참고를 위해
— additional proposal: 추가 제안

귀하는 2회에 걸쳐 **잘못된 정보를 제공**하였으므로 이 레터를 받았다는 것을 저희에게 알려야 하며 2020년 10월 8일부터 2주간 **징계조치로서 정직을 받게 됩니다.** 이후로 2020년 10월 23일부터는 귀하의 업무 처리가 모니터링될 예정입니다.

ZipJobs에 이바지하는 핵심이 **성실성**임을 부디 이해해 주시기 바랍니다.

Evelyn White
대리(부팀장)

— discuss (sth): (sth)에 대해 논의하다
— follow-up meeting: 후속 회의

경고문
— official warning notice: 공식 경고문
— This letter comes to you: 이 레터를 송부합니다
— misinformed: 다르게 보고하다, 허위 보고를 하다
— state: 명시하다
— the rest is ommitted: 이하 생략
— forge: 위조하다
— lose credibility: 평판을 잃다
— brand equity: 브랜드 가치, 브랜드 자산
— presented false information: 잘못된 정보 제공, 거짓 보고를 하다
— suspension: 정직
— disciplinary action: 징계 처분
— integrity: 온전함(진실성), 성실함

(공식 서한 - formal letter)- 구조 조정 및 해고 통보

팬더믹 이후 전면적으로 재택근무를 하는 회사들이 많았고, 이런
와중에 대다수 기업이 해고 사실이나 조직 개편 소식을 온라인으로
통보하면서 그 숨은 이야기들이 인터넷을 통해 알려지기도 했죠.
CEO가 나서지 않은 채 인사 담당자가 통보를 하거나, Zoom을 이용해
일방적으로 고지하는 바람에 접속하지 못한 사원은 관련 소식을 직접
듣지도 못했다는 비화 등은 끔찍하게 느껴지기도 합니다.

To Vickyland family,

This is your CEO. I am writing this letter **in the hope that** you
have a **better understanding** of the company's stance **in light
of the current circumstances**.

    As you are all aware, there have been multiple meetings
with all teams, regions and the company as a whole regarding
the situation of our company. There also have been numerous
heated discussions amongst the company's leadership. Now
the time has come to communicate the decisions that have
been made.

    It is unfortunate to have to share some very sad news. I
must confirm that there will be a reduction in the size of our
workforce and the reassignment or relocation of many. This is
how we have **arrived at this conclusion**.

이렇게 중차대한 소식을 비대면으로 전해야 한다면, 직접 화법을 통해 최대한 명확하게 알릴 필요가 있습니다. 그러나 삶에 지대한 영향을 미치는 소식이기에 단어 선택이나 표현에 신중해야 하겠습니다. 구조 조정이 불가피하다면, 해고 사실만을 건조하게 전달하기보다는 진심 어린 마음도 함께 전달하는 것이 좋을 것입니다.

다음은 관광객을 상대로 상당한 매출을 올리던 패션/라이프스타일 리테일에서 팬데믹으로 인해, 오프라인 매장을 절반 이상 폐점하기로 결정하면서 겪게 된 상황 예시입니다. 온라인 진출을 모색하고 있으나, 직원 해고와 구조 개편이 불가피한 상황에서 CEO가 임직원에게 관련 소식을 알리는 공식 통지문을 다음과 같이 게재하였습니다.

Vickyland 가족 여러분에게 알려드립니다.

CEO입니다. **현 상황에 비추어** 회사의 입장을 **더 잘 이해하셨으면 하는 바람으로** 이 편지를 씁니다.

모두 아시겠지만, 회사의 현황과 관련해 각급 팀, 지역, 전사 차원에서 여러 차례 회의가 있었습니다. 또한 회사 경영진에서도 수많은 **열띤 논의**가 있었습니다. 이제 결정 사항을 전달할 **때가 왔습니다.**

매우 안타까운 소식을 전하게 되어 **유감입니다.** 인력 감축이 있을 것이며 많은 인력의 재분장 내지 재배치도 있을 것**이라는 말씀을 드리지 않을 수 없군요. 이와 같은 결론에 도달한** 이유를 설명드리고자 합니다.

Due to the pandemic, the business has **been hit hard, to** where the revenue has **dropped** to below 50% of the same time last year. Though we have started to expand our online business, our primary source of revenue has been retail from our on-site shops, with 30% of that coming from tourists. As the global pandemic began to unfold, we immediately shut down the operation of tourist locations, laid off interns and part-time employees, and **dramatically cut** costs everywhere that we possibly could.

However, we eventually had to confront the situation and face some hard truths.

1. We do not know what the future of retail looks like. Although we know that the pandemic will end one day, we do not know when it will end, if the industry and company's revenue will fully recover, and how consumer behavior will permanently change at the end of it.

2. We **cannot afford to** wait to see **how things will play out**. It is a matter of time to run out of cash **to fall back on**.

Based on these facts, we had to **assume the worst of circumstances** and **scale back on** expenses that aren't guaranteeing the company revenue until we **get back on our feet**. We already have reduced the investment we had planned for our on-site shops. Even after all of this, we saw that it will not be enough to sustain the company and will have to make **fundamental changes** on how we do business.

Circumstances are pushing us to make **drastic but necessary adjustments** for Vickyland to survive. The leadership went back to **reexamining** our unchanging core values and **drew up** a clear set of principles on how to **move forward**.

Our mission **is centered around** providing unique experiences, something that other brands or companies **can never mimic**. We have a strong belief that people **are at the**

팬데믹으로 인해 작년 동기 대비 매출이 50% 이하로 **감소하면서 사업이 큰 타격을 입었습니다.** 비록 온라인 사업을 확장하기 시작했지만, 우리 회사의 주된 수입원은 매장의 소매 매출이었으며, 이 매출의 30%는 관광객들에게서 발생합니다. 팬데믹이 세계적으로 퍼지기 시작하면서 우리는 관광 지역의 매장운영을 즉시 중단했고, 인턴과 시간제 직원을 해고하였으며, 회사의 모든 비용을 **대폭 절감**했습니다.

하지만 우리는 결국 다음과 같은 상황에 직면해야 했고 냉혹한 진실을 마주해야 했습니다.

1. 소매업의 미래가 어떨지 모른다는 겁니다. 팬데믹이 언젠가는 끝나리라는 것을 알고 있지만, 그것이 언제 끝나게 될지, 리테일 산업과 회사 수익은 언제나 완전히 회복하게 될지 여부도 불확실합니다. 게다가 팬데믹이 끝나도 소비자 행동이 언제나 돼야 영구적으로 바뀔는지는 알 수 없습니다.
2. **사태가 어떻게 흘러갈지 속수무책으로 지켜보고만 있을 수는 없습니다. 기댈 수 있는** 현금이 바닥나는 것은 시간문제입니다.

이러한 사실을 이유로, 최악의 상황을 가정하고 회사가 **다시 일어설 때까지** 수익을 내지 못하는 비용 지출은 **축소하기로** 한 것입니다. 매장에 투자하기로 계획했던 예산은 이미 축소했습니다. 하지만 이것만으로는 버티기에 충분하지 않다는 것을 알게 되었고 사업 방식을 **근본적으로 바꿔**야만 한다는 것을 알게 되었습니다.

상황이 가혹하여, Vickyland가 생존하려면 **과감한 조정**이 필수입니다. 경영진에서는 변하지 않을 우리 회사의 핵심 가치들이 무엇인지를 **재검토하고 앞으로 나아갈** 방법에 대한 명확한 원칙들을 **작성했습니다.**

우리의 미션은 다른 브랜드나 회사들이 **결코 흉내 낼 수 없는** 독특한 경험을 제공하는 것**에 중점을 두고 있습니다.** 그 독특한 경험을 제공하는 **중심에** 항상 사람이 있다고 굳게 믿습니다. 사원

core of delivering that unique experience. Therefore, we have always been adamant about **investing heavily in** recruitment and in building our people's capabilities. So it is **harrowing** to make this decision.

We will now communicate **on the team and individual level** regarding severance, equity, job support, and other matters for those who are leaving. Our recruitment team will **clear everything** and **prioritize** supporting you to prepare for the next chapter in your career for the next month. **Do not hesitate to** reach out to them.

We will also **provide clarity on** the reassignments or relocations of positions within the next two weeks. We are **conducting** a **comprehensive review** on each and every team member and linking each person to each team's business needs. All teams will **undergo change**.

For those who are staying, I ask for you to be better than ever before. We may not feel like we are **fully equipped for whatever will happen next**, but we as a team need to **refuse to stay complacent amid** this **whirlwind**.

We need to go back to our roots: what made people get excited about Vickyland, what it was that made people line up for miles when we opened new stores, and what made us have tourists come over from all over the world for new product launches. We need to **take this as an opportunity to** innovate. Let's show our **unwavering commitment** to our mission.

For those who are leaving, I want to say that this is not your fault. We truly appreciate the passion you have put into the job. Your **contributions** matter. You have provided uniqueness to our journey, and your work will live on with our customers and us. I wish you the best **from the bottom of my heart**.

Victoria

채용과, 그렇게 뽑은 우리 인력의 역량을 키우는 데 **과감한 투자를 단행했던** 점도 그 때문이죠. 그래서 이와 같은 결정을 내리는 것이 매우 **고통스럽습니다.**

이제 퇴직금, 지분, 취업 지원, 그리고 떠나시는 분들의 기타 사안과 관련하여 **팀이나 개인 차원에서** 의사소통할 것입니다. 저희 채용팀은 다른 **모든 업무를 정리하고** 향후 한달간 여러분이 경력의 다음 장을 준비하실 수 있도록 **우선순위를 두고** 지원할 예정입니다. 채용팀에 연락하기를 **주저하지 말고** 연락주시기 바랍니다.

또한, 향후 2주 이내에 업무 재분장과 재배치 **관련 사항을 분명하게 공지하겠습니다.** 팀 구성원 한 명 한 명에 대한 **종합적인 검토를 시행하고** 각 팀의 비즈니스 요구에 맞게 각 사람을 연결하고 있습니다. 전체 부서가 **변화를 겪게** 될 것입니다.

남는 분들에게 말씀 드리자면, 여러분이 그 어느 때보다 더 역량을 발휘해 주셔야 합니다. **앞으로 일어날 일에 대해 충분히 준비되어 있지 않다고** 느낄지도 모르지만, 우리는 한 팀으로 이 **소용돌이 속에서 현실에 안주하는 것을 거부**해야 합니다.

우리는 다시 우리의 근본으로 돌아가야 합니다. 사람들이 Vickyland에 대해 흥분한 이유, 새로운 매장을 열 때 사람들이 수 마일에 걸쳐 줄을 선 이유, 신상품을 출시할 때 전 세계에서 관광객이 몰려들었던 바로 그 이유로 돌아가야 합니다. 우리는 **이 상황을** 혁신할 **기회로 삼아야 합니다.** 우리의 미션에 대한 **변함없는 의지**를 보여줍시다.

떠나는 분들에게 여러분의 잘못이 아니라고 말씀드리고 싶습니다. 여러분이 일에 쏟은 열정에 진심으로 감사드립니다. 여러분이 하신 **기여**는 정말 중요합니다. 우리의 여정에 특별함을 선사한 여러분이 하신 일은 계속해서 우리 회사와 고객들의 마음 속에 살아있을 것입니다. **진심으로** 여러분의 행복을 기원합니다.

빅토리아 드림

하기 어려운 이야기를 할 때 사용할 표현

배경과 상황을 설명할 때

— in the hope that ~: ~하는 바람으로

— better understanding: 더 잘 이해하다

— in light of (sth): (sth)에 비추어

— current circumstances: 현 상황

— as you are all aware: 여러분 모두 잘 아시듯이

— heated discussions: 열띤 논의

— the time has come: 때가 오다

— whirlwind: 소용돌이

— centered around (sth): (sth)에 집중되어 있다

— can never mimic: 결코 흉내낼 수 없다

— at the core of (sth): (sth)의 중심에

— invest heavily on (sth): (sth)에 투자를 많이 하다

안 좋은 이야기를 해야 할 때

— It is unfortunate to ~: ~하게 되어 유감입니다

— arrive at this conclusion: 이 결론에 도달하다

— been hit hard: 큰 타격을 입다

— drop to ~: ~로 감소하다

— cannot afford to ~: ~할 여력/여유가 없다

— assume the worst of circumstances: 최악의 상황을 가정하다

— harrowing: 고통스러운

— fall back on (sth): (sth)에 기대다

변화

— dramatically cut costs: 비용을 대폭 절감하다

— fundamental changes: 근본적인 변화

— drastic but necessary adjustments: 과감하지만 필요한 조정

— comprehensive review: 종합적인 검토

— undergo change: 변화를 겪다

— based on these facts: 이러한 사실을 근거로

— scale back on (sth): (sth)의 규모를 줄이다
— draw up (sth): (sth)를 작성하다
— get back on our feet: 다시 두발로 일어서다 (상황이 개선되다)
— re-examine: 재점검하다, 재검토하다
— conduct: 수행하다, 시행하다
— in the midst of (sth): (sth) 속에서
— on the team and individual level: 팀과 개인 차원에서

변화에 대응하는 자세
— how things will play out: 일이 어떻게 풀릴지
— fully equipped for (sth): (sth)에 대해 충분히 준비되다
— whatever will happen next: 앞으로 어떤 일이 일어나던지
— refuse to stay complacent: 현실에 안주하기를 거부하다
— take this as an opportunity to ~: 이를 ~할 기회로 삼다
— unwavering commitment: 변함없는 의지
— contributions: 기여
— move forward: 앞으로 나아가다, 전진하다
— clear everything: 모든 것을 정리하다
— prioritize: 우선시하다, 우선순위를 정리하다
— hesitate to~: ~하는 데 주저하다
— provide clarity: 명확함을 제공하다
— from the bottom of my heart: 진심으로

MORE APPLICABLE, REAL LIFE EXAMPLES

하기 어려운 이야기를 해야할 때 사용되는 표현들을 예시들을
통해 배웠습니다. 어려운 상황에서 오해의 여지를 최소화하는
커뮤니케이션을 해야하기에, 캐주얼하고 쉬운 표현보다는 구체적이며
포멀한 표현들이 많습니다. 이 표현들이 쓰일수 있는 실제 상황이
녹아난 다음 문장들을 통해 표현들을 내 것으로 소화해봅시다.

1.   정부 부패를 폭로하는 기사로 인해 정치인들이 지출 서류를
     위조했다는 사실이 밝혀지면서 **신용을 잃었습니다**.

An expose into government corruption led politicians to **lose
credibility** when it was revealed that they **forged** disbursement
documents.

2.   사업자들이 정부 입찰을 따내려고, 조달 위원회에 **허위
     정보를 제출했습니다**.

The contractors **presented false information** to the procurement
board, hoping to win the government tender.

3.   내부 메모에 따르면, 범인이 발견될 때까지 회계부서 전체가
     정직 처분을 받게 됩니다.

According to the internal memo, the entire accounting
department will **be on suspension** until the culprit is found.

4.   우리 회사 직원의 **정직성**을 지켜내기 위해 **징계 절차**를 신속하게 밟을 것입니다.

In order to preserve the **integrity** of our workforce, swift **disciplinary action** will be taken.

5.   Mr. Kim이 KPMG에 포렌식 감사를 의뢰한 것은, 회사 재원이 왜 그렇게 빨리 고갈되었는지를 **더 잘 파악하기 위해서였습니다.**

Mr. Kim hired KPMG to do a forensic audit **in the hope that** he could have a **better understanding** of how the company coffers were depleted so quickly.

6.   그 회사는 **현재 상황에 비추어 볼 때** 일시적인 동요를 겪을 수도 있습니다.

The company might experience some temporary turbulence **in light of the current circumstances.**

7. **여러분 모두 잘 알고 계시겠지만**, 간혹 저희가 하는 **격한 논쟁**에도 불구하고, 회사로서 우리의 단결력은 여전히 강합니다.

As you are all aware, despite the **heated discussions** we have from time to time, our unity as a company remains strong.

8. Gangnam Underwriters와의 파트너십을 종료해야 하는 것은 **안타까운 일입니다**. 한편으로 다행인 것은, 양사가 통제 불가능한 힘으로 인해 상호 협의하에 **이 결론에 이르렀다는 점입니다.**

It is unfortunate to have to end our partnership with Gangnam Underwriters. On a positive note, both companies have mutually **arrived at this conclusion** due to forces beyond our control.

9. 한국의 중소기업들은 정부가 경기부양책을 들고 나서야 할 정도로 **큰 타격을 입었습니다.**

SMEs in Korea have **been hit hard** to the extent that the government had to step in with stimulus packages.

10. 한국 대기업들은 2021년의 이익률 전망치를 **대폭 하향 조정**했습니다.

Korean conglomerates have **dramatically cut** their profit margin outlook for the year 2021.

11. 최근 주식시장의 주가 반등에도 불구하고 증권 중개인들은 **사태가 어떻게 전개될지**에 대해 여전히 회의적입니다. 월 스트리트가 붕괴한 2008년의 사태가 반복된다면, 그들은 도저히 **감당해낼 수가 없을 겁니다.**

Despite the recent rally in the stock markets, stock brokers are still skeptical of **how things will play out**. They **cannot afford** a repeat of the Wall Street meltdown of 2008.

12. 이러한 사실들에 따르면, 다음 회계 연도에는 우리가 **기댈 만한** 안전망이 없다는 것은 아주 명백합니다.

Based on these facts, it's quite obvious that we don't have a safety net to **fall back on** in the next financial year.

13. 시장이 여전히 공석 중이어서, 경찰은 **최악의 상황을 가정**해야 했습니다.

The police had to **assume the worst of circumstances** while the mayor was still missing.

14. 한국의 100대 기업 중 절반이 올해 그 수를 알 수 없지만 상당수 직원을 해고하는 등 **과감하지만 불가피한 몇 가지 조정**을 해야 했습니다.

Half of Korea's 100 top businesses have had to make some **drastic but necessary adjustments** this year, including laying off an undisclosed number of employees.

15. 유진은 Yoon & Jin LLC**가 작성한** 계약서를 **재검토**하면서, 의뢰인에게 소송에서 합법적으로 요구할 수 있는 게 하나도 없다고 통보했습니다.

On **reexamining** the contract that Yoon & Yang LLC **drew up**, Youjin informed her client that she had no legitimate claim in her lawsuit.

16. 서비스(접객/환대) 산업에 대한 대규모 투자는 낮은 참여율과 취소로 인해 **참담한** 경험을 했습니다.

Investing heavily in the hospitality industry has been a **harrowing** experience marked by low turnout and cancellations.

17.   **팀 및 개인 차원의** 사기(의욕)가 사상 최저 수준으로 보입니다.

Morale appears to be at an all-time low **on the team and individual level.**

18.   이번 달 매출이 급감한 이유**에 대해 명확하게 설명하기** 위해 경영진은 현재 우리 직원들에 대한 **종합적인 평가를 수행하고** 있습니다.

Management is currently **conducting a comprehensive review** of our workers to **provide clarity on** why our sales have plummeted this month.

19.   사무실에 새로운 상황이 생기면 **저에게 알려주세요.**

Please **notify me** of any new developments at the office.

20.   2021년 1월 1일부터 회사는 원격 근무 결정을 내렸습니다. 여러분이 집에서 편안하게 계속 **일할 기회로 삼으세요.**

Starting January 1st, 2021, the company has made the decision to work remotely. **Take this as an opportunity to** continue working in the comfort of your home.

나의 회사나
프로젝트를 소개하기

나의 회사나 프로젝트를 소개하기

최근 몇 년간 스타트업 붐이 전 세계적으로 일어나고 있습니다. 디지털 세계가 팽창하면서 온라인 비즈니스를 시작할 수 있는 틈새가 점점 확장되고 아마존 웹서비스(AWS), 구글 드라이브(Google Drive)와 같은 클라우드 서비스로 인프라 비용도 낮아지고, 온라인 유통 채널도 대중화되고 간편해지는 등 비즈니스를 시작하는 비용이 이전에 비해 현격히 낮아졌습니다. 평생직장에 대한 개념이 사라지니 나의 비즈니스를 시작해야겠다는 동기도 높아졌습니다.

무엇보다 정말 빠르게 변화하는 트렌드에서 자원이 충분한 '골리앗' 기업들이 오히려 덩치가 커서 발 빠르게 대응하지 못하는 영역을 작은 조직들이 '다윗'처럼 틈새를 빠르게 비집고 들어갈 수 있게 되었습니다. 전 세계적인 베스트셀러 작가 맬콤 글레드웰도 이런 주제로 '다윗과 골리앗'이라는 책을 냈었죠.

스타트업을 창업하면 직접 회사와 서비스를 설명할 일이 굉장히 많습니다. 소개하는 대상자 또한 대중, 잠재 고객, 바이어, 잠재 투자자, 내부 임직원, 파트너사 등 다양합니다. 우리 회사나 제품/ 서비스에 대해서 특별히 알려진 브랜드나 이미지가 없는 상태에서 어떻게 하면 기억에 남고 설득력을 높일 수 있을지 많은 고민이 듭니다. 아무리 좋은 제품이나 서비스가 있어도, 관심을 얻지 못하면 판매로 이어지지 않습니다.

자신의 회사를 창업하거나 회사를 스스로 소개할 위치가 아니라 하더라도 내가 맡은 프로젝트를 외부에 소개하거나 나라는 브랜드를 소개할 일은 생길 수 있습니다. 한 분야의 전문성을 오래 쌓았거나, 성과를 냈거나, 혹은 니치한 분야에서 다른 사람들이 하지 않은 특별한 성공의 경험이 있다면 직장에 속하더라도 내 이름을 걸고 강의를 하거나, 교육 과정을 만들거나 유튜브 채널을 개설할 수도 있고 방송에 출연할 수도 있습니다.

필자도 지난 몇 년 간 스타트업 엑셀러레이팅 프로그램이나 스타트업 교육 과정에 참여했습니다. 에어비앤비(AirBnB), 드롭박스(Dropbox) 등 세계적인 회사들을 키워낸 글로벌 엑셀러레이터인 와이 콤비네이터(Y Combinator)의 스타트업 스쿨(Startup School), 더벤처스(TheVentures)의 임팩트 컬렉티브(Impact Collective), 스파크랩(Sparklabs)의 액셀러레이터 프로그램에 모두 온라인으로 참여했습니다. 액셀러레이팅 과정에서 다른 팀들에게 서비스를 소개하고 투자 유치 발표도 가졌습니다. 이런 과정 외에도 투자, 홍보의 기회를 얻기 위해 무대와 미팅룸에서 회사, 서비스, 사업계획을 수백 번 소개했습니다.

온라인과 오프라인 모두 소개하는 내용과 목적은 동일하고, 발표자와 발표 슬라이드를 동시에 보여준다는 점도 동일합니다. 차이가 있다면 오프라인 무대에서는 공간감, 입체감을 좀 더 활용할 수 있다는 점입니다. 오프라인상에서는 몸을 어떻게 사용하는지까지 고려하여 '극적' 요소를 더해야 한다는 압박감이 있다면, 온라인으로는 말과 목소리에 집중할 수 있습니다. 청중을 마주하는 데서 오는 긴장감은 덜고, 발표 자료를 보면서 말할 수 있는 장점이 있습니다.

제품/서비스나 아이디어, 흔히 사업계획을 누군가에게 소개하는 것을 영어로 '피치(pitch)'라고 부릅니다. 누군가에게 팔거나, 투자를 받으려 하거나, 혹은 단순히 피드백을 받기 위한 목적으로 야구공을 던지는 것과 같이 아이디어를 던져본다는 의미입니다.

피칭하는 자리의 성격, 목적, 장소에 따라 조금씩 다르게 구성되지만, 피치의 기본 뼈대는 다음과 같이 구성하면 됩니다.

· Problem: 해결하려는 문제가 무엇인지 (hook)
· Solution: 해결책은 무엇인지 (제품/서비스 또는 비즈니스 아이디어)
· Differentiation: 기존의 방법과 어떻게 다른지 (경쟁력 피력)
· Results: 지금까지의 성과, 결과, 가능성은 어떻게 되는지
· Vision: 이를 통해 앞으로 어떤 미래가 그려지는지 (비전 제시)
· Call-to-action: 청자가 해야 할 행동은 무엇인지

소개할 수 있는 시간은 적게는 30초에서 많게는 20분도 주어질 수 있습니다. 2분 내외로 핵심 스토리를 준비해놓고, 발표 장소에 따라 변형하는 것을 추천합니다. 핵심 스토리는 뼈대의 역할을 하고, 부연 내용은 살을 붙이는 작업, 시각적인 효과는 옷을 입히는 작업과도 같습니다. 따라서 그저 발표 시간에 맞추어 순차적으로 내용을 작성하기보다는, 핵심 뼈대를 먼저 세우고, 발표 시간과 목적에 맞게 살을 붙인 뒤, 옷을 입히는 시각화를 해보시길 추천합니다. 모든 것이 훨씬 간단명료해지는 것을 발견할 수 있을 것입니다.

텔라의 사례

텔라는 채팅영어라는 새로운 서비스를 선보이면서 아프리카인 고용이라는 사업 모델의 특징상 소개할 기회를 많이 얻을 수 있었습니다.

온·오프라인 네트워킹이나 미팅 자리에서는 30초 미만으로 소개합니다. 상대가 누구냐에 따라서 정보를 더 넣을 수도 줄일 수도 있지만, 대상자가 누구든지 반드시 전달할 이야기를 명확하게 만들어놓는 것이 좋습니다.

30초는 3~4 문장을 말할 수 있는 시간입니다. 일단 글로 써놓고, 말로 해보는 것이 좋습니다. 상대가 앞에 있다고 생각하고 말을 해보세요. 말을 하는데 뭔가 어색하다면 어색한 포인트를 수정해나가면 됩니다. 대본이 문어체에 가깝다면 구어체로 바꿔보세요. 또한 3분에 맞는 대본이라 생각하지만, 막상 말로 하면 늘 길어지기 마련입니다. 앞의 서두가 길어지는 것을 짧고 임팩트있게 정리해 본론에 빠르게 들어갈 수 있도록 해보세요. 긴 문장도 더 간결하게 표현할 수 있는 방법을 찾아보세요.

텔라는 지금까지의 경험을 바탕으로 다음과 같이 소개합니다.

· 어떤 회사인지의 정체성
· 어떤 서비스인지
· 서비스가 어떤 가치를 주는지
· 부가적으로 하고 싶은 이야기

공식적으로 자기 소개할 시간이 주어지거나 네트워킹을 하거나 혹은 누군가를 상대해야 하는 경우, 다음과 같이 30초 정도로 짧은 시간 안에 소개할 내용을 준비해 보세요.

Tella is an online English education company. You can have a 25 minute English lesson via chat with a native English tutor and receive instant corrections on all your English sentences. According to research, chat lessons increase your English speaking 67% faster than voice lessons. **We analyze the chat data of each learner and provide personalized learning content.**

회사가 설립된 배경, 프로젝트를 시작한 이유를 궁금해하는

Tella is an online English education company. You can have a 25 minute English lesson via chat with a native English tutor and receive instant corrections on all your English sentences. According to research, chat lessons increase your English speaking 67% faster than voice lessons. **We founded the company with the mission to create job opportunities for East African university graduates.**

5분 이하의 회사 소개:

I'm Yuha Jin, CEO and co-founder of Tella, and we provide chat-based English personal training.

Online English education is **a market growing exponentially. In Korea alone**, an average of 1,000 US dollars **per capita** is spent per year on English education. Despite the

텔라는 온라인 영어 교육 회사입니다. 원어민 튜터와 25분간의 채팅으로 영어 수업을 할 수 있고, 학습자가 작성한 모든 영어 문장을 실시간으로 첨삭 받을 수 있습니다. 연구에 의하면, 채팅 수업은 음성 수업보다 영어 말하기를 67% 더 빨리 향상시킬 수 있다고 합니다. **텔라에서는 각 학습자의 채팅 데이터를 분석하여 개인화된 학습 콘텐츠를 제공합니다.**

경우가 많은데, 그런 경우 다음과 같이 설명할 수 있습니다.

텔라는 온라인 영어 교육 회사입니다. 원어민 튜터와 25분간의 채팅으로 영어 수업을 할 수 있고, 학습자가 작성한 모든 영어 문장을 실시간으로 첨삭 받을 수 있습니다. 연구에 의하면, 채팅 수업은 음성 수업보다 영어 말하기를 67% 더 빨리 향상시킬 수 있다고 합니다. **저희는 동아프리카 대학 졸업생들을 위한 일자리 창출을 미션으로 회사를 설립했습니다.**

텔라 이야기

저는 Tella의 CEO이자 공동 창업자인 Yuha Jin입니다. 저희는 채팅 기반의 영어 퍼스널 트레이닝을 제공하고 있습니다.

　　온라인 영어 교육은 기하급수적으로 성장하는 시장입니다. 한국에서만 1인당 연간 평균 1,000달러를 영어 교육에 지출하고 있습니다. 경쟁이 치열한 시장임에도 불구하고, 온라인 음성 또는

ever competitive-market, there is a **market gap** in online voice or video lessons.

The biggest problem people are facing is the awkward learning experience. Because of the fear of learning English, just taking the phone call itself is nerve-racking. You worry that people will hear your English, and having to instantly understand the tutor and respond in English doesn't cure their fear of English but actually increases it. So the completion rate is **on average** less than 50%. The second problem is the **effectiveness** of phone lessons. At a certain point, people do not feel like their English is improving. The third problem is overly standardized learning content, whereas **there is room** to **leverage** technology to provide personalized learning.

Tella solves all three of these problems through texting, or chat lessons. **This is how it works**. A professional native English tutor will provide a 25-minute lesson via chat and provide instant corrections and more natural expressions on all your English sentences.

So how do chat lessons solve the three problems I mentioned?

Because it's chat, there is a lower psychological barrier. You have time to comprehend what the tutor said and think about what you want to say in return. Because of this, we have a 95% attendance rate, which is the highest in the whole online English education **space**. Also, chat is **incredibly effective**. It is proved by research that chat improves your English oral proficiency 67% faster than verbal lessons. And we personalize the whole learning experience based on each learner's chat data, which none of our peers do.

Customers leave lengthy **testimonials** on how Tella helped them overcome their fear of English and enabled them to continue studying, while with other services, they easily

화상 수업 시장에는 **(수요가 채워지지 않은) 시장 격차**가 있습니다.

사람들이 직면하고 있는 가장 큰 문제는 어색한 학습 경험입니다. 영어를 배우는 것에 대한 두려움 때문에 전화받는 것 자체에서 긴장합니다. 사람들이 본인의 영어를 들을까 봐 걱정합니다. 그리고 즉시 튜터의 말을 이해하고 영어로 대답해야 한다는 부담감에 영어에 대한 두려움이 극복되는 것이 아니라 더 심해집니다. 따라서 **평균적으로** 완주율이 50% 미만입니다. 두 번째 문제는 전화 수업의 **효과성**입니다. 어느 시점이 되면 사람들은 더 이상 영어가 향상되고 있다고 느끼지 않습니다. 세 번째 문제는 지나치게 표준화된 학습 콘텐츠인데, 이는 개인화된 학습을 제공하기 위해 기술을 **활용할** 수 있는 **여지가 있습니다.**

Tella는 문자 메시지, 즉 채팅 수업을 통해 이 세 가지 문제를 모두 해결합니다. **운영 방식은 이렇습니다.** 전문 원어민 튜터가 채팅을 통해 25분 수업을 제공하고, 여러분이 작성한 모든 영어 문장에 대해 실시간 첨삭과 더 자연스러운 표현을 제공합니다.

그렇다면 채팅 수업은 앞에서 언급한 세 가지 문제를 어떻게 해결할까요?

채팅이기 때문에 심리적 장벽이 낮아집니다. 여러분은 튜터가 한 말을 이해하고 대답할 말에 대해 생각할 시간이 있습니다. 이 때문에 전체 온라인 영어 교육 **시장**에서 가장 높은 95%의 출석률을 보이고 있습니다. 또한 채팅은 **매우 효과적입니다.** 채팅이 말하기 수업보다 67% 더 빨리 영어 회화 실력을 향상시킨다는 것이 연구에서도 증명되었습니다. 그리고 우리는 모든 학습 경험을 각 학습자의 채팅 데이터를 기반으로 개인화하는데요, 경쟁업체 중에서 이와 같은 개인화 서비스를 제공하는 곳은 없습니다.

고객들은 텔라가 어떻게 영어에 대한 두려움을 극복하고 공부를 계속할 수 있도록 도와주었는지에 대한 긴 **후기**를 남기는 반면, 다른 서비스를 이용할 때는 쉽게 포기했습니다. 우리는 **같은**

gave up. We offer the best results **at the same cost**.

Our chat-based learning method is winning. Our purchase rate is two times higher than our competitors, averaged 300 US dollars of revenue per customer, and we've already passed our **break-even point**. We also have numerous corporate clients.

Our next step is to go beyond Korea. Our service is **replicable** in other markets. We'll start with Japan, then Taiwan and Latin America. We'll become a **top-five company** in the next five years.

So we **presented** how our services are curing our customers' pain. Now let me tell you the **backstory**. Tella all **started out** with **a mission to** create jobs for East African university graduates, where the unemployment can be up to 83%. **Some years later**, we now have created more than 100 jobs **in** Uganda **alone**.

Jobs we created not only changed the lives of our tutors and their community but also built the **capacity** of young African professionals. They are being trained as society's leaders who will become **catalysts for change**.

The ultimate impact **we aim for** is that through **success stories**, there is a change in perception of African talent. Through us, more than 40,000 young Koreans have had a conversation with a Ugandan English tutor. This **instantly changes** the perception of the region from a depressed, poverty-stricken place to a young, vibrant one. We already **see these results** as our competitors are hiring African talent, which they didn't do **before we came along**. Although it is a little bit threatening, we are clearly **seeing the fruits** of Tella's business model.

As we **grow into** a globally successful company, **millions around the world** will experience African talent first hand and will **accelerate** the growth of brand equity of the continent of Africa.

비용으로 최고의 결과를 제공합니다.

우리의 채팅 기반 학습 방법은 성과를 내고 있습니다. 구매율은 경쟁사보다 2배 높으며, 고객당 평균 300달러의 매출액을 기록했으며, **손익분기점은 이미 넘긴 상태입니다.** 또한, 많은 기업 고객들을 보유하고 있습니다.

저희의 다음 단계 목표는 한국을 넘어서 (세계로) 가는 것입니다. 당사의 서비스는 다른 시장에서도 **복제 가능**합니다. 일본, 대만, 중남미부터 시작하겠습니다. 저희는 향후 5년 안에 **상위 5위 이내에 드는 회사**가 될 것입니다.

저희 서비스가 어떻게 고객의 어려움을 해결하고 있는지 설명했는데요. 이제 **뒷이야기**를 들려드리겠습니다. 텔라는 동아프리카 대학 졸업생들을 대상으로 일자리를 창출**하기 위한 미션**에서 **시작했는데**, 동아프리카 지역에서는 실업률이 83%에 육박할 때도 있습니다. **몇 년이 지난 지금**, 우간다**에서만** 100개 이상의 일자리를 창출했습니다.

저희가 만든 일자리는 우리의 튜터들과 그들의 공동체의 삶을 변화시켰을 뿐만 아니라, 젊은 아프리카 프로페셔널들의 **역량**을 강화했습니다. 그들은 **변화의 촉매제**가 될 사회의 리더로서 훈련받고 있습니다.

텔라가 **목표로 하는** 바는 **성공 스토리**를 통해 아프리카 인재에 대한 인식의 변화를 만드는 것입니다. 텔라를 통해 4만 명 이상의 한국 청년들이 우간다 영어 튜터와 대화를 나누었습니다. 이로 인해 동아프리카가 침체되고 가난에 찌든 곳이라는 인식에서 젊고 활기찬 곳이라는 인식으로 **즉시 변화되었습니다.** 우리는 이미 **이러한 결과를 보고 있습니다.** 경쟁사들이 **저희가 나타나기 전**에는 고용하지 않았던 아프리카 인재들을 고용하고 있기 때문입니다. 조금 위협을 느끼기도 하지만, 텔라의 비즈니스 모델의 **결실을** 분명히 **보고 있습니다.**

우리가 세계적으로 성공적인 기업으로 **성장함**에 따라, **전 세계 수백만 명의 사람들이** 아프리카 인재를 **직접** 경험하게 될 것이며, 아프리카 대륙의 브랜드 가치 성장을 **가속화**시킬 것입니다.

2분 이하의 엘리베이터 피치:
중고거래 플랫폼의 투자 유치를 위한 데모데이 피치
미국 내 개인 간 중고 물품을 온라인으로 쉽게 사고 팔 수 있는
대중적인 플랫폼이 없다는 문제의식에서 출발한 가상의 스타트업
입니다. 플랫폼 런칭 후 6개월이 지난 스타트업이 투자 유치를
하기 위해 투자자들 앞에서 회사를 소개할 수 있는 데모데이에

Hi, we're Deal-It, and we make used goods trading an everyday shopping experience by making it smooth and safe.

Let me start out with a question. Who here has tried but failed to sell or buy second-hand products online?

Now with Craigslist, eBay, Amazon, and other websites, **you might think that** trading used goods is no problem. But if you raised your hand just now, you know that's not true. In fact, the **market is underserved** due to the lack of a dedicated platform.

That's **where we come in**. Deal-It curates recommendations of goods based on each buyer's behavior on our platform and helps the seller write their listings easily. Safety is **guaranteed,** and fraud is a **non-issue**. Through Deal-It, sending the item **from door to door** is easy and **affordable**, at a 30% discounted **shipping fee**. And our safe-pay system holds the payment until the buyer receives the product and decides whether to keep it **for good**.

While this may look simple, **the results are impressive**. The recommendations are so good that the first purchase will be made within the first three days a buyer downloads our app.

출전하였습니다. 발표 시간이 2분 주어졌고, 발표를 보고 투자자가
관심을 갖는다면 네트워킹 시간에 이야기를 나눌 수 있게 됩니다.

안녕하세요, 저희는 Deal-It입니다. 저희는 중고 거래를 원활하고
안전하게 만들어 일상적인 쇼핑 경험을 제공하고자 합니다.
　　　먼저 질문 하나 할게요. 온라인으로 중고 제품을 판매하거나
구매하는 것을 시도했지만 실패하신 분 있으신가요?
　　　Craigslist, Ebay, Amazon 및 다른 웹사이트를 통해 중고
거래는 더 이상 문제가 되지 않는**다고 생각하실 수 있습니다**. 하지만
방금 손을 들었다면, 그렇지 않다는 것을 알 수 있죠. 사실 전용
플랫폼이 없어 **서비스가 부족한 시장입니다**.

이런 이유로 저희 서비스를 내놓게 되었습니다. Deal-It은 각
구매자가 플랫폼에서 한 행동에 따라 상품 추천을 큐레이션하고,
판매자는 상품 목록을 쉽게 작성할 수 있도록 도와줍니다. 안전은
보장되고 사기는 문제가 되지 않습니다(방지됩니다). Deal-It을 통해
30% 할인된 **배송비**로 쉽고 **알맞은 가격에 발송지에서 배송지로**
물건을 배송할 수 있습니다. 그리고 저희 안전결제 시스템은
구매자가 제품을 받아서 **확실히** 구매를 확정할 때까지 대금 지급을
보류합니다.
　　　단순해 보이지만 **결과는 인상적입니다**. 추천되는 상품이
상당히 괜찮아 보통 구매자가 앱을 다운로드 받은 후 3일 이내에 첫
구매가 발생합니다.

In the last six months, we've grown our deals by over 30 percent **week over week.** Over 100,000 deals have been made, **amounting** to more than two million dollars **in transactions. We take a 2% cut** for all transactions made through our safe-pay system.

90% of buyers make more than one purchase within a month. And 50% of registered sellers have been able to sell at least one item in the first month after joining. **Unlike our peers**, 80% of our buyers have never purchased used goods online before. **This proves that** Deal-It is **tapping into** the massive sleeping inventory of average Americans.

What's impressive is that this has happened with zero dollars of spending on advertisements. With more user behavior data and seller social credit data **accumulated** as we grow, the personal curation will become more **sophisticated** to **generate more revenue** per buyer. With the help of ad spending and collaboration with influencers, we expect the **growth trajectory** in the next 12 months to be tenfold what it is now.

If you have any interest in us, find me at jake@deal-it. The company is Deal-It, and my name is Jake. Thanks a lot.

위의 예시들에서 볼 수 있듯이, 피치를 할 때 지나치게 어려운 표현은 사용하지 않으며 오히려 지양합니다. 어렵거나 새로운 표현에 주목하기보다, 어떤 종류의 표현을 사용하느냐에 주목해봅시다. 우리말로 위의 예시를 번역해서 말해본다면 한국인의 정서상 '손발이 오그라들고' 부끄러울 수 있습니다. 단순한 표현들이지만 무척 자랑하는 듯한 단어를 사용하고 단정 짓는 듯한 어투가 있기 때문입니다.

지난 **6개월 동안**, 저희는 매주 30% 이상 **거래량을 늘렸습니다.**
10만 건이 넘는 거래가 성사되어 2백만 달러 이상**의 거래액을
달성했습니다.** 우리는 안전결제 시스템을 통해 이루어지는 모든
거래액에서 **2%의 수수료를 받습니다.**

구매자의 90%는 한 달 안에 두 번 이상 구매를 합니다.
그리고 등록된 판매자의 50%는 가입 후 첫 달 동안 최소한 1개
이상의 품목을 판매했습니다. **경쟁사들과 달리,** 저희 구매자의
80%는 이전에 온라인으로 중고 제품을 구매한 적이 없습니다. 이를
통해 Deal It이 일반 미국인들이 갖고 있는 엄청난 잠재 재고를
이용하고 있다는 것을 알 수 있습니다.

인상적인 것은 이 모든 일이 광고비 지출이 전혀 없이 일어났다는
것입니다. 저희가 성장할수록 더 많은 사용자 행동 데이터와
셀러의 사회적 신용 데이터가 **축적되어** 개인화된 큐레이션은 더욱
정교해지고 구매자당 **더 많은 매출을 창출할** 수 있을 것입니다. 광고
지출 및 인플루언서 협업의 도움으로 향후 12개월 동안 **성장 궤도는**
현재보다 10배 더 커질 것으로 예상됩니다.

저희에게 관심 있으신 분은 저를 jake@deal-it에서 찾아주세요.
회사 이름은 Deal-It이고 제 이름은 Jake입니다. 감사합니다.

하지만 지금 같은 경우는 회사나 서비스, 혹은 자기 자신을
소개할 때 비즈니스 상황에서 소개하는 것이고 그 목적은 해당
소개를 접하는 대상에게 어필하는 것입니다. 영어권, 특히 미국에서는
이렇게 비즈니스 관련 소개를 할 때는 자신을 낮추거나 건조하게
설명하기보다는 대놓고 자랑하듯이 하는 것이 좋습니다. 사용하는
형용사, 부사들도 긍정적이며 확실하게 살려주는 표현을 사용합니다.

단, 이런 표현들이 구체적인 숫자나 팩트로 뒷받침이 되어야 설득이 가능하겠죠.

또한 내 이야기를 들려주는 데서 끝나지 않고, 청자가 행동을 하게끔 하는 것이 목표라는 것을 기억합시다. 투자자들을 상대로 하는 발표라면 투자 요청 금액의 정도에 따라 소통의 구체적인 방식을 고려해보는 것이 좋겠고, 잠재적 파트너사라면 희망하는 파트너십 유형이나 파트너사로서 얻을 수 있는 이점 등을 피력하는 것이 좋을 것입니다. 또한 일반 대중을 상대로 하는 경우는 제공하려는 제품이나 서비스를 어떻게 이용해볼 수 있는지 확실히 알려주는 것이 좋습니다. 물론 어떤 자리에서는 단순히 소개만 하는 목적일 수 있습니다. 그러나 이럴 때도 call-to-action이 없다면 청자는 듣고 흘리게 되고 기억하기 어려울 수 있습니다. 듣는 사람을 내 잠재 고객으로 만든다고 생각하고 call-to-action하는 내용을 넣어봅시다.

또한 구구절절 모든 내용을 넣으려고 하지 말고, 가장 기억에 남기고 싶은 내용을 3가지 이하로 정리해봅시다. 내가 청자가 되었다고 생각해보아도 알 수 있겠죠. 길고 상세하다고 발표를 기억하거나 흥미를 갖게 될까요? 오히려 단순 명료하며 궁금증을 불러일으키는 소개가 더 기억에 남을 것입니다. 내가 정말 기억에 남기고 싶은 한두 가지, 정말 회사를 튀게 설명할 수 있는 한두 가지를 어필하면 관심을 끌게 되고, 대화는 나중에라도 이어지게 될 것입니다.

위의 세 가지 사항이 한국인으로서 필자도 평소에 많이 해보지 않은 부분이라 자연스럽게 나오지 않기에, 본래의 소개/발표의 목적이 무엇이냐로 다시 돌아가서 생각하려고 합니다. 그러면 스크립트가 정리됩니다.

회사 소개에 사용될 표현

회사를 소개하는 각 파트에서 자주 사용되는 표현들을 파트별로 소개합니다.

문제/시장
— market growing exponentially: 기하급수적으로 성장하는 시장

— overall market size: 전체적인 시장 규모
— in (Korea) alone: (한국)에서만
— per capita: 1인당
— on average: 평균적으로
— problem (sb/sth) are facing: (sb/sth)가 겪고 있는 문제
— millions around the world: 전 세계 수백만 명의 사람들
— underserved market: 서비스/제품이 부족한 시장
— product availability: 제품 가용성
— scarcity of (sth): (sb/sth)의 희소성
— market gap: 시장 격차; 수요와 공급 간의 간극
— there is room: 여유가 있다
— key challenges: 주요 과제
— global decline in (sth): (sth)의 전 세계적인 감소
— (sb) has been left behind: (sb)이 뒤처졌습니다
— keep up with the demand: 수요를 따라가다
— reliability problems: 신뢰도의 문제
— before we came along: 우리가 나타나기 전에
— target demographic: 타겟 인구
— (sth) space: (sth) 시장, (sth) 분야
— 10x the consumer space: 소비자 시장의 10배

제품/서비스
— directly address (the problem): 직접 (문제)를 다루다
— effectiveness: 효과성
— leverage (sth): (sth)를 활용하다
— guaranteed: 보장된
— onboard into (the service): (서비스에) 안착하다, 적응하다
— incredibly effective: 엄청나게 효과적인
— impressive: 인상적인
— perfect solution: 완벽한 해결책
— sophisticated: 세련된, 정교한
— replicable: 복제 가능한

— transformational: 변혁적인, 큰 변화를 주는

— instantaneously: 즉시, 곧바로

— instantly changes: 즉각 변화하다

— proprietary feature: 독점적 특징

— patent pending product: 특허 출원 중인 제품

— enable the user to ~: 이용자가 ~하는 것을 가능하게 하다

— figure out (sth): (sth)을 알아내다

— from door to door: 발송지에서 배송지로

비즈니스 모델

— how we make money: 우리가 돈을 버는 방법

— at ~ dollars a month: 한 달에 ~달러로

— replicable: 복제 가능한

— the economics of (our business model): (우리 비즈니스 모델)의 경제성

— take a 20% cut: 20% 수수료를 받다

— comfortable margin: 좋은 마진, 좋은 수익율

— free of charge: 무료로

— derive 80% of their revenue from (sth): 매출의 80%를 (sth)에서 창출하다

— tap into (sth): (sth)를 활용하다, (sth)에 진입하다

— shipping fee: 배송비

— at the same cost: 같은 비용에

— affordable: 알맞은 가격, 저렴한 가격

사업 목표 및 성과

— in the last six months: 최근 6개월 동안

— testimonials: 이용후기, 추천서

— break-even point: 손익분기점

— in transactions: 거래액

— this proves that (sth) 이것이 (sth)를 증명하다

— reach ~: ~를 달성하다

- we've grown our deals by ~: 거래 규모가 ~만큼 커졌다
- amount to (sth): (sth)에 달하다
- week over week: 매주
- push into new market: 새로운 시장에 진출하다
- across three markets: 3개 시장에 걸쳐서
- see results/fruits: 성과를 보다
- grow into (sth): (sth)로 성장하다
- accelerate (sth): (sth)를 가속화시키다
- accumulated: 누적된
- generate revenue: 매출을 발생시키다
- (business) is picking up: (사업이) 회복되고 있다, 나아지고 있다, 잘되고 있다
- growth trajectory: 성장 궤도
- expand out: 확장되다
- expand regionally: 지역적으로 확장하다
- market penetration: 시장 침투
- profitable: 이익이 되는
- resulting in (sth): (sth)가 발생하다, (sth)의 결과를 낳다
- our revenue comes from (sth): (sth)에서 매출이 발생하다
- aim for (sth): (sth)를 목표로 하다
- active in 20 countries: 20개국에서 활동하다
- top-five company: 5위 안에 드는 회사
- capacity: 역량

스토리
- backstory: 뒷이야기
- start out: 시작하다
- a mission to ~: ~를 하고자 하는 미션
- some years later: 몇 년 후에
- catalyst (for change): (변화를 위한) 촉매제, 기폭제
- success stories: 성공 스토리

회사 자랑하는 데 쓰이는표현

— We are redefining (sth): 저희는 (sth)를 재정의하고 있습니다.
— (sales/customers/users) dramatically increase: (매출/고객/이용자가) 급증하다
— significant: 의미 있는, 중요한
— dead simple: 아주 간단한
— We're the only ones that ~: ~를 하고 있는 것은 저희가 유일합니다.
— (sth) is winning: (sth)이 이기고 있다
— non-issue: 문제가 안 될 이슈, 하찮은 이슈
— not one of your typical (sth): 전형적인 (sth)이 아니다
— We're the ones to win it: 우리가 승리할 사람들이에요.
— unlike our peers: 우리의 동료(경쟁자)들과 달리

발표에 자주 쓰이는 표현

— present (sth): (sth)를 발표하다
— start out with (sth): (sth)로 시작하다
— This is where we come in: 이 지점에서 저희가 등장합니다.
— This is how it works: 이렇게 작동합니다.
— on top of this: 게다가, 이에 더해서
— to recap: 요약하자면
— what's more, : 더군더나, 더 나아가
— you might think that ~: ~라고 생각할지도 몰라요
— roughly: 대강, 대략
— first hand: 직접
— for good: 영원히, 확실히

이번 챕터 표현들은 회사 소개를 할 때 사용할 뿐 아니라, 비즈니스 관련 뉴스나 콘텐츠에서도 흔히 볼 수 있는 표현들입니다. 이 표현들을 잘 익히면 내가 하고 있는 일을 자신 있게 설명하고, 비즈니스 관련 콘텐츠도 즐겁게 소화할 수 있을 것입니다.

1. 성형수술은 **기하급수적으로 성장하는 시장**입니다. 해당 산업은 2020년도에 시장 규모가 **한국에서만** 무려 118억 달러에 달했습니다.

Cosmetic surgery is a **market exponentially growing**. The industry was worth $11.8 billion **in Korea alone** in 2020.

2. Alphabet은 Loon을 폐쇄할 예정인데, 이는 다른 인터넷 풍선 회사들에 **시장 격차**(*수요를 채울 만큼 제품이나 서비스가 시장에 부족한 현상)가 생길 것입니다.

Alphabet is shutting down Loon, which will open a **market gap** for other internet balloon companies.

3. Y Combinator는 스타트업에 자금을 지원하는 독특한 모델을 만들었습니다. **이런 식으로 작동합니다**: 일년에 두 번, 수많은 스타트업에 소액을 투자합니다. 성장 가능성을 보이는 회사들은 2차 투자를 받습니다.

Y Combinator created a unique model for funding startups. **This is how it works**: twice a year, they invest a small amount of money in a large number of startups. Those that show growth get the second round of investment.

4. WeWork는 사무실 공간을 **매우 효율적으로** 사용합니다.

WeWork executes an **incredibly effective** use of office space.

5. 기존의 학교 교육은 e-러닝을 희생하면서 논쟁에서 **승리하고** 있습니다. 간접비가 동일하지 않은데도, 왜 학생들이 기존 학교와 **동일한 비용**으로 온라인 강의를 등록해야 합니까?

Traditional schooling is **winning** the argument at the expense of e-learning. Why should students enroll in online classes **at the same cost** as conventional schools without the exact overhead costs?

6. 고군분투하는 스타트업은 종종 방향과 자본이 필요하고, **바로 그 지점에서 우리가** 앤젤 투자자로 **참여합니다.**

Struggling startups often need direction and capital, and **that's where we come in** as angel investors.

7. 우리는 막판까지 가서야 보고서를 완성했지만, **결과는 좋습니다.**

We finalized our report at the eleventh hour, but **the results are impressive.**

8. **지난 4개월 동안** 작년 회계 년도 대비 50퍼센트 이상 **거래가 늘었습니다.**

In the last four months, we've grown our deals by over 50% compared to the previous financial year.

9. Google Sheet를 사용해 **매주** 고객의 성장을 보여주는 차트를 만들었습니다.

I created a chart that shows the growth of our clientele **week over week** using Google Sheet.

10. 빅데이터를 **활용한** 결과, 우리가 다른 업체들보다 우위를 점하게 되었습니다. **이것은** 기술이 미래의 열쇠를 쥐고 있음을 **의미합니다.**

Tapping into big data has given us an edge in the industry, **unlike our peers. This proves that** technology holds the key to the future.

11. 언어 학습 앱은 지난 몇 달 동안 **성장 추세**를 보였습니다.

Language learning apps have seen an upward **growth trajectory** these last few months.

12. 드디어 **손익 분기점**을 넘겼고, 우리 팀의 끈기가 증명됐다고 봅니다. 물론 수년이 걸리긴 했지만요.

As a true testament to our team's tenacity, we passed our **break-even point**, even though it took us a few years to get there.

13. 이 드라이브의 기본 아이디어는 앞서 언급한 **20개 국가에서 활성 중**인 허브의 단면을 포착하는 것입니다.

The idea behind this drive is to capture a snapshot of the hubs **active in the 20 countries** mentioned earlier.

14. 착한 해커는 악질 해커와 **한 끗 차이**입니다.

An ethical hacker is **one or two degrees separated from** a black hat hacker.

15. **복제 가능한** 비즈니스 모델이라면, 시장에서 더 크고 빠른 영향을 미칠 가능성이 커집니다.

Being a **replicable** business model increases the chances of creating a greater and faster impact in the marketplace.

16. 소셜 미디어를 **무료로** 사용하면 좋을 것 같지만, 실상 개인 정보를 잃을 위험이 있습니다.

Using social media **free of charge** seems great, in reality, you are at risk of losing your privacy, in reality.

17. 당사는 귀하가 생각하는 일반적인 채용 웹사이트**가 아닙니다.** 우리는 기계 학습을 활용해, 최적의 지원자를 일자리와 연계해 드리며 고용률은 90퍼센트에 달합니다.

We're **not one of your typical** recruiting websites. We use machine learning to match the best candidates with a job, having a 90% hire rate.

18. **서비스가 부족한 시장**을 찾아내 정의하는 것이 사업 성공의 열쇠죠.

Discovering and defining an **underserved market** is the key to a successful business.

19. 이어버드 광고가 입소문을 타면서 **수요를 따라**가지 못하고 있습니다.

Our ad for earbuds went viral, and now we're not able to **keep up with the demand.**

20. **현재** 우리 사업의 **경제성은** 경쟁사들보다 마진율이 50퍼센트 더 높아 보다 빠르게 **확장**할 수 있습니다.

The economics of what we're doing has a 50% higher margin than competitors, therefore we can **scale** fast.

편집 후기

타이포그라피에서 흔히 말하는 형태와 반형태처럼, 내가 쓸 영어를 적어도 비효율성은 배제한 채 기분 좋게 익혀나가는 방법이 있다고 한다면, 사용 맥락에 대한 분명한 인식 속에 내가 할 말을 찾아가는 것이 아닐까요. 그와 같은 톤의 발견이 곧 영어라는 언어 도구에 대해 주도권을 확정하는 순간일 테니까요.

기획의 단초가 책이 되기까지는 변곡점을 여럿 만나는데, 본문에 소개된 여러 플랫폼상의 라이팅으로 확장되기까지는 스타트업 CEO라는 저자의 특별한 맥락이 중요했다고 봅니다. 시시각각 변하는 스타트업 환경의 최전선에서 비즈니스 커뮤니케이션을 이루어가는 저자의 직무 특성상 보다 가까이에서 다양한 매체별 화법을 구현할 수 있었습니다. 플랫폼상의 영문 커뮤니케이션으로 실제 비즈니스를 원활히 구축해 온 저자의 실질적인 경험과 감각이 집필 여정에서도 생생했으니까요.

이제 텍스트 커뮤니케이션은 더이상 대면 소통의 부차적인 수단이 아니고, 데이터를 구축할 수도 있고 시대의 변화상을 적극적으로 흡수하며 진전시킬 수도 있는 주요한 소통방식이 되었습니다. 그런 의미에서 이 책에서 제시하는 13가지 매체별 화법을 현재 시점에서 즐겁게 익혀보시고, 내 어조에 가장 부합하는 채널과 전달 방식을 그중에서 한두 가지 쯤은 찾으실 수 있으면 좋겠습니다.

내가 쓸 말, 내가 할 말이라는 형태는 맥락, 문화라는 반형태 속에서 그 형상이 명확해질 것입니다. 필요한 맥락을 먼저 정의하는 습관, 환경 설정을 전제하는 연습도 쓸 말에 대한 꾸준한 적재에 못지않게 필요하다는 점을 느끼실 수 있다면, 그리고 언컨택트 환경 속에서 더욱 요청되는 영어의 감각을 엿보실 수 있다면 이 책이 세상에 나오는 이유 하나는 작게 획득하리라 봅니다. 여러분께서 익혀나가시는 영어가 그렇게 새롭고, 그렇게 유용하기를 응원합니다.

편집자 김효정